# Das Grosse Brauwelt Lexikon der Biersorten

## Horst Dornbusch

**Haftungsausschluss**
Alle Angaben in diesem Buch wurden vom Autor nach bestem Wissen erstellt und gemeinsam mit dem Verlag mit größtmöglicher Sorgfalt überprüft. Dennoch lassen sich (im Sinne des Produkthaftungsrechts) inhaltliche Fehler nicht vollständig ausschließen. Die Angaben verstehen sich daher ohne jegliche Verpflichtung oder Garantie seitens des Autors oder des Verlages. Autor und Verlag schließen jegliche Haftung für etwaige inhaltliche Unstimmigkeiten sowie für Personen-, Sach- und Vermögensschäden aus.

**Bibliografische Informationen der Deutschen Nationalbibliothek**
Die Deutsche Nationalbibliothek verzeichnet diese Publikation in der Deutschen Nationalbibliografie; detaillierte bibliografische Daten sind im Internet über http://dnd.d-nb.de abrufbar.

Verlag Hans Carl
© 2017 Fachverlag Hans Carl Verlag GmbH, Nürnberg
1. Auflage

**Alle Rechte vorbehalten.**
Das Werk ist einschließlich aller seiner Teile urheberrechtlich geschützt. Jede Verwertung außerhalb der engen Grenzen des Urheberrechtsgesetzes ist ohne Zustimmung des Verlages unzulässig und strafbar. Das gilt insbesondere für Vervielfältigungen, Übersetzungen, Mikroverfilmungen und die Einspeicherung in elektronische Systeme.

Gestaltung: Wildner+Designer GmbH, Fürth
Druck und Bindung: Kohlhammer Druck, Stuttgart

ISBN: 978-3-428-00131-9

# INHALT

| | |
|---|---|
| Vorwort des Autors | **6** |
| Liste aller Stichwörter (alphabetisch) | **20** |
| Liste aller Stichwörter (geografisch) | **27** |
| Liste aller Stichwörter (chronologisch) | **35** |
| Stichwörter von A bis Z | **38** |
| Die Chronologie des Bieres | **219** |
| Über den Autor | **245** |

# VORWORT DES AUTORS

Die schwerste Entscheidung in der Vorbereitung eines Buches wie *Das Große BRAUWELT® Lexikon der Biersorten* ist nicht, welche Biersorten hineingehören, sondern welche draußen bleiben müssen, denn, je nachdem wie man Biersorten zählt und wie man den Begriff Biersorte – bzw. Beer Style auf Englisch – definiert, kann sich die Anzahl der Kandidaten für dieses Buch in die Tausende belaufen. Sind zum Beispiel Doppelbocks, Eisbocks oder Dunkelbocks eigene Biersorten oder sind sie nur Untergruppen einer einzigen Sorte, dem Bockbier? Gleichfalls muss man entscheiden, ob wirklich jedes ulkige Experiment, selbst wenn es kommerziell erhältlich ist, wie zum Beispiel ein Bière de saison mit Pfirsichgeschmack oder ein auf Aprikosen nachvergorenes Stout – ja, so etwas gibt es! – auch gleich eine „Sorte" ist oder ob wir solche Kuriositäten getrost ignorieren dürfen? Das Gleiche gilt zum Beispiel für die gegenwärtig in den USA explodierende Kategorie der „Belgo-American" Cross-Over Beer Styles. Ein Autor muss gleich von Anfang an eine klare qualitative und quantitative Schwelle festlegen, jenseits welcher ein Bier die Aufnahme in ein Bierlexikon verdient oder sie gar verlangen darf!

In der Theorie ist „Wichtigkeit" natürlich ein vertretbares Auswahlkriterium, aber manchmal ist das, was wichtig ist, auch langweilig, weshalb Wichtigkeit in diesem Fall, nur als hinreichendes, aber nicht als notwendiges Kriterium benutzt wird. Zum Beispiel sind Biersorten wie das Bière brut des Flandres (ein Champagnerbier), das Celia (ein Mönchsbier aus dem Hochmittelalter) oder ein zentral-anatolisches, phrygisches Gebräu aus Weinmost, Honig und Bierwürze aus dem 8. Jahrhundert v. Chr. gewiss nicht „wichtig", aber sie sind hochinteressant und nehmen daher in diesem Lexikon mehr Platz ein, als ihnen vielleicht gebührt. Obwohl dieses Lexikon primär als ein Inventar der Biersorten der Welt konzipiert ist, soll es nämlich auch ein spannendes Lesebuch sein, welches bilden und ergötzen kann.

Die Tradition, Lexika der Biersorten zu verfassen, geht mindestens bis auf das Jahr 1575 zurück, als ein gelehrter Herr Dr. Heinrich Knaust in Erfurt ein Buch veröffentlichte, welches man rückblickend, unabhängig von der Sprache, als das älteste Biersortenlexikon der Welt ansehen kann. Es hat den charmanten Titel: *Fünff Bücher. Von der Göttlichen und Edlen Gabe / der Philosophischen / hochthewren und wunderbaren Kunst / Bier zu brawen.* Darin beschreibt Knaust manchmal nur kurz und kryptisch, jedoch manchmal klar und ausführlich, praktisch alle Biere, die zu seiner Zeit in Europa – überwiegend in Deutschland, aber auch in Polen, England und Skandinavien – gebraut wurden. Viele dieser 125 von diesem Buch erwähnten Biersorten wie zum Beispiel das Angermundisch Bier, Göttingisch Bier, Kamiter Bier oder Schwerinisch Bier sind seitdem verschollen. Andere Sorten wie das Berliner Bier (Berliner Weiße), die Braunschweiger Mumme oder die Goslarsche (heute Leipziger) Gose haben sich mehr oder weniger stark bis in die Gegenwart gehalten.

Ein anonymer Verfasser aus dem Jahre 1731, der sich nur als „Kunstliebhaber" ausgibt, ist besonders von Interesse für seine Erläuterungen damaliger kräutergewürzter Gruitbiere. Tabelle 1 enthält eine Liste bahnbrechender und aufschlussreicher Quellen über historische Biersorten in Europa (aber auch in Nordamerika). Jedoch hat es seit mehr als fünf Jahrhunderten kaum ein Buch gegeben, welches der „Göttlichen und Edlen Gabe, Bier zu brawen" auch nur annähernd gleichkommt. Das hier vorliegende Buch ist daher bestrebt, an die von Dr. Knaust ins Leben gerufene Tradition der Bierlexika anzuknüpfen und damit eine gewaltige Lücke in der gegenwärtigen Literatur über Bier zu schließen.

Versucht man jedoch tatsächlich, ein komplettes Inventar aller (!) gegenwärtigen Biersorten der ganzen Welt aufzustellen, so würde dies selbst bei einer nur oberflächlichen Behandlung des Themas kaum in einen einzigen Band hineinpassen. Selbst wenn man dabei alle historischen Biere außer Acht ließe, hätte das Ergebnis bestimmt zu viel Ballast für ein benutzerfreundliches, nützliches und spannendes Nachschlagewerk. Nimmt man nun auch noch einige historische Biere in die Sammlung auf, so wird das Problem noch größer. Wie weit soll man in die Biergeschichte zurückgreifen? Gehören Biere, die im Mittelalter oder in der Renaissance weltberühmt waren, aber heute weitgehend in Vergessenheit geraten sind, in dieses Buch? Was passiert, wenn man solche verschollenen Biersorten wie Gose, Keutebier, Braggot oder Schöps ausschließt, dann aber Craft-Brauer diese Sorten plötzlich wiederentdecken und internationale Bierwettbewerbe wie der World Beer Cup® diesen Sorten sogar ihre eigenen Kategorien zuweisen?

Waren bis in die Spätrenaissance Bücher über Bier oft nur mit Bierbeschreibungen gefüllt, an denen auch biertrinkende Laien Spaß haben konnten, so ging der Fokus der Bierfachliteratur mit der Industriellen Revolution mehr und mehr auf brauwissenschaftliche und brautechnische Themen über, die vornehmlich für professionelle Brauer von Interesse waren. Erst in der Moderne bekam die Kunst der ästhetischen Bierbeschreibung wieder neuen Aufwind. Die heutigen, wegweisenden Veröffentlichungen in diesem Genre sind bestimmt die Bücher des 2009 verstorbenen britischen Bierschriftstellers und Weltenbummlers Michael Jackson, der über mehrere Jahrzehnte unermüdlich Notizen über praktisch jedes Bier aus jedem Zipfel der Erde sammelte. Es gehört auch zu Jacksons Lebenswerk, dass er es war, der 1977 als Erster – und zwar in seinem Buch *The World Guide to Beer* – den englischen Begriff „Beer Style", also „Biersorte", als eine konzeptionelle Einheit von Geschmack, Kultur und Geschichte einer zusammenhängenden Gruppe von verwandten Bieren geprägt hat. Seine Bücher dienen bis heute als autoritative Vorbilder in vielen Sparten der Bierschriftstellerei. Zu seinen einflussreichsten Werken gehören: *Pocket Guide to Beer (1986)*, *Michael Jackson's Great Beers of Belgium (1991)*, *Michael Jackson's Beer Companion (1997)*, *Ultimate Beer (1998)* und *Michael Jackson's Great Beer Guide (2000)*.

Auch Bierwettbewerbe haben in der Moderne ihren Beitrag dazu geleistet, die technischen und sensorischen Begriffsvorstellungen von Biersorten zu systematisieren. Führend in diesem Bestreben ist der von Charlie Papazian 1983 in Boulder, Colorado, gegründete Vorläufer der heutigen Brewers Association. Dieser Verband gestaltet die Definitionen von Biersorten bzw. Beer Styles, die beim von ihm organisierten World Beer Cup® und amerikanischen Great American Beer Festival® Anwendung finden. In Europa hat der Verein der Privaten Brauereien Deutschland ebenfalls Biersortendefinitionen für den von ihm veranstalteten European Beer Star-Wettbewerb entwickelt. Andere Wettbewerbe benutzen die Style Guidelines des Beer Judge Certification Programs (BJCP). Alle diese Definitionen sind leicht im Internet einsehbar.

In der vom Deutschen Brauer-Bund geführten Liste der populärsten Biersorten Deutschlands nimmt die Sorte Pils schon seit Jahren, mit einem Marktanteil von mehr als 50 %, die Spitzenposition ein, gefolgt vom Export mit etwa 10 %, dem Weißbier mit etwa 8 %, den Biermischgetränken mit 6 % bis 7 %, dem Hellen mit 4 % bis 5 % und den alkoholfreien Bieren mit 3 % bis 4 %. Alle weiteren Kategorien haben weniger als 2 % Marktanteil. Diese sind in der Reihenfolge ihrer Markanteile Kölsch, Schwarzbier/Dunkel, Malzbier, Altbier, Lagerbier, Light, Bock, Märzen, Berliner Weiße und „alle anderen".

Aus diesen und vielen andere Quellen aus der Gegenwart und Vergangenheit lässt sich eine endlose Liste von Biersorten ableiten, was dem Autor eines modernen Lexikons eine ungeheure Qual der Wahl beschert.

**Historische Biere in Europa**
Ganz allgemein ist anzumerken, dass heutzutage historische Biere zunehmend relevanter werden, da sie vielerorts besonders von Craft-Brauern nachgebaut oder kreativ adoptiert werden. Eine Sorte, die heute noch in einer düsteren Kammer der Weltbiergeschichte vor sich hin schlummert, kann morgen schon zum größten Hit am Craft-Bier-Firmament aufsteigen. Damit stellt sich wieder die Frage: Wo sind die Grenzen für einem sinnvollen Ausgleich zwischen dem Diktat der Vollständigkeit und der Gefahr einer pedantischen

und wahrscheinlich für den Leser unpraktischen Antiquitätensammlung? Tabelle 2 ist eine gute Illustration dieses Problems. In den guten, alten Zeiten hatte nämlich praktisch jede Stadt in Europa ihr eigenes Bier mit eigenständigen Eigenschaften. Die Tabelle enthält eine Auswahl solcher historischer Biersorten, denen man beim Herumstöbern in alten, deutschsprachigen Quellen begegnen kann, von denen jedoch Zutaten, Brauverfahren und sensorische Eigenschaften oft relativ wenig bekannt sind.

## Biere aus Afrika, Asien und Mittel- und Südamerika

Die geografische und ethnisch-kulturelle Herkunft einer Biersorte ist ebenfalls ein schlüpfriges Auswahlkriterium. Fast alle Kontinente und Kulturen der Erde haben zu irgendeiner Zeit irgendwelche indigenen Biere oder bierähnliche, alkoholische Getränke hervorgebracht. So gibt es unzählige vergorene Getränke in Afrika, Asien und Mittel- und Südamerika, die aus Reis, Mais, Hirse oder einer Kombination dieser Getreide hergestellt werden. Diese Getränke werden auch vielfach unter Zusatz von Honig, Baum- oder Kaktussäften sowie von Wurzeln und Knollen als Stärke- oder Zuckerquellen alkoholischer gemacht.

Tabelle 3 listet eine Auswahl der Vielzahl von indigenen Bieren auf diesen Kontinenten – ohne Anspruch auf Vollständigkeit und natürlich ohne Gewähr für die Schreibweise – auf. Die Liste stützt sich im Wesentlichen auf eine Veröffentlichung von Rich Stock mit dem Titel *Fermented beverages of the world – an overview,* in der Februar-Ausgabe 2014 der BRAUWELT® International. Dazu muss angemerkt werden, dass bei einem Vergleich internationaler Quellen die Transliteration der Namen von indigenen Biersorten in unser Alphabet nicht immer eineindeutig ist, denn es sind für diese Sorten oft verschiedene Schreibweisen im Umlauf, die wohl von der Muttersprache der einzelnen Beobachter beeinflusst sind.

Gehören solche Biere in dieses Buch? Bezogen auf die heutigen, weltweiten Verbraucherpräferenzen hat nämlich keine der in dieser Tabelle aufgeführten Biersorten aus Afrika, Asien und Mittel- und Südamerika es geschafft, sich nennenswert im Markt zu etablieren. Abgesehen vom Chicha, einem traditionellen Maisbier, welches heute primär in Peru noch zu finden ist, sind nur wenige dieser Biere von besonderer Bedeutung. Stattdessen ist es einfach eine Tatsache, dass die überwältigende Mehrheit aller heute in allen Ecken der Erde getrunkenen Biere europäischen Ursprungs ist. Die vergleichsweise oberflächliche Behandlung der traditionellen, indigenen Biere Afrikas, Asiens und Mittel- und Südamerikas in diesem Buch ist daher kein Zeugnis von Chauvinismus oder Vorurteil, sondern einfach ein wertneutrales Spiegelbild der Realität.

**Quellennachweis und Register?**
Schließlich stellt sich einem Autor noch die Frage, ob ein A-bis-Z-Nachschlagewerk einen Quellennachweis und ein Register benötigt. Das hier vorliegende Buch basiert auf fast einem Vierteljahrhundert von Studien, Recherchen und praktischen Brauerfahrungen. Ein vollständiger Quellennachweis müsste daher Tausende von Veröffentlichungen in der Form von alten und neuen Büchern, Artikeln und Webseiten – meist auf Englisch, Deutsch, Spanisch, Französisch, Niederländisch und gelegentlich sogar auf Latein – aufführen. Zum Beispiel basiert allein die kurze Abhandlung über den genetischen Ursprung der untergärige Hefe Saccharomyces pastorianus unter dem Stichwort Lagerbier auf Hunderten sehr spezifischer, fachwissenschaftlicher Quellen, deren Aufnahme in einem Buch für Bierliebhaber, statt für Brauwissenschaftler kaum einen Zweck erfüllen würde. Auch würde solch eine Quellensammlung den Buchumfang um Dutzende von Seiten erweitern. Andererseits würde eine zusammengestrichene, oberflächliche Auswahl von Quellen das Wissensfundament, auf dem dieses Buch aufgebaut ist, nur unzureichend widerspiegeln. Aus rein praktischen Gründen wurde daher auf eine Liste von Tausenden von Quellen verzichtet.

Braucht ein alphabetisch aufgebautes Buch, dessen Ziel es ist, Lesern, die sich über eine bestimmte Biersorte informieren möchten, als praktischer Wegweiser zu dienen, ein Register? Unter Berücksichtigung des spezifischen Zwecks des Buches als Nachschlagewerk wurde ebenfalls von einem den Buchumfang sprengenden Register abgesehen. Stattdessen enthält dieses Buch gleich nach dem Inhaltsverzeichnis drei verschiedene Listen aller in diesem Buch behandelten Biersorten. Diese Listen sind alphabetisch, chronologisch und geografisch geordnet.

**Welche Stimme?**
Auch muss ein Autor eines Bierlexikons eine Entscheidung über den Ton treffen. Ist das Buch für Biermacher, für Biertrinker oder für beide Zielgruppen gedacht? Wie brautechnisch darf es sein? Darf man davon ausgehen, dass dem Leser Begriffe wie Ester, Milchsäurebakterien, Maische, Malz, obergärige und untergärige Gärung, Stammwürze und Volumenalkohol bekannt sind, jedoch Begriffe aus dem Brauerlatein wie Protease, Diacetyl oder Acetaldehyd dem Leser nicht geläufig sind und daher auf keinen Fall ohne Erklärung verwendet werden sollten?

Dieses Buch versucht, einen Mittelweg zwischen einerseits den vielen brauwissenschaftlichen Lehrbüchern für professionelle Brauer und andersseits der Flut von Büchern mit rein sensorischen Beschreibungen von Biersorten und Biermarken zu gehen. Während Bücher in der ersten Kategorie natürlich nur von begrenztem Nutzen für Bierliebhaber sind, ist die Brauchbarkeit der vielen, gegenwärtig im Angebot befindlichen Bücher in der zweiten Kategorie für den Verbraucher oft fraglich. Besonders Bücher, die mit viel esoterischem Vokabular praktisch nichts zu sagen haben, stellen in dieser Kategorie ein ungünstiges Preis-Leistungsverhältnis dar.

*Das Große BRAUWELT® Lexikon der Biersorten* versucht stattdessen, dem Laien mehr Inhalt als nur Geschmacksbeschreibungen anzubieten, aber trotzdem auch den Brauer anzusprechen, der die Kenntnis und Ausbildung besitzt, die in diesem Buch erwähnten Biersorten auch ohne die hier fehlenden Zutatenlisten und Brauanweisungen zu brauen. Die Brauerfachsprache wurde, soweit wie eben möglich, durch Begriffe aus der Umgangssprache ersetzt. Gleichfalls enthält dieses Buch, mit Ausnahme von gelegentlichen Angaben des Alkoholgehalts, keine brautechnischen Spezifikationen der verschiedenen Biersorten. Sollte der eine oder andere Leser dennoch über einen Begriff stolpern, so kann eine kurze Internetsuche schnell Klarheit schaffen.

Kurz ein Wort zur alphabetischen Reihenfolge der Stichwörter: Viele Biersorten haben mehrere, sich ähnelnde Bezeichnungen. Das trifft besonders bei vielen amerikanischen Craft Bieren zu. Ein typisches Beispiel ist das dunkle IPA, welches auch als American Black IPA, Black American IPA, Cascadian IPA, Dark IPA oder Imperial American Black IPA bezeichnet wird. Die Anzahl der Permutationen auf dem Etikett ist daher sehr groß, jedoch handelt es sich immer um die gleiche Biersorte. Unter welchen Buchstaben soll man dieses Bier nun in einem Buch einordnen? Unter A, B, C, D oder I? In diesem Buch wurde das Problem ganz einfach durch viele Querverweise gelöst. Trotzdem ist es möglich, dass ein Biername übersehen wurde!

**Welcher Akzent?**
Die Länge der einzelnen A-bis-Z-Beiträge ist von einer Biersorte zur anderen sehr unterschiedlich. Während einige Stichwörter kaum mehr als ein oder zwei Zeilen einnehmen, belegen andere Stichwörter mehreren Seiten. Dafür gibt es gute Gründe. Von einigen Biersorten wissen wir eben sehr wenig. Sie sind vielleicht bedeutend genug, erwähnt zu werden, aber nicht interessant genug, um ausführlich behandelt zu werden. Anderseits nehmen natürlich Weltklassiker wie Pilsner, Pale Ale, Stout, Porter, Dunkel, Bock und das heute bei Craft-Brauern so beliebte India Pale Ale wesentlich mehr Platz ein als zum Beispiel Amber Ale, Devonshire White Ale, Pomeranzenbier oder Steinbier.

Auch haben einige Biersorten, selbst wenn sie nicht (mehr) sehr weit verbreitet sind, eine spannende und daher erzählenswerte Herkunftsgeschichte, die ihnen proportional mehr Platz in diesem Buch verschafft, als ihnen eigentlich aufgrund ihrer objektiven Bedeutung zusteht. Manche Biere sind von wunderbaren Anekdoten oder Legenden umwoben, die man dem Leser nicht vorenthalten sollte. Zum Beispiel platzten bei der Meuse Brauerei in London im Oktober 1814 mehrere gigantische, hölzerne Gärbehälter, worauf sich zigtausende Hektoliter von Porterbier in einer veritablen Bierwoge in die umliegenden Straßen ergossen; und sieben Personen sind in diesem Porterschwall ertrunken. Diese Story sollte doch wohl einen kleinen Abschnitt unter dem Stichwort Porter wert sein!

Eine andere interessante Geschichte ist die putative Entstehung des Eisbocks, als ein Kulmbacher Brauerbursche im Jahre 1890 vergaß, bei einer sternklaren Winternacht einige Fässer Bockbier aus dem Brauereihof ins Sudhaus zu rollen. Wir haben keinen Nachweis für die Unwiderlegbarkeit dieser Legende, aber sie steht trotzdem hier unter dem Stichwort Bockbier. Gleichfalls nimmt das finnische Sahti, welches ein sehr ausgefallenes Bier ist, mehr Platz ein als es vielleicht verdient. Allerdings wird dieses kuriose Bier bereits im Kalevala, dem etwa zweitausend Jahre alten finnischen Nationalepos erwähnt, wo die Beschreibung der Herstellungsmethoden dieses Bieres zweimal so viele Strophen beansprucht wie die Beschreibung der Schöpfung der Erde! Die Länge der Stichwörter für die einzelnen Biersorten hängt damit sowohl von der Wichtigkeit der jeweiligen Sorten als auch von der literarischen Verwertbarkeit ihrer Geschichten ab.

## Biersorten sind amorphe Gestalten

Biersortenbegriffe sind in vieler Hinsicht wie Amöben: Sie haben keine Struktur und ändern ihre Form dauernd. Zum Beispiel wurde ein holländisches Keutebier aus dem 15. Jahrhundert ganz anders gebraut und schmeckte auch ganz anders als ein gleichnamiges, westfälisches Keutebier aus dem 19. Jahrhundert. Der Name blieb über vier Jahrhunderte unverändert, jedoch wandelte sich seine Bedeutung sehr, denn über die Jahrhunderte änderten sich die verfügbaren Rohstoffe und Brautechnologien sowie die Geschmäcker der Verbraucher. Gleichfalls ist es oft schwierig, über rein brautechnische Spezifikationen zum Beispiel zwischen einem Porter und einem Stout oder zwischen einem Märzenbier und einem Wiener Lager zu unterscheiden. Wie dunkel darf ein Dunkel sein, bevor wir es als Schwarzbier bezeichnen müssen? Ist das aus dem Märzenbier hervorgegangene Oktoberfestbier wirklich eine separate Sorte?

Auch gibt es eine legitime Debatte, ob zum Beispiel Biere wie Kellerbier, Zwickelbier, Landbier oder Bauernbier tatsächlich echte Sorten sind, da ihre historischen und brautechnische Eigenschaften in vielen Kreisen umstritten sind. So betrachten einige Experten ein Kellerbier nur als ein über eine Kellerlagerung in Fässern gereiftes Bier, wobei die Art der Lagerung nur wenig über die anderen Eigenschaften des Bieres aussagt. Nach dieser Meinung ist Kellerbier nur ein Attribut eines Bieres, aber selbst keine Sorte. Gleichfalls ist ein

Zwickelbier für manche Leute nur ein frisches Bier, welches der Braumeister zur Probenahme mit Hilfe eines Zwickels – eines kleinen Zapfhahns in der Gärbehälterwand – direkt dem Behälter entnimmt. Also beschreibt der Begriff Zwickelbier nur eine Zapfart und keine Sorte.

Manche Puristen finden es auch unakzeptabel, dass einige Brauereien den Begriff Zoiglbier auf ihren Flaschenetiketten verwenden. Sie argumentieren, dass diese Bezeichnung aus dem spätmittelalterlichen Heimbraumilieu in der Oberpfalz stammt. Die damaligen Braubürger pflanzten und verarbeiteten meist ihre eigenen Rohstoffe, weshalb ihre fertigen Biere auch in Farbe, Geschmack, Bittere, Alkoholgehalt und vielen anderen Parametern sehr unterschiedlich waren. Deshalb bestehen die Puristen darauf, dass Zoiglbier auf keinen Fall eine Sorte, sondern nur die Bezeichnung einer lokalen, historisch gewachsenen und recht unspezifischen Braukultur sei. Da ist natürlich etwas Wahres dran!

Dennoch ist Zoiglbier hier als Sorte aufgeführt, denn es ist grundsätzlich wichtig, bei der Debatte um die Klassifizierung von Biersorten einen kühlen Kopf zu bewahren und jedweden Dogmatismus zu vermeiden. Dieses Buch versucht nicht, die Kontroversen darüber, was eine Biersorte ist und was sie nicht ist, zu schlichten. Es geht hierin nur um die Vorstellung verschiedener alkoholischer Getränke aus Getreideextrakt, deren Geschichten und kulinarische Eigenschaften den Menschen Freude bereiten. Es geht hier angesichts der oft vagen und historisch variablen Begriffsbestimmung von Biersorten nicht um eine verbindliche Taxonomie oder um Haarspalterei, sondern nur um den Spaß am Bier! Es gibt kaum eine bessere Schmiere des sozialen Lebens als ein gutes Bier – elegant im Aussehen; vielversprechend im Bouquet; reich im Geschmack; mit einer delikaten, prickelnden, die Gaumen erfrischenden Rezenz; und einem hopfenaromatischen, langen Abgang. Damit appelliert ein Bier an alle Sinne. Es verdient, genossen, nicht gesoffen, zu werden. Das Anliegen dieses Buches ist es, zur Freude am Bier beizutragen. Sein Ziel ist, zu erklären, nicht zu richten!

**Zum Thema Vollständigkeit**
Trotz des ehrgeizigen und bestimmt idealistischen Zieles des hier vorliegenden Buches, nichts Wichtiges auszulassen, muss man einräumen, dass es praktisch unmöglich ist, wirklich alle Biersorten der Welt komplett abzuhandeln. Die Auswahl der aufgeführten Biersorten ist daher letzten Endes immer subjektiv. In diesem Sinne kann und will *Das Große BRAUWELT® Lexikon der Biersorten* keinen Anspruch auf Vollständigkeit erheben! „Wer vieles bringt, wird manchem etwas bringen", heißt es in der Vorrede des Direktors in Goethes Faust. Dennoch besteht kein Zweifel, dass irgendjemand irgendein Bier, welches irgendwo auf der Welt hergestellt wird oder wurde, hier vermissen wird.

Man kann durchaus unterschiedlicher Meinung sein, nach welchen Maßstäben man Entscheidungen darüber treffen soll, was aufgenommen und was verworfen wird. Natürlich sind alle „großen" klassischen und modernen Biersorten in diesem Buch vertreten. Zusätzlich werden einige der vielen Avantgarde-Biersorten der Craft-Bier-Bewegung aufgeführt. Letztlich sind auch die bedeutendsten historischen Biere, selbst wenn sie heute nicht mehr oder nur noch sehr selten gebraut werden, mit aufgenommen worden. Am Ende gibt es für die Auswahl jedoch keine eindeutigen Richtlinien und andere Autoren hätten sich vielleicht subjektiv anders orientiert.

Dieses Buch entspricht meiner Vision der Welt des Bieres als kulturelles und kulinarisches Juwel der Menschheit. Das Beste, das ein Autor erhoffen kann, ist, dass sein Buch, so wie es ist, trotz unvermeidlicher Lücken und Mängel, Akzeptanz findet. Mag *Das Große BRAUWELT® Lexikon der Biersorten* Ihnen, lieber Leser, helfen, Ihre eigene Vision des vergorenen Extraktes aus Getreide zu entwickeln! Möge es Ihre Kenntnis des einzigartigen Wunders, welches Bier ist, vertiefen. Heben Sie entspannt Ihr Glas, nehmen Sie einen ungestörten Schluck, lassen Sie ihn köstlich über den Gaumen gleiten und genießen Sie eines der großen kulinarischen Vergnügen des Lebens.

*Cheers and Prost!*

*Horst Dornbusch*
*West Newbury, Massachusetts, USA*
*März 2017*

Tabelle 1

## Historische, Lexikon-ähnliche Quellen über alte Biere

| Erscheinungsort und -jahr | Autor und Titel |
|---|---|
| Erfurt, 1575 | Dr. Heinrich Knaust, *Fünff Bücher. Von der Göttlichen und Edlen Gabe / der Philosophischen / hochthewren und wunderbaren Kunst / Bier zu brawen.* |
| Nürnberg, 1731 | Anonymer Autor, der sich nur als „Durch einen treuhertzigen Freund und Liebhaber der Künste" identifiziert: *Der Zu allerley guten Geträncken treuhertzig-anweisende wohlerfahrne und Curiose Keller-Meister: aufgeführet In einem gantz neu heraus gegebenen ... und kurtz-verfaßtem, von Wein, Bier, Meth, Brandwein, und Essig handlendem Kunst-Buch. Der Erste Theil tractirt von dem Wein an sich selbsten, dessen Natur, Krafft und Nutzen, auch wie solcher, von der Kälter an, auf das beste zu warten und zu pflegen ... Im Andern Theil wird angezeigt, wie man zu Erhaltung deß Leibes Gesundheit, allerhand .. Kräuter-Frucht- und Gewürtzte, wie auch andere noch mehrere Medicinalische Weine zubereiten ... Im Dritten Theil wird deutlich angewiesen, die nutzlich- und nöthige Bierbräu-Kunst ... Im Vierdten Theil wird auf unterschiedliche Arten guter Meth zu sieden deutlich angewiesen. Im Fünfften Theil aber auf allerhand Arten guten Brandwein zu brennen.* |
| Berlin, 1773 | Johann Georg Krünitz, *Oekonomische Encyclopaedie oder allgemeines System der Staats- Stadt- Haus- und Landwirthschaft in alphabetischer Ordnung.* Fünfter Band |
| Altona, Leipzig, 1784 | Anonymer Autor (wahrscheinlich Johann Heinrich Kaven), *Der Vollkommene Bierbrauer oder kurzer Unterricht all Arten Bier wie auch verdorbene Biere wieder gut zu machen.* |
| New York, 1815 | Joseph Coppinger, *The American Practical Brewer and Tanner.* |
| London, 1830 | W. Brande, *The Town and Country Brewery Book: Or, Every Man His Own Brewer, and Cellarman, Malster and Hop-Merchant: Conducted on Principles of Health, Profit, & Economy.* |

| Philadelphia, 1852 | Marcus Lafayette Byrn, *The Complete Practical Brewer; Or Plain, Accurate, and Thorough Instructions in the Art of Brewing Ale, Beer, and Porter.* |

Tabelle 2

## *Alphabetische Liste traditioneller Biersorten in deutschsprachigen Quellen in der Originalschreibweise, natürlich ohne Anspruch auf Vollständigkeit.*

| | |
|---|---|
| A | Altdorfer, Altonaer, Anis=Bier, Anspacher, Antwerper, Arnstädtisches, Augentrost=Bier, |
| B | Bamberger, Barthisch, Bauzner, Bayrisch, Belgersches, Benedictenwurzel=Bier, Benickensteiner, Bernauer, Beyfuß=Bier, Bingelheimisch, Böhmisch, Boitzenburger, Boxtehuder, Brabandisches, Brandenburgisch, Braun=Bethonien=Bier, Braunschweiger Mumme, Bredaisch, Bremer, Breslauer, Bruckberger, Brucker, Burglenfelder |
| C | Cadolzburger, Carthäuser, Citronen=Bier, Cöllnisch, Colberger, Corveyer, Cotbußer bzw. Kottbusser oder Kotbüßer, Croßner, Curisches |
| D | Dalwitzer, Danziger, Daßlisch, Delfter, Delitscher, Derenburger, Duckstein |
| E | Eckernförder, Ehrenpreis=Bier, Eilenburger, Eimbekisch, Eislebisch, Elbinger, Emder, Englisch Bier, Erfurter, Erlanger, Eysop=Bier |
| F | Farnbacher, Fenchel=Bier, Feuchter, Flandisch Bier, Forster, Fränkische, Frankfurter, Freyburger, Fürstenwalder |
| G | Gardelebischer, Gardelegener Garley, Geithayner, Geroldshöfer, Giebichensteiner, Glücksstädter, Goslarisch, Gothaisch, Gräfenberger, Gubener, Güstrauer, Güstrower Kniesenack |
| H | Hadeler, Halberstädter, Hallische, Hamburger, Hanfbier, Harlemer, Haselwurzel=Bier, Helmstädter, Hersprucker, Herforder, Himbeer=Bier, Hirschzungen=Bier, Hofer Schlappenbier, Hysoppen=Bier |
| H | Hadeler, Halberstädter, Hallische, Hamburger, Hanfbier, Harlemer, Haselwurzel=Bier, Helmstädter, Hersprucker, Herforder, Himbeer=Bier, Hirschzungen=Bier, Hofer Schlappenbier, Hysoppen=Bier |

| | |
|---|---|
| J | Jenaisch |
| K | Kieler, Kirschen=Bier, Königslutterscher Duckstein, Kopenhagner, Kottbusser, Krausemüntz=Bier, Kyritzer |
| L | Langenzenner, Laubenisch, Laufer, Lavendel=Bier Leipziger, Liefländisch, Lippenisch, Löbegüner, Lorbeer=Bier, Lübecker |
| M | Majoran=Bier, Mantwurzel=Bier, Märkische, Magdeburger, Mannheimer, Marpurgisch, Meklenburgische, Melissen=Bier, Merseburger, Minder, Miser, Möllenisch, Moll, Mühlhauser, Münch-Auracher, Münsterisch |
| N | Nauensches, Naumburger, Nelken=Bier, Neustädter, Niemäger, Nürnberger |
| O | Ochsenzungen=Bier, Oschatzer, Osnabrücker, Osteroder |
| P | Paderbornisch, Pirkenfelder, Plinganser, Pohlnische, Pommersche, Prager |
| Q | Quedlinburger |
| R | Ratzeburger, Rauschenberger, Regensburger, Reuther, Rieser Weizenbier, Rittershauser, Rosmarin=Bier, Rostocker, Rottaler, Rotterdammer, Ruppiner |
| S | Saganisch, Salbei=Bier, Salzwedelisch, Schlehen=Bier, Schlesische, Schöninger, Schumerisches Bier mit Wermut und Gewürze, Schwabacher, Schwaninger, Schwarzenberger, Schwedisch, Schweidnitzer, Schweinisch, Scordien=Bier, Seef-Bier, Slogauisch, Soldbergisch, Spandauer, Stader, Steinauer, Stolpisch, Stralsunder, Strigauer, Strignisch, Sychel=Bier |
| T | Teschener, Thiener, Thorner, Thüringische, Torgauer, Troppauer |
| U | Uffenheimer |
| V | Vacher, Virnsperger |
| W | Wacholder=Bier, Walterhausisches, Werdersches, Wermuth=Bier, Wernigeroder, Westphälische, Wettiner, Wiener, Wildunger, Windsheimer, Wismarisches, Wittenberger, Wohlgemuth=Bier Wolfenbüttler, Wolgaster, Wollauisch, Wolliner, Wurzner |
| Z | Zerbster, Zütphensches |

*Quellen: Hunderte von Büchern sowie Artikeln in diversen Fachzeitschriften des Brauwesens und auf dem Internet. Siehe auch Tabelle 1.*

**Tabelle 3**

## *Indigene, traditionelle Biersorten aus Afrika, Asien und Mittel- und Südamerika (Auswahl; alphabetisch)*

*Indigene Afrikanische Biersorten
(Herkunftsregion und Hauptbestandteile)*

Abrey (Sudan/Hirse); Affouk (Kamerun/Hirse, Mais); Ahai (Ghana/Mais); Ajou (Uganda/Hirse, Mais); Am belbel, Umm balbal (Chad, Niger/Hirse); Baldababaran (Kamerun/Hirse, Mais); Bil-bil (Kamerun, Chad, Niger/rotes Hirsemalz); Bojalwa (Botswana/Hirse, Mais); Bouérou (Kamerun/Hirse, Mais); Bucwala (Zambia/Hirse, Mais); Bukoko (Zambia, Nigerien/Hirse, Mais); Chikokivana (Zimbabwe/Mais, Hirse); Chipumu (Zambia/Hirse, Mais); Dââ, Daam (Ghana/Hirse, Mais); Do (Kamerun/Hirse, Mais); Do'di (Kamerun/Hirse, Mais); Dohlou, Dolo (Burkina Faso, Chad, Niger (Hirse, Mais); Doro (Zimbabwe (Maismehl, Mais, Hirse); Embush (Äthiopien/Hirse, Mais): Fito (Nigerien/Hirse, Mais); Giya (Nigerien/Hirsemalz); Hal (Niger/Hirse, Mais); Himi (Kamerun/Hirsemalz); Igwelli (Südafrika/Hirse, Mais); Igagage (Rwanda/Hirse, Mais); Joala (Südafrika/Hirse, Mais); Katata (Zambia/Maismalz); Kimbil (Sudan/Hirse, Mais); Konya (Mali/Hirse, Mais); Koumoui (Kamerun/Hirsemalz); Kpata (Kamerun/Hirse, Mais); Kunu Zaki (Nigerien/Hirse, Mais, Ingwer, Gewürznelken, Pfeffer); Leting (Südafrika/Hirse, Mais); Mabjalwa (Lesotho/Hirse, Mais); Maiyeh (Kenya/Hirse, Mais); Malwa (Zambia/Hirse, Mais); Marwa (Uganda/Hirse, Mais); Masvusvu (Zimbabwe/Mais); Merissa (Sudan, Chad/Hirse, Mais); Metogo (Lesotho/Mais, Hirse); Mgba (Kamerun/Hirsemaltz); Motoho (Südafrika/Mais); Mowa (Zambia/Hirse, Mais); Mqomboti-joala (Südafrika/Hirse, Mais); Obilor (Nigerien/Hirsemalz); Omukimba (Uganda/Hirse, Mais); Oyokpo (Nigerien/Hirse, Mais); Pipi (Chad, Nigerien/Hirse, Mais); Pito (Ghana/Hirse, Mais); Pombe (Tanzanien/Hirse, Mais); Poukou (Kamerun/Hirse, Mais); Shamit (Äthiopien/Hirse, Mais); Sibamu (Zambia/Maismehl, Mais, Hirse); Sikokiyana (Zambia/Maismehl, Mais, Hirse); Sipesu (Zambia/Maismehl, Mais, Hirse); Tidéré (Kamerun/Hirse, Mais); Ubwalwa (Zambia/Hirse, Mais); Umbugug (Sudan/Hirse, Mais); Tala, Tella Äthiopien (Hirse, Mais, Gewürze); Tchukutu (Togo/Hirse); Utschwala (Südafrika(Hirse, Mais); Utywala (Südafrika/Hirse, Mais); Vone (Kamerun/Hirse, Mais); Wala (Zambia/Hirse, Mais): Yarobu kunya (Nigerien/Hirse); Yolo (Ghana/Mais).

## Indigene Asiatische Biersorten
### (Herkunftsregion und Hauptbestandteile)

Amazake (Japan, Reis); Binubudan (Philippinen, Reis); Bojak (West Bengalien, Indien/Hirse, Mais); Brembali (Indonesien/Reis); Chao-ching-yu (China/Reis); Chau (China/Reis); Chiu (China/Reis); Chongju (Korea/Reis); Darassun (Mongolien/Hirse); Jungjang (Korea/Reis); Kokja (Korea/Reis); Kra-chae (Thailand/Reis)/Reis); Lao argoon (Thailand/Reis); Li (China/Reis); Maggally (Korea/Reis); Mie-chiu (China/Reis); Nam Khao (Thailand/Reis); Nihon-shu (Japan Reis); Oo, Ou (Thailand Reis); O toso ((Japan/Reis); Purad (Philippinen/Reis); Ruhi (Indien/Reis); Saké (Asien und der indische Subkontinent/Reis); Sam-cheou (China/Reis); Samshu, Samsoo (China/Reis); Seishu (Japan/Reis); Shaohsing (China/Reis, Weizen oder Hirse); Sura Indien/Hirse, Mais); Tackjoo, Takju (Korea/Reis); Tapai (Malaysien/Reis; Tapoi/Tapuy (Philippinen/Reis); Thumba (West Bengalien, Indien/Hirse); Yagjoo (Korea/Reis); Yakju (China/Reis).

## Indigene Mittel- und Südamerikanische Biersorten
### (Herkunftsregion und Hauptbestandteile)

Acca (Südamerika/Mais); Aqa (Mexiko/Maismalz, Pfeffer); Atole (Mexiko, Belize/Maismalz); Chicha (Südamerika/hauptsächlich Mais)); Chicha de cebada (Südamerika/Gerste); Chicha de jova (Südamerika/Mais); Chicha de maiz nojo (Südamerika/Mais); Kufa (Peru/Mais); Sendecho (Mexiko Maismalz, Pfeffer); Sor (Südamerika/Mais); Sugiki (Mexiko/Mais); Tejuino, Tesguino (Mexiko/Mais); Tekhte (Peru/Mais, Quinoa); Upi (Südamerika/Mais).

*Hauptquelle: Rich Stock, Fermented beverages of the world – an overview. Part 2: Cereal and Pseudocereal based beverages, in BRAUWELT® International, 1/2014, February, Volume 32, Seiten 28- 32*

# LISTE DER STICHWÖRTER

*Alphabetisch sortiert*

**Abdijbier** Siehe Abteibier
**Abteibier**
**Adambier**
**Afrikanisches Bier, traditionell**
**Ägyptisches Bier, antik**
**Ale**
**Alkoholfreies Bier**
**Almradler**
**Alster** Siehe Radler
**Alsterwasser** Siehe Radler
**Altbier**
**Alte Biere**
**Amber Ale, amerikanisch**
**Amber Ale, englisch**
**Annedda**
**Antique Biere** Siehe Alte Biere
**Antoniusbier**
**Apple Beer**
**Arctic Ale**
**Asiatisches Bier, traditionell**
**Bagni**
**Baltisches Porter** Siehe Porter
**Bamberger Rauchbier** Siehe Rauchbier
**Barley Wine, britisch**
**Barleywine, nordamerikanisch**
**Bauernbier**
**Bauernbier, litauer**
**Bayerisches Helles** Siehe Helles
**Belgian Golden Ale** Siehe Belgisch Speziaalbier
**Belgisch Speziaalbier**
**Belgisches Starkbier, dunkel**

**Belgo-American Ale**
**Berliner Weiße**
**Best Bitter** Siehe Bitter
**Bière blanche, belgisch** Siehe Witbier
**Bière blonde, belgisch**
**Bière brut des Flandres**
**Bière champenoise bzw.** Siehe Bière brut des Flandres
**Bière d'Abbaye** Siehe Abteibier
**Bière de garde**
**Bière de mars, belgisch**
**Bière de mars, elsässisch**
**Bière méthode champenoise** Siehe Bière brut des Flandres
**Bière de saison**
**Bière de spécialité belge** Siehe Belgisch Speziaalbier
**Bière rouge flamande** Siehe Oud Bruin
**Bilsenkrautbier**
**Biobier**
**Bitter**
**Black Ale, American-Style**
**Black Beer**
**Black Belgian Stout** Siehe Stout
**Black & Tan**
**Black India Pale Ale (IPA)** Siehe India Dark Ale
**Blond Ale, amerikanisch**
**Blonde van Vlaanderen**
**Blueberry Ale**
**Bock bzw. Bockbier**
**Bock, amerikanisch** Siehe Bock

**Bock, texanisch** Siehe Bock
**Böhmisches Pilsner** Siehe Pilsner
**Braggot**
**Braunbier, deutsch**
**Braunes Ale, belgisch** Siehe Oud Bruin
**Braunes Porter** Siehe Porter
**Braunschweiger Mumme** Siehe Mumme, Braunschweiger
**Bremer Bier**
**Breslauer Bier** Siehe Schöps, Breslauer
**Brown Porter** Siehe Porter
**Brotbier, antik**
**Broyhan Alt** Siehe Broyhan Bier
**Broyhan Bier**
**Brown Ale, amerikanisch**
**Brown Ale, nordenglisch**
**Brown Ale, südenglisch**
**Brown Porter** Siehe Porter
**Brummbär**
**Buchweizenbier**
**California Common**
**California Lager** Siehe California Common
**Canadian Ale**
**Caribbean Stout** Siehe Stout
**Cascadia bzw. Cascadian (Dark) Ale** Siehe India Dark Ale
**Cask bzw. Cask-Conditioned Ale**
Cassis Siehe Lambic und Fruchtbier
**Cauim**
**Celia**
**Cereal Beverage**
**Cervisa**
**Cervisa mellita**
**Champagne Ale** Siehe Bière brut des Flandres
**Chicha bzw. chicha da jora**
**Chocolate Ale/Lager**

**Chocolate Stout** Siehe Stout
**Christmas Beer**
**Citronenbier**
**Cock Ale**
**Colabier** Siehe Diesel
**Colonial Ale, amerikanisch**
**Common Beer**
**Conventus**
**Cottbusser Bier** Siehe Kottbusser Bier
**Cream Ale**
**Cream Stout** Siehe Stout
**Cuirm**
**Dampfbier, deutsch**
**Dampfbier, kalifornisch** Siehe California Common
**Danziger Jopenbier** Siehe Jopenbier
**Dark Ale**
**Dark IPA** Siehe India Dark Ale
**Deutsches Porter** Siehe Porter
**Devonshire White Ale**
**Diätbier**
**Diesel**
**Diest**
**Dinkelbier**
**Doppelbock** Siehe Bock
**Doppelkaramellbier** Siehe Malzbier
**Doppelsticke** Siehe Sticke
**Dorchester Ale**
**Dortmunder Altbier** Siehe Adambier
**Dortmunder Export**
**Double Ale**
**Double Imperial IPA, amerikanisch** Siehe Imperial India Pale Ale (IPA), amerikanisch
**Double India Pale Ale (IPA), amerikanisch** Siehe Imperial India Pale Ale (IPA), amerikanisch
**Dry Porter** Siehe Porter

**Dry Stout** Siehe Stout
**Dubbel/Double** Siehe Abteibier
**Dunkel, bayerisch**
**Dunkel, böhmisch**
**Dunkelbock** Siehe Bock
**Dunkelweizen** Siehe Weißbier
**Dunkelweizenbock** Siehe Weißbier
**Dunkelweizendoppelbock** Siehe Weißbier
**Dünnbier**
**Düsseldorfer Altbier** Siehe Altbier
**Ducksteiner Bier**
**Edinburgh Oat Ale**
**Eblulum**
**Einbecker Bier** Siehe Bock
**Einbecker (Ur-)Bock** Siehe Bock
**Einfachbier**
**Einkornbier**
**Eisbock** Siehe Bock
**Eisbier** Siehe Ice Beer
**Emmerbier**
**English Stout** Siehe Stout
**English-Style Golden Ale** Siehe Summer Ale, englisch
**Erntebier** Siehe Dünnbier
**Export**
**Extra Special Bitter (ESB)** Siehe Bitter
**Extreme Ale bzw. Extreme Beer**
**Farmhouse Ale**
**Faro**
**Fassbrause**
**Fastenbier** Siehe Abteibier
**Fastenbock** Siehe Bock
**Festbier**
**Fichtenbier**
**Flämisches Rotbier** Siehe Oud Bruin
**Flämisches Sauerbier** Siehe Oud Bruin
**Flanders Red Ale** Siehe Oud Bruin
**Flanders Sour Ale** Siehe Oud Bruin
**Flieger**
**Foederbier** Siehe Oud Bruin
**Foreign (Extra) Export Stout (FES)** Siehe Stout
**Framboise** Siehe Lambic und Fruchtbier
**Fraoch Ale**
**Fraise** Siehe Lambic und Fruchtbier
**Framboise** Siehe Lambic und Fruchtbier
**Fresh Hop Ale** Siehe Extreme Ale
**Frischbier** Siehe Braunbier, deutsches
**Fruchtbier**
**Frühlingsbock** Siehe Bock
**Fyltz bzw. Filtz**
**Gardelebischer bzw. Gardelegener**
**Garley**
**Gårdøl**
**Gemüsebier**
**Germanisches Brotbier** Siehe Brotbier, antik
**Gespritzter** Siehe Diesel
**G'frornes** Siehe Bock
**Ginger Beer**
**Ginjo Beer** Siehe Saké
**Glutenfreies Bier**
**Golden Ale, American** Siehe Blonde Ale, American
**Golden (Strong) Ale, Belgian** Siehe Belgisch Speziaalbier
**Gose, Leipziger**
**Gotlansdricka**
**Grätzer Bier**
**Greifswalder Bier**
**Grisette**
**Grodziskie** Siehe Grätzer Bier
**Grozet**
**Gruitbier**
**Grünkernbier**

**Gueuze**
**Güstrower Kniesenack**
**Haferbier**
**Hanse Bier**
**Hamburger Bier**
**Happe**
**Heather Ale**
**Hefeweizen** Siehe Weißbier
**Heidelbeeren Ale** Siehe Blueberry Ale und Fruchtbier
**Heirloom Beer** Siehe Alte Biere
**Hekt**
**Heller/Helles Bock** Siehe Bock
**Helles**
**Himbeerbier** Siehe Fruchtbier
**Hirsebier**
**Historische Biere** Siehe Alte Biere
**Hochzeitsbier**
**Holländisches Jop(p)enbier** Siehe Jopenbier
**Honey Beer** Siehe Braggot, Met, Honigbier
**Honigbier**
**Ice Beer**
**Imperial Pale Ale, amerikanisch**
**Imperial India Pale Ale (IPA), amerikanisch**
**India Dark bzw. Black Ale bzw. IPA**
**India Pale Ale (IPA), amerikanisch**
**India Pale Ale (IPA), englisch**
**India Pale Ale (IPA), rotes**
**India Pale Ale (IPA), weißes**
**Ingwerbier** Siehe Ginger Beer
**Irisches/Irish Red (Rot) Ale**
**Irisches Porter** Siehe Porter
**Irish Stout** Siehe Stout
**Jopenbier bzw. Joppenbier**
**K Ale, KK Ale, KKK Ale, KKKK Ale**
**Kaimiškas alus** Siehe Bauernbier, litauer

**Karamellbier** Siehe Malzbier
**Khorsan Bier bzw. Kamut® Bier**
**Kanne®**
**Kartoffelbier**
**Keeping Beer** Siehe Old Ale
**Kefir**
**Kellerbier, hell**
**Kellerbier, dunkel**
**Kellerpils**
**Kelpie (Seaweed) Ale**
**Kentish Ale**
**Kentucky Common**
**Keutebier**
**Kofent** Siehe Braunbier, deutsch
**Kölsch**
**Königslutttersches Bier** Siehe Ducksteiner Bier
**Kottbusser Bier**
**Koumiss**
**Kraftbier** Siehe Malzbier
**Krambambulya**
**Kräusenbier**
**Kriek** Siehe Lambic und Fruchtbier
**Kristallweizen** Siehe Weißbier
**Kürbis Ale** Siehe Pumpkin Ale
**Kwass**
**Lager, amerikanisch**
**Lagerbier**
**Lager, internationales, blondes (pale)**
**Lager, internationales, bernsteinfarbenes**
**Lager, internationales, dunkles**
**Lambic**
**Landbier**
**Latzenbier** Siehe Altbier und Sticke
**Leichtbier, amerikanisch** Siehe Lager, amerikanisch
**Leichtbier, europäisch**

Leipziger Gose Siehe Gose, Leipziger
Lichtenhainer
Liége Saison
Lobsenzer Bier Siehe Grätzer Bier
London Porter Siehe Porter
London Stout Siehe Stout
Louvain Peeterman Wit Bier
Maguey
Maibock Siehe Bock
Majoran Bier
Majority Ale
Malt Liquor, amerikanisch
Malta
Malzbier
Märzen bzw. Märzenbier
Mead
Melassebier
Met
Mild Ale
Milk Stout Siehe Stout
Millet Beer Siehe Hirsebier
Mittelamerikanisches Bier, traditionell
Mumme, Braunschweiger
Molle
Münchner Helles Siehe Helles
Münsteraner Altbier Siehe Altbier
Nachbier
Nährbier
Near Beer
Nihonshu Siehe Saké
Needle Beer
New England IPA
North Eastern IPA Siehe New England IPA
Ninkasi Bier Siehe Sumerisches Bier
Northern English Brown Ale Siehe Brown Ale
Nut Brown Ale

Oatmeal Stout Siehe Stout
Obergäriges Bier
October Beer Siehe India Pale Ale (IPA), englisch
Ökobier
Oktoberfestbier
Old Ale, englisch
Ordinary Bitter Siehe Bitter
Organic Beer
L'Orge d'Anvers
Oud Bruin, ostflämisch
Oud Bruin, westflämisch
Oyster Stout Siehe Stout
Pale Ale, amerikanisch
Pale Ale, englisch
Patersvaatje Siehe Abteibier
Pêche Siehe Lambic und Fruchtbier
Pennsylvania Swankey
Phrygisches Bier, antik
Pilsener bzw. Pilsner, amerikanisch oder international Siehe Lager, amerikanisch und Pilsner
Pilsner, böhmisches
Pilsener bzw. Pils, deutsch
Pilsner, extra/ultra leicht, amerikanisch Siehe Lager, amerikanisch
Pilsner, leicht, amerikanisch Siehe Lager, amerikanisch
Pilsner, prämium, amerikanisch Siehe Lager, amerikanisch
Pilsenkrautbier Siehe Bilsenkrautbier
Pêche Siehe Lambic und Fruchtbier
Pomeranzenbier
Pomme Siehe Lambic und Fruchtbier
Piwo Grodziskie Siehe Grätzer Bier
Porter, baltisches
Porter, brown
Porter, deutsches

24

Porter, dry
Porter, irisch
Porter, London
Porter, robust
Porter, smoked, amerikanisch
Potsdamer Stangenbier
Pre-Prohibition Lager, amerikanisch
Pub Wheat, amerikanisch
Pulque
Pumpkin Ale amerikanisch/englisch
Purl
Quinoa Beer
Rauchbier
Radler bzw. Radlermass
Red Ale, amerikanisch Siehe Amber Ale, amerikanisch
Red Ale, Double American Siehe Amber Ale, amerikanisch
Red Ale, Imperial Siehe Amber Ale, amerikanisch
Red Ale, Irish Siehe Irish Red Ale
Reiswein, chinesisch Siehe Asiatisches Bier, traditionell
Robust Porter Siehe Porter
Roedbier Siehe Oud Bruin
Roggenbier
Rotbier, ober- und untergärig Siehe Irish Red Ale
Rotbier, flämisch Siehe Oud Bruin
Russ bzw. Russ'n
Russian Imperial Stout Siehe Stout
Rutland Bitter
Rye Ale, amerikanisch
Sahti
Saison Siehe Bière de saison
Saké
Sauerbier
Schankbier

Schlehenbier
Schokoladenbier Siehe Chocolate Ale/Lager
Schöps, Breslauer
Schwarzbier, Brasilianisch Siehe Xingu
Schwarzbier, Fränkisch
Schwarzbier, Thüringisch
Scotch bzw. Scottish Ale
Scurvy Grass Ale
Seefbier
Session India Pale Ale (Session IPA)
Shandy
Small Beer
Smoked Ale, amerikanisch
Smoked Beer
Smoked Porter, amerikanisch Siehe Porter
Southern English Brown Ale Siehe Brown Ale
Sorghumbier Siehe Hirsebier
Special Bitter Siehe Bitter
Spezialbier
Spiced Beer
Spruce Beer Siehe Fichtenbier und Kiefernbier
Sprossenbier Siehe Fichtenbier und Kiefernbier
Stale Ale Siehe Old Ale
Starkbier
Steambeer® Siehe California Common
Steinbier
Stock Ale Siehe Old Ale
Sticke Alt
Stout, Black, Belgian
Stout Caribbean
Stout, Chocolate
Stout, Cream
Stout, Dry

Stout, englisch
Stout, Export
Stout, Foreign Extra (FES)
Stout, irisch
Stout, London
Stout, Milk
Stout, Oatmeal
Stout, Oyster
Stout, Russian Imperial
Stout, Sweet
**Strong Ale, englisch** Siehe Barley Wine und Old Ale
Summer Ale, englisch
Südamerikanisches Bier, traditionell
Sumerisches Bier
**Süßbier** Siehe Malzbier
Svagdricka
**Swankey** Siehe Pennsylvania Swankey
**Sweet Stout** Siehe Stout
**Texas Bock** Siehe Bock
**Trappistenbier** Siehe Abteibier
**Tripel bzw. Triple** Siehe Abteibier
**Triple Bock** Siehe Bock
Triticale Bier
Turbo
Twopenny Ale
Ungespundetes Bier
Untergäriges Bier
**Urbock bzw. Ur-Bock** Siehe Bock
**Utopias** Siehe Extreme Ale und Bock
Uytzet des Flandres
**Vlaanderen Blonde** Siehe Bière blonde, belgisch
Vollbier
**Wedding Beer** Siehe Hochzeitsbier
**Wee Heavy** Siehe Scotch Ale
Weihnachtsbier
**Weihnachtsbock** Siehe Bock

Weipi
Weißbier bzw. Weizenbier
Weißbier, hell
Weizenbock(bier)
Weizendoppelbock
Weizeneisbock
Welsh Ale
Werdersches Bier
**West Country White Ale** Siehe Devonshire White Ale
**Wet Hop Ale** Siehe Extreme Ale
Wheat Wine, amerikanisch
Wiener Lager
Wiess
Wild Ale bzw. Wild Beer
**Winterbock** Siehe Bock
**Winter Warmer** Siehe Old Ale
Witbier bzw. Bière blanche
X Ale, XX Ale, XXX Ale
Xantohumol-angereichertes Bier
Xingu
**X-Mas Beer** Siehe Weihnachtsbier
Yorkshire Oat Ale
Zerbster Bitterbier
Zoeg van Tirlemont
Zoiglbier
**Zuckertangbier** Siehe Kelpie Ale
**Zwaartbier** Siehe Schwarzbier
Zwickelbier
Zythos

# LISTE DER STICHWÖRTER

*Geografisch nach Ursprungsland bzw. Ursprungsgebiet sortiert (Auswahl)*

### AFRIKA
**Afrikanisches Bier, traditionell**
**Ägyptisches Bier, antik**
**Hekt**
**Zythos**

### ASIEN
**Asiatisches Bier, traditionell**
**Bagni**
**Ginjo Beer** Siehe Saké
**Kefir**
**Koumiss**
**Krambambulya**
**Kwass**
**Nihonshu** Siehe Saké
**Ninkasi Bier** Siehe Sumerisches Bier
**Phrygisches Bier, antik**
**Reiswein, chinesisch** Siehe Asiatisches Bier, traditionell
**Saké**
**Sumerisches Bier**

### BELGIEN
**Abdijbier** Siehe Abteibier
**Abteibier**
**Belgian Golden Ale** Siehe Belgisch Speziaalbier
**Belgisch Speziaalbier**
**Belgisches Starkbier, dunkel**
**Bière blanche, belgisch** Siehe Witbier
**Bière blonde, belgisch**
**Bière brut des Flandres**
**Bière champenoise bzw.** Siehe Bière brut des Flandres
**Bière d'Abbaye** Siehe Abteibier
**Bière de mars, belgisch**
**Bière méthode champenoise** Siehe Bière brut des Flandres
**Bière de saison**
**Bière de spécialité belge** Siehe Belgisch Speziaalbier
**Bière rouge flamande** Siehe Oud Bruin
**Blonde van Vlaanderen**
**Braunes Ale, belgisch** Siehe Oud Bruin
**Cassis** Siehe Lambic und Fruchtbier
**Champagne Ale** Siehe Bière brut des Flandres
**Dubbel/Double** Siehe Abteibier
**Faro**
**Flämisches Rotbier** Siehe Oud Bruin
**Flämisches Sauerbier** Siehe Oud Bruin
**Flanders Red Ale** Siehe Oud Bruin
**Flanders Sour Ale** Siehe Oud Bruin
**Foederbier** Siehe Oud Bruin
**Fraise** Siehe Lambic und Fruchtbier
**Framboise** Siehe Lambic und Fruchtbier
**Golden (Strong) Ale, Belgian** Siehe Belgisch Speziaalbier
**Grisette**
**Gueuze**

Happe
Lambic
Liège Saison
Louvain Peeterman Wit Bier
L'Orge d'Anvers
Oud Bruin, ostflämisch
Oud Bruin, westflämisch
**Patersvaatje** Siehe Abteibier
**Pêche** Siehe Lambic und Fruchtbier
**Pomme** Siehe Lambic und Fruchtbier
Seefbier
**Roedbier** Siehe Oud Bruin
**Rotbier, flämisch** Siehe Oud Bruin
**Saison** Siehe Bière de saison
Uytzet des Flandres
**Vlaanderen Blonde** Siehe Bière blonde, belgisch
Witbier bzw. Bière blanche
**Trappistenbier** Siehe Abteibier
**Tripel bzw. Triple** Siehe Abteibier
Zoeg van Tirlemont
**Zwaartbier** Siehe Schwarzbier

## BRITISCHE INSELN
Amber Ale, english
Arctic Ale
**Baltisches Porter** Siehe Porter
Barley Wine, britisch
**Best Bitter** Siehe Bitter
Bitter
Black & Tan
Braggot
**Brown Porter** Siehe Porter
Brown Ale, nordenglisch
Brown Ale, südenglisch
**Brown Porter** Siehe Porter
**Caribbean Stout** Siehe Stout
Cask bzw. Cask-Conditioned Ale
**Chocolate Stout** Siehe Stout
Cock Ale
Cuirm
**Cream Stout** Siehe Stout
Devonshire White Ale
Dorchester Ale
Double Ale
**Dry Porter** Siehe Porter
**Dry Stout** Siehe Stout
Eblulum
**English Stout** Siehe Stout
**English-Style Golden Ale** Siehe Summer Ale, englisch
**Extra Special Bitter (ESB)** Siehe Bitter
**Foreign (Extra) Export Stout (FES)** Siehe Stout
Fraoch Ale
Grozet
Heather Ale
**Honey Beer** Siehe Braggot, Met, Honigbier
**Irisches/Irish Red (Rot) Ale** Siehe Irish Red Ale
**Irisches Porter** Siehe Porter
**Irish Stout** Siehe Stout
K Ale, KK Ale, KKK Ale, KKKK Ale
**Keeping Beer** Siehe Old Ale
Kelpie (Seaweed) Ale
Kentish Ale
**London Porter** Siehe Porter
**London Stout** Siehe Stout
Majority Ale
Mead
Mild Ale
**Milk Stout** Siehe Stout
**Northern English Brown Ale** Siehe Brown Ale
Nut Brown Ale

Oatmeal Stout Siehe Stout
October Beer Siehe India Pale Ale (IPA), englisch
Old Ale, englisch
Ordinary Bitter Siehe Bitter
Pale Ale, englisch
Purl
Porter, baltisches
Porter, brown
Porter, dry
Porter, irisch
Porter, London
Porter, robust
Red Ale, Irish Siehe Irish Red Ale
Robust Porter Siehe Porter
Rotbier, ober- und untergärig Siehe Irish Red Ale
Russian Imperial Stout Siehe Stout
Rutland Bitter
Scotch bzw. Scottish Ale
Scurvy Grass Ale
Shandy
Small Beer
Southern English Brown Ale Siehe Brown Ale
Special Bitter Siehe Bitter
Stale Ale Siehe Old Ale
Stock Ale Siehe Old Ale
Stout Caribbean
Stout, Chocolate
Stout, Cream
Stout, Dry
Stout, englisch
Stout, Export
Stout, Foreign Extra (FES)
Stout, irisch
Stout, London
Stout, Milk
Stout, Oatmeal
Stout, Oyster
Stout, Russian Imperial
Stout, Sweet
Strong Ale, englisch Siehe Barley Wine und Old Ale
Summer Ale, englisch
Sweet Stout Siehe Stout
Twopenny Ale
Wedding Beer Siehe Hochzeitsbier
Wee Heavy Siehe Scotch Ale
Welsh Ale
West Country White Ale Siehe Devonshire White Ale
Winter Warmer Siehe Old Ale
X Ale, XX Ale, XXX Ale
Yorkshire Oat Ale

## DEUTSCHLAND

Adambier
Alster(wasser) Siehe Radler(maß)
Altbier
Antoniusbier
Bamberger Rauchbier Siehe Rauchbier
Bayerisches Helles Siehe Helles
Berliner Weiße
Biobier
Bock bzw. Bockbier
Braunbier, deutsch
Braunschweiger Mumme Siehe Mumme, Braunschweiger
Bremer Bier
Breslauer Bier Siehe Schöps, Breslauer
Broyhan Alt Siehe Broyhan Bier
Broyhan Bier
Brummbär
Citronenbier

**29**

**Colabier** Siehe Diesel
**Cottbusser Bier** Siehe Kottbusser Bier
**Dampfbier, deutsch**
**Dampfbier, kalifornisch** Siehe California Common
**Danziger Jopenbier** Siehe Jopenbier
**Deutsches Porter** Siehe Porter
**Diätbier**
**Diesel**
**Diest**
**Dinkelbier**
**Doppelbock** Siehe Bock
**Doppelkaramellbier** Siehe Malzbier
**Doppelsticke** Siehe Sticke
**Dortmunder Altbier** Siehe Adambier
**Dortmunder Export**
**Dunkel, bayerisch**
**Dunkelbock** Siehe Bock
**Dunkelweizen** Siehe Weißbier
**Dunkelweizenbock** Siehe Weißbier
**Dunkelweizendoppelbock** Siehe Weißbier
**Dünnbier**
**Düsseldorfer Altbier** Siehe Altbier
**Ducksteiner Bier**
**Edinburgh Oat Ale**
**Einbecker Bier** Siehe Bock
**Einbecker (Ur-)Bock** Siehe Bock
**Einfachbier**
**Einkornbier**
**Eisbock** Siehe Bock
**Eisbier** Siehe Ice Beer
**Emmerbier**
**Erntebier** Siehe Dünnbier
**Export**
**Fassbrause**
**Fastenbier** Siehe Abteibier
**Fastenbock** Siehe Bock

**Festbier**
**Fichtenbier**
**Flieger**
**Frischbier** Siehe Braunbier, deutsches
**Frühlingsbock** Siehe Bock
**Fyltz bzw. Filtz**
**Gardelebischer bzw. Gardelegener**
**Garley**
**Gemüsebier**
**Germanisches Brotbier** Siehe Brotbier, antik
**Gespritzter** Siehe Diesel
**G'frornes** Siehe Bock
**Glutenfreies Bier**
**Gose, Leipziger**
**Greifswalder Bier**
**Grünkernbier**
**Güstrower Kniesenack**
**Haferbier**
**Hanse Bier**
**Hamburger Bier**
**Hefeweizen** Siehe Weißbier
**Heller/Helles Bock** Siehe Bock
**Helles**
**Himbeerbier** Siehe Fruchtbier
**Hochzeitsbier**
**Holländisches Jop(p)enbier** Siehe Jopenbier
**Honigbier**
**Ingwerbier** Siehe Ginger Beer
**Jopenbier bzw. Joppenbier**
**Karamellbier** Siehe Malzbier
**Kanne®**
**Kartoffelbier**
**Kellerbier, hell**
**Kellerbier, dunkel**
**Kellerpils**
**Keutebier**

**Kofent** Siehe Braunbier, deutsch
**Kölsch**
**Königsluttersches Bier** Siehe Ducksteiner Bier
**Kottbusser Bier**
**Kraftbier** Siehe Malzbier
**Kräusenbier**
**Kriek** Siehe Lambic und Fruchtbier
**Kristallweizen** Siehe Weißbier
**Landbier**
**Latzenbier** Siehe Altbier und Sticke
**Leichtbier, europäisch**
**Leipziger Gose** Siehe Gose, Leipziger
**Lichtenhainer**
**Maibock** Siehe Bock
**Malzbier**
**Märzen bzw. Märzenbier**
**Melassebier**
**Met**
**Mumme, Braunschweiger**
**Molle**
**Münchner Helles** Siehe Helles
**Münsteraner Altbier** Siehe Altbier
**Nachbier**
**Nährbier**
**Obergäriges Bier**
**Ökobier**
**Oktoberfestbier**
**Pilsener bzw. Pils, deutsch**
**Pomeranzenbier**
**Porter, deutsches**
**Potsdamer Stangenbier**
**Radler oder Radlermass**
**Roggenbier**
**Russ bzw. Russ'n**
**Sauerbier**
**Schankbier**
**Schlehenbier**
**Schöps, Breslauer**
**Schwarzbier, Fränkisch**
**Schwarzbier, Thüringisch**
**Spezialbier**
**Sprossenbier** Siehe Fichtenbier und Kiefernbier
**Starkbier**
**Steinbier**
**Sticke Alt**
**Süßbier** Siehe Malzbier
**Turbo**
**Ungespundetes Bier**
**Untergäriges Bier**
**Urbock bzw. Ur-Bock** Siehe Bock
**Vollbier**
**Weihnachtsbier**
**Weihnachtsbock** Siehe Bock
**Weipi**
**Weißbier bzw. Weizenbier**
**Weißbier, hell**
**Weizenbock(bier)**
**Weizendoppelbock**
**Weizeneisbock**
**Werdersches Bier**
**Wiess**
**Winterbock** Siehe Bock
**Xantohumol-angereichertes Bier**
**Zerbster Bitterbier**
**Zoiglbier**
**Zwickelbier**

## EUROPA
**Bilsenkrautbier**
**Celia**
**Cervisa**
**Cervisa mellita**
**Conventus**

## FRANKREICH
Bière de garde
Bière de mars, elsässisch

## INTERNATIONAL
Alkoholfreies Bier
Alte Biere
Antique Biere Siehe Alte Biere
Apple Beer
Bauernbier
Brotbier, antik
Buchweizenbier
Christmas Beer
Dark Ale
Farmhouse Ale
Fruchtbier
Ginger Beer
Gruitbier
Heirloom Beer Siehe Alte Biere
Hirsebier
Historische Biere Siehe Alte Biere
Khorsan Bier bzw. Kamut® Bier
Lagerbier
Lager, internationales, blondes (pale)
Lager, internationales, bernsteinfarbenes
Lager, internationales, dunkles
Majoran Bier
Millet Beer Siehe Hirsebier
Organic Beer
Oyster Stout Siehe Stout
Pilsener bzw. Pilsner, amerikanisch oder international Siehe Lager, amerikanisch und Pilsner
Rauchbier
Quinoa Beer
Smoked Beer
Sorghumbier Siehe Hirsebier
Spiced Beer
Spruce Beer Siehe Kiefernbier und Fichtenbier
Triticale Bier

## LITAUEN
Bauernbier, litauer
Kaimiškas alus Siehe Bauernbier, litauer

## MITTEL- UND SÜDAMERIKA
Cauim
Chicha bzw. chicha da jora
Maguey
Malta
Mittelamerikanisches Bier, traditionell
Pulque
Schwarzbier, Brasilianisch Siehe Xingu
Südamerikanisches Bier, traditionell
Xingu

## NORWEGEN
Gårdøl

## ÖSTERREICH
Almradler
Wiener Lager

## POLEN
Grätzer Bier
Grodziskie Siehe Grätzer Bier
Lobsenzer Bier Siehe Grätzer Bier
Piwo Grodziskie Siehe Grätzer Bier

## SKANDINAVIEN
Gotlansdricka
Sahti
Svagdricka

## TSCHECHIEN
**Böhmisches Pilsner** Siehe Pilsner, böhmisches
**Dunkel, böhmisch**
**Pilsenkrautbier** Siehe Bilsenkrautbier

## USA/KANADA
Amber Ale, amerikanisch
Annedda
Barleywine, nordamerikanisch
Belgo-American Ale
Black Ale, American-Style
**Black Belgian Stout** Siehe Stout
**Black India Pale Ale (IPA)** Siehe India Dark Ale
Blond Ale, amerikanisch
Blueberry Ale
**Bock, amerikanisch** Siehe Bock
**Bock, texanisch** Siehe Bock
Brown Ale, amerikanisch
California Common
**California Lager** Siehe California Common
Canadian Ale
**Cascadia bzw. Cascadian (Dark) Ale** Siehe India Dark Ale
Cereal Beverage
Chocolate Ale/Lager
Colonial Ale, amerikanisch
Common Beer
Cream Ale
**Dark IPA** Siehe India Dark Ale
**Double Imperial IPA, amerikanisch** Siehe Imperial India Pale Ale (IPA), amerikanisch
**Double India Pale Ale, amerikanisch** Siehe Imperial India Pale Ale (IPA), amerikanisch
**Double IPA** Siehe Imperial India Pale Ale (IPA), amerikanisch
Extreme Ale bzw. Extreme Beer
**Fresh Hop Ale** Siehe Extreme Ale
**Golden Ale, American** Siehe Blonde Ale, American
**Heidelbeeren Ale** Siehe Blueberry Ale und Fruchtbier
Ice Beer
Imperial Pale Ale, amerikanisch
Imperial India Pale Ale (IPA), amerikanisch
India Dark bzw. Black Ale/IPA
India Pale Ale (IPA), amerikanisch
India Pale Ale (IPA), rotes
India Pale Ale (IPA), weißes
Kentucky Common
**Kürbis Ale** Siehe Pumpkin Ale
Lager, amerikanisch
**Leichtbier, amerkanisch** Siehe Lager, amerikanisch
Malt Liquor, amerikanisch
Near Beer
Needle Beer
New England IPA
**North Eastern IPA** Siehe New England IPA
Pale Ale, amerikanisch
Pennsylvania Swankey
**Pilsner, extra/ultra leicht, amerikanisch** Siehe Lager, amerikanisch

**Pilsner, leicht, amerikanisch** Siehe Lager, amerikanisch
**Pilsner, prämium, amerikanisch** Siehe Lager, amerikanisch
**Porter, smoked, amerikanisch**
**Pre-Prohibition Lager, amerikanisch**
**Pub Wheat, amerikanisch**
**Pumpkin Ale amerikanisch**
**Red Ale, amerikanisch** Siehe Amber Ale, amerikanisch
**Red Ale, Double American** Siehe Amber Ale, amerikanisch
**Red Ale, Imperial** Siehe Amber Ale, amerikanisch
**Rye Ale, amerikanisch**
**Schokoladenbier** Siehe Chocolate Ale/Lager
**Session India Pale Ale (Session IPA)**
**Smoked Ale, American**
**Smokked Porter, amerikanisch** Siehe Porter
**Steambeer®** Siehe California Common
**Swankey** Siehe Pennsylvania Swankey
**Texas Bock** Siehe Bock
**Utopias** Siehe Extreme Ale und Bock
**Wet Hop Ale** Siehe Extreme Ale
**Wheat Wine, amerikanisch**
**Wild Ale bzw. Wild Beer**
**X-Mas Beer** Siehe Weihnachtsbier
**Zuckertangbier** Siehe Kelpie Ale

# LISTE DER STICHWÖRTER

*Eine kleine Auswahl von Sorten, chronologisch sortiert nach den historischen Epochen ihrer Entstehung, sofern diese zeitlich erfassbar sind.*

### ANTIKE
Afrikanisches Bier, traditionell
Ägyptisches Bier, antik
Asiatisches Bier, traditionell
Bagni
Brotbier, antik
Busa
Dinkelbier
Einkornbier
Emmerbier
Hekt
Ninkasi Bier
Phrygisches Bier, antik
Reiswein, chinesisch
Sumerisches Bier
Zythos

### FRÜHES MITTELALTER BIS SPÄTE RENAISSANCE
Abteibier/Bière d'Abbaye
Bière de mars, belgisch
Bière rouge flamande
Braggot
Braunschweiger Mumme
Bremer Bier
Breslauer Bier
Broyhan Bier
Celia
Cervisa
Cervisa mellita
Chicha bzw. chicha da jora
Colonial Ale, amerikanisch
Conventus
Danziger Jopenbier
Dunkel, bayerisch
Dunkel, böhmisch
Einbecker Bier bzw. Einbecker (Ur-) Bock
Gose, Leipziger
Gotlansdricka
Grätzer Bier/Piwo Grodziskie
Gruitbier
Hanse Bier
Hamburger Bier
Heather Ale
Keutebier
Lagerbier
Old Ale, englisch
Sahti
Stale Ale
Stock Ale
Svagdricka
Weissbier bzw. Weizenbier
Zerbster Bitterbier
Zoiglbier
Zwickelbier

## AUFKLÄRUNG UND INDUSTRIELLE REVOLUTION

Adambier
Altbier
Bière blanche, belgisch
Bock bzw. Bockbier
Bock, amerikanisch bzw. texanisch
Böhmisches Pilsner
Brown Ale, nordenglisch
Brown Ale, südenglisch
California Common
Cock Ale
Colonial Ale, amerikanisch
Cream Ale
Dampfbier, deutsch
Dortmunder Export
Dubbel/Double
Düsseldorfer Altbier
Eisbock
Faro
Gueuze
Helles (Münchner)
India Pale Ale (IPA), englisch
Kentucky Common
Märzen bzw. Märzenbier
Mild Ale
Oktoberfestbier
Pale Ale, englisch
Pennsylvania Swankey
Pilsner/Pils
Porter, Baltic
Porter, Brown
Porter, Dry
Porter, Irish
Porter, London
Porter, Robust
Potsdamer Stangenbier
Pre-Prohibition Lager, amerikanisch
Pumpkin (Kürbis) Ale amerikanisch/englisch
Schöps, Breslauer
Schwarzbier, fränkisch
Schwarzbier, thüringisch
Scotch bzw. Scottish Ale
Stout, Dry
Stout, English
Stout, Irish
Stout, Milk
Stoput, Oyster
Stout, Russian Imperial
Stout, Sweet
Wiener Lager
Wiess

## NEUZEIT

Belgisch Speziaalbier bzw. Bière de spécialité belge
Biobier
Bitter, Ordinary, Special und Extra Special (ESB)
Black Ale, American-Style
Black Belgian Stout
Black India Pale Ale (IPA)
Blond Ale, amerikanisch
Blueberry Ale
Brown Ale, amerikanisch
Cascadia bzw. Cascadian (Dark) Ale
Cereal Beverage
Double Imperial IPA, amerikanisch
Extreme Ale bzw. Extreme Beer
Fresh Hop Ale
Ice Beer
Imperial Pale Ale, amerikanisch
India Dark bzw. Black Ale/IPA
India Pale Ale (IPA), rotes

India Pale Ale (IPA), weißes
Kölsch
Lager, internationales, blondes (pale)
Lager, internationales bernstein-farbenes
Lager, internationales dunkles
Malt Liquor, amerikanisch
Near Beer
New England IPA
Pub Wheat, amerikanisch
Radler oder Radlermass
Red Ale, amerikanisch
Russ bzw. Russ'n
Rye Ale, amerikanisch
Schwarzbier, Brasilianisch
Session India Pale Ale (Session IPA)
Smoked Ale, American
Smokked Porter, amerikanisch
Steambeer®
Weipi
Wet Hop Ale
Wheat Wine, amerikanisch
Wild Ale bzw. Beer
Xantohumol-angereichertes Bier
Xingu

***Abdijbier*** *(Siehe Abteibier)*

## Abteibier bzw. Trappistenbier

Eine Gruppe von belgischen, überwiegend aus dem 19. Jahrhundert stammenden, obergärigen Klosterbieren, die jedoch heute nicht nur von Trappistenbrauereien, sondern auch von großen und kleinen säkularen Brauereien in vielen Ländern der Welt gebraut werden. Wenn diese Biere aus einer Klosterbrauerei der Zisterzienser der strengeren Observanz – das ist der offizielle Name des Trappistenordens – stammen, heißen sie auf Flämisch und Französisch Bières Trappistes bzw. Trappistenbier. Wenn sie aus einer weltlichen Brauerei stammen, heißen sie Abdijbier bzw. Bière d'Abbaye. In englischsprachigen Ländern nennt man sie auch Trappist Ales bzw. Abbey Ales.

Unabhängig davon, ob die Biere in dieser Gruppe nun weltlich oder geistlich hergestellt werden, sind sie brautechnisch sehr uneinheitlich. Die meisten (aber nicht alle!) Abteibiere fallen in die Kategorie der Starkbiere (bis zu 12 % Volumenalkohol oder sogar noch mehr), wohingegen der Alkoholgehalt der leichtesten Abteibiere bei etwa 4 % liegt. Auch die Farbe der Abteibiere variiert sehr stark und kann sich von hell über tief-kupfer bis weinrot erstrecken. Viele Abteibiere werden zusätzlich mit vergärbaren Kohlenhydraten, die nicht aus Getreide stammen, wie weißem oder braunem Kandiszucker, Zuckersirup oder Raffinade verstärkt. Diese gehen in die heiße Sudpfanne und führen zu einem höheren Alkoholgehalt im fertigen Bier. Auch werden viele Abteibiere in der Flasche nachvergoren. Im Glas bilden Klosterbiere generell eine stabile Schaumkrone. Auf dem Gaumen sind sie durchweg komplex und haben oft ein fruchtiges Aroma, gefolgt von einem süßlichen Abgang. Besonders fassgereifte Versionen entwickeln auch Noten von Sauerkirsche und Eichenholz. Aufgrund ihrer Vielfalt sind Abteibiere heutzutage auch in den Sortimenten vieler moderner Craft-Brauereien beliebt.

Gängige Unterkategorien von Abteibieren sind (flämisch/französich) Blond/Blonde, Dubbel/Double, Tripel/Triple und

Quadrupel/Quadruple. Ein Blond/Blonde hat normalerweise etwa 6,5 % Volumenalkohol, eine gute Rezenz und ein mildes Hopfenaroma im Abgang. Der Alkoholgehalt eines Dubbel/Double (also eines „Doppel") ist generell, trotz des Namens, ähnlich wie der eines Blond/Blonde, jedoch ist dieses Bier normalerweise etwas dunkler und hat einen markanteren Hopfengeschmack. Ein Tripel/Triple (also ein „Dreifaches") hat dagegen mindestens 8 % Volumenalkohol. Es ist oft dunkelblond und hat eine eher fruchtige Hopfenbittere. Schließlich ist ein Quadrupel/Quadruple (also ein „Vierfaches"), wie der Name besagt, mit durchweg 10 % Volumenalkohol oder mehr das stärkste Abteibier. Trotz seiner Mächtigkeit hat ein Quadrupel/Quadruple jedoch eine milde und angenehme Hopfenbittere. Allerdings werden diese vier Begriffe nicht immer konsequent und entsprechend ihrer wörtlichen Bedeutung angewandt. Zum Beispiel kann ein Dubbel/Double aus einer Brauerei wesentlich alkoholischer sein als ein Tripel/Triple aus einer anderen Brauerei.

Einige Trappistenbrauereien stellen zusätzlich ein Patersvaatje her (wörtlich: ein Vaterfässchen), welches ursprünglich nur als Tafelbier für den Eigengebrauch der Mönche gebraut wurde. In Farbe und Stärke ähnelt ein Patersvaatje einem Blond/Blonde. Es hat oft hefebedingte phenolische und esterige Noten im Geschmack. Das erste Patersvaatje wurde offenbar 1836 in der belgischen Abbaye de Westmalle gebraut. Im Jahre 1852 wurde auch im damaligen Priorat von Achel ein Patervaatje gebraut. Aus diesem Priorat wurde genau zwanzig Jahre später, im Jahre 1872, eine komplette Abtei mit dem Namen Sint-Benedictusabdij de Achelse, welche auch heute noch Trappistenbiere braut.

Die ersten Trappistenbiere entstanden kurz nach den Wirren der Napoleonischen Kriege, denn um die Wende vom 18. ins 19. Jahrhundert machte Napoleon Bonaparte im Zuge seiner Säkularisierungskampagne besonders den katholischen Klöstern in Frankreich das Leben schwer. Nach der Niederlage der Grande Armée in der Schlacht von Waterloo am 18. Juni 1815 zogen jedoch die europäischen Mächte über mehrere Etappen viele neue Landesgrenzen. Als Teil der Neuorganisation Europas einigten sich die damaligen Großmächte auf der Londoner Konferenz von 1830, einen neuen, unabhängigen Staat, nämlich das heutige Belgien, aus Teilen Frankreichs und Hollands zu kreieren. Daraufhin verlegten viele französische Trappistenklöster ihren Sitz in dieses neu geschaffene Land. Um den Neuanfang ihrer Klöster in der neuen Heimat zu finanzieren, verfielen die Trappistenmönche schließlich auf die Käseerstellung und auf das Bierbrauen als ihre wichtigsten Einnahmequellen.

Historisch gehen Klosterbiere jedoch auf eine viel frühere Zeit zurück. Die späte Römerzeit wird oft als Anfang des Klosterbrauens zitiert. Im Jahre 529 n. Chr. gründete nämlich Sankt Benedikt in Monte

Cassino, 130 km südlich von Rom, das erste Kloster Europas. Für die Insassen dieser neuen Einrichtung verfasste Benedikt seine berühmten spartanischen „Regeln", für die „ora et labora" (bete und arbeite) das Leitmotiv war. Benedikt wollte, dass alle Klöster autark waren und dass die Mönche (und später auch die Nonnen) alles, was sie für ihren täglichen Gebrauch benötigten, selbst herstellten. Zu diesem Klosterleben gehörte eben auch das Bier, welches Benedikt einfach als Grundnahrungsmittel ansah. Bier als „flüssiges Brot" wurde daher neben dem gebackenen Brot von den Mönchen von morgens bis abends in ungeheuren Mengen verzehrt. Laut vieler überlieferter Quellen standen jedem Mönch in heutigen Maßeinheiten pro Tag mindestens vier bis fünf Liter Bier zu!

Die ersten Klosterbiere wurden damals ausschließlich mit Kräutern, statt wie heute mit Hopfen gewürzt (siehe Guitbier). Aus diesen frühen Klosterbieren entwickelten sich über die Jahrhunderte drei klar unterscheidbare Biersorten. So brauten die Mönche bereits im Hochmittelalter ein Celia, welches ein Starkbier aus Gersten- und Weizenmalz war, das nur für den Abt und seine hochwürdigen Gäste reserviert war. Für den täglichen (und riesigen) Bedarf der einfachen Mönche und der Pilger, die im Kloster Herberge suchten, gab es Cervisa, ein Bier aus Gersten- und Hafermalz. Zu besonderen Anlässen wurde Cervisa auch mit Honig verstärkt, in welchem Falle es dann Cervisa mellita hieß (mel ist Latein für Honig).

Letztlich gab es noch Conventus, ein aus einem Nachguss der Celia- und Cervisa-Treber gewonnenes und gelegentlich mit frischem Haferbier verschnittenes Dünnbier. Conventus war das Bier der Laienarbeiter des Klosters und es wurde auch an Bettler ausgeschenkt.

Im 9. Jahrhundert entdeckten Benediktiner-Braumönche offenbar per Zufall die besonderen Geschmacks- und Konservierungseigenschaften von Hopfen (Humulus lupulus) – zunächst nur als ein Bestandteil ihrer Gruit-Mischungen, aber schließlich als die alleinige Bitter- und Aromazugabe zum Bier. Eine der ältesten Erwähnungen von Hopfen finden wir in einer Schrift aus dem Jahre 822 mit dem Titel *Consuetudines Corbeienses* (Die Bräuche von Corbie), in der sich der Autor Adalhard, seines Zeichens Abt des Benediktinerklosters von Corbie, in der Picardie-Region Frankreichs, ausführlich über die Arbeit in den Hopfengärten des Klosters auslässt. Danach breitete sich der Gebrauch von Hopfen im Bier langsam vom Süden nach Norden in Europa aus, bis der Hopfenanbau im 12. Jahrhundert das Mittelrheingebiet erreichte. Das wissen wir aus den Schriften der Benediktineräbtissin, Ärztin und Ratgeberin Kaiser Friedrich Barbarossas, Hildegard von Bingen (1098-1179). Hildegard war auch die Namensgeberin dieses neuen Biergewürzes. Sie nannte es Hoppo. England war eine der letzten Biergroßmächte, die sich mit dem Hopfen anfreundeten. Erst im 15. Jahrhundert eroberte der Hopfen die britischen Ales. Zu dieser Zeit hatten sich flämische Bauern nach Kent in England abgesetzt und fingen dort an, Hopfen anzubauen. Diese Bauern waren den Zerstörungen des Hundertjährigen Krieges in Flandern entflohen, der scheinbar ohne Ende zwischen England und Frankreich von 1337 bis 1453 wütete.

Auch in München ist ein früher Beginn des Klosterbrauens dokumentiert. So nahmen einige Augustinermönche bereits im Jahre 1328 dort das Bierbrauen auf. Daher gilt 1328 noch heute als das Gründerjahr der Augustinerbräu, welche sich damit als die älteste Brauerei der Stadt ausgibt. Die Paulaner waren die nächsten Mönche, die Münchner Braugeschichte schrieben, denn sie wurden im Jahre 1634, also mitten im Dreißigjährigen Krieg (1618-1648), von Fürst Maximilian I. von Italien nach München berufen, wo sie dann sofort anfingen zu brauen. Die Paulaner verehrten den italienischen Heiligen Franz von Paula als ihren Schutzpatron. Den Paulanern verdanken wir die Entwickelung des bayerischen Doppelbocks (siehe Bock) um 1780. Die heutige Münchner Paulanerbrauerei ist der weltliche Nachfolger jener Klosterbrauerei.

Im Zuge der europäischen Aufklärung im 18. Jahrhundert und der damit verbundenen wachsenden wirtschaftlichen und politischen Macht des Bürgertums ging jedoch die Anzahl der Klosterbrauereien drastisch zurück und die meisten vormaligen Klosterbiere werden heutzutage von weltlichen Brauereien hergestellt.

***Adambier*** Dieses Bier ist ein dunkles, obergäriges, gut gereiftes, leicht säuerliches, unfiltriertes, altbier-ähnliches Ursgöff der Stadt Dortmund. Es ist ein deftiges Starkbier, welches mit seinen bis zu 10 % Volumenalkohol in der Zeit der Industriellen Revolution im 19. Jahrhundert große Popularität genoss. Man munkelte, dass ein Adambier bis zu 10 Jahre im Holzfass haltbar sei. Adambier war damals ein fester Bestandteil des Sortiments einer jeden Dortmunder Brauerei, jedoch wird es heute nur noch selten gebraut – und wenn schon, dann nur von kleinen Craft-Brauereien. Es ist nicht klar, wie und wann das Adambier zu seinem Namen kam, noch welcher Mensch namens Adam dabei Pate gestanden hat.

Jedoch wissen wir aus einer merkwürdigen Quelle, nämlich aus dem zweiten Band einer Autobiografie des polnisch-deutschen Schriftstellers Otto Julius Bernhard von Corvin-Wiersbitzki mit dem Titel *Ein Leben voller Abenteuer,* dass „Regierungsbeamte" und die „gebildeten Schichten" Dortmunds um die Mitte des 19. Jahrhunderts ihr Adambier regelmäßig und in großen Mengen tranken. Eine besonders amüsante Anekdote ist Corvin-Wiersbitzkis Beschreibung eines Besuches der Stadt Dortmund im Jahre 1833 des damaligen Kronprinzen und späteren Königs Friedrich Wilhelm IV. von Preußen. Als Begrüßungstrunk überreichte ihm eine Deputation Dortmunder Abgeordneter einen großen Humpen Adambier, welchen Seine Majestät – begleitet vom Schmunzeln der Einheimischen, die sich natürlich ausgiebig mit Dortmunder Bier auskannten – höflich in einem Zug leerte. Und das zu Erwartende traf unverzüglich ein: Der Kronprinz war 24 Stunden lang bewusstlos!

## Afrikanisches Bier, traditionell

Auf dem afrikanischen Kontinent sind indigene Biere praktisch überall verbreitet – von Kap Blanc im Norden in Tunesien, bis zum Kap Agulhas im Süden in Südafrika, vom Cabo Verde im Westen in Senegal, bis Ras Hafun im Osten in Somalia. International ist die Gruppe afrikanischer Biere auch unter dem englischen Namen Porridge Beers (also Brei- oder Grützebiere) bekannt. Sie umfasst eine riesige Anzahl von lokalen, oft von Frauen handwerklich hergestellten, alkoholischen Getränken, die auf Getreidebasis aufgebaut sind. Traditionelle afrikanische Biere sind natürlich in allen vier Himmelsrichtungen und dazwischen, aufgrund der unendlichen geografischen, klimatischen, und sozialdemografischen Vielfältigkeit des Kontinents, ebenfalls sehr unterschiedlich. Die Zusammenstellung und die Braumethoden variieren natürlich gewaltig mit den unterschiedlichen lokalen Gegebenheiten in Regenwäldern, Steppen und Wüsten und den dort wachsenden Rohstoffen.

Viele der selbst heute noch heimgebrauten Biere gehen sogar bis auf die Antike zurück. So war zum Beispiel das nubisch-sudanesische Bouza (auch Boozeh, Boza, Boozah oder Busa geschrieben) bereits in pharaonischen Zeiten im alten Ägypten bekannt. Dort war es offenbar besonders bei den Nilschiffern beliebt. Das damalige Bouza und andere Biere jener Zeit wurden wohl primär aus Gerste und Emmer vergoren, wohingegen deren Nachfolgebiere bis in die Gegenwart hauptsächlich auf Hirse, Sorghum (eine Hirseart) und Mais (eine Frucht der Neuen Welt, die erst nach dem Entdeckungszeitalter in Afrika eingeführt wurde) oder auf einer Kombination dieser Getreide basieren. Auch finden Weizen und Reis gelegentlich bei diesen Bieren Verwendung. Merkwürdigerweise scheint das Wort Booze für ein alkoholisches Getränk in der modernen englischen Umgangssprache vom alt-nubischen Bouza abgeleitet zu sein.

Viele traditionelle, afrikanische Biere haben eine relativ hohe Viskosität. In der Konsistenz variieren diese Biere von milchig-trüb bis fast soßenartig oder sogar breiig. Natürlich sind sie nicht filtriert. Oft werden sie heute, ähnlich wie Milch, in Kartons gehandelt und mittels langer Strohhalme getrunken, während diese Biere noch gären! Solche Biere sind also praktisch eine Art gärendes dünnes Müsli, dessen Alkoholgehalt weit schwankt – von vielleicht 0,5 % bis 8 %. Die Gärung dieser alteingesessenen Biere wird heute oft mit regulären Bier- oder Backhefen geführt, jedoch verlief sie in alten Zeiten ausschließlich als Spontangärung über die in der jeweiligen Umgebung beheimateten Mikroben. Deshalb haben viele dieser Biere auch einen säuerlichen Beigeschmack. In vielen Gegenden Afrikas ist die Herstellung lokaler Biere – wie schon seit ewigen Zeiten – immer noch ein wichtiger Teil des Dorflebens und geschieht selbst heute noch überwiegend in Heim-Manufakturen.

## Ägyptisches Bier, antik

Die alten Ägypter haben das Bierbrauen wahrscheinlich bereits kurz vor der Frühdynastischen Zeit (ca. 3030 v. Chr. bis 2710 v. Chr.) von den Sumerern gelernt (siehe Sumerisches Bier, antik). Der Beschützer des ägyptischen Bieres war der Gott Osiris, der Herrscher des Reiches der Toten, sowie dessen Tochter Hathor, die Göttin der Liebe, des Friedens, der Schönheit, der Fruchtbarkeit, des Tanzens, der Musik, der Kunst und der Geburt. In typisch altägyptischer Inzest-Manier hatte Osiris sogar mit Hathor einen Sohn, Horus. Die Ägypter kannten acht verschiedene Biersorten mit unterschiedlichem Alkoholgehalt und Geschmack. Unter anderem gab es ein braunes Bier, ein auf Datteln gelagertes Süßbier, ein Starkbier, ein Weißbier und ein Schwarzbier. Ägyptologen erklären uns, dass diese Biere Namen wie Eisenbier, garniertes Bier, Bier für Freunde, Bier für einen Beschützer sowie Bier der Wahrheit trugen. Einige Biere waren offenbar sehr gut haltbar, denn sie wurden Biere der Ewigkeit genannt.

Jedoch bevorzugten die alten Ägypter offenbar Biere mit blutroter Farbe. Hopfen kannte man damals noch nicht und zur Bierabschmeckung dienten oft Gewürze wie Ingwer, Lavendel und Wermutkraut sowie Honig und die alkaloidhaltige Wurzel der Alraunenpflanze, welche übrigens damals auch als ein Potenzmittel für Männer galt. Es gibt viele archäologische Anhaltspunkte dafür, dass die alten Ägypter – wie auch die Sumerer vor ihnen – ihre Biere wenigstens zum Teil aus Brot herstellten (siehe Brotbier und Sumerisches Bier). Auch ist es wahrscheinlich, dass sie mit Vorläufern unserer heutigen Gersten- und Weizenkulturpflanzen wie Einkorn, Emmer und Dinkel gebraut haben.

Im alten Ägypten tranken alle sozialen Schichten Bier – vom hochwohlgeborensten Pharaoh bis zum ärmsten Bauer. Ein beliebtes Bier der Nilschiffer war offenbar das nubische Bousa (siehe dort) aus Gegenden im heutigen Äthiopien, Eritrea und Sudan. Bier war damals ein bedeutungsvoller Teil des alltäglichen Lebens; und der Anbau sowie die Verteilung von Getreide zum Backen und Brauen waren die tonangebenden Grundlagen, auf denen das gesamte wirtschaftliche und soziale Gefüge im alten Ägypten entlang der fruchtbaren Ufer des Nils aufgebaut war. Bier war eine der unverzichtbaren Gaben, die den Toten auf ihrem Wege in die Unterwelt mit ins Grab gelegt wurden. Selbst bei Staatsfesten und religiösen Zeremonien stand Bier im Mittelpunkt. Zu diesen öffentlichen Anlässen stellten die Brauer – meistens Priesterinnen – spezielle Biere her.

Abgesehen von Hieroglyphen und Wandmalereien wissen wir über ägyptische Biere aus den Aufzeichnungen der alten Griechen, die im Jahre 332 v. Chr. unter Alexander dem Großen Ägypten eroberten und dort eine reiche, blühende Bierkultur vorfanden. In dem Jahr begann die sogenannte Griechisch-Ptolemäische Zeit in der Geschichte Ägyptens. Diese dauerte bis zum Jahre 31 v. Chr. als Octavian, der spätere Kaiser Augustus, vor der Westküste Griechenlands in der Seeschlacht bei Actium die Flotte der letzten ptolemäisch-ägyptischen Königin, Kleopatra VII. und ihres Gehilfen, dem römischen General Marcus Antonius, besiegte.

Gegen Ende der ptolemäischen Oberherrschaft Ägyptens schrieb der griechische Geograph, Philosph und Historiker Strabo (etwa 63 v. Ch. bis 21 n. Chr.), dass viele Stämme im alten Ägypten ein Gerstenbier brauten, welches er Zythos nannte (siehe dort), dessen Herstellungsmethoden jedoch sehr unterschiedlich waren. Offenbar basierten diese Biere auf der Verwendung von sowohl Malz als auch Brot. Während Malz Enzyme enthält, die Getreidestärke in der Maische in vergärbaren Zucker umwandeln, enthält Brot nur Stärke, aber keine Enzyme. Die Gesamtmischung aus Brot und Malz, deren Verhältnis offenbar stark variierte und damit zu unterschiedlichen Bieren führte, wurde von den Malzenzymen in der Maische verarbeitet, so dass die Hefen den daraus enstandenen Zucker in Alkohol vergären konnten. Das Endergebnis dieser Prozedur beschreibt der in Sizilien geborene, griechische Historiker Diodorus Siculus (etwa 90 v. Chr. bis 30 v. Chr.) in seinem monumentalen Werk *Bibliotheca Historica* als „ein Getränk aus Gerste … welches in Bezug auf Geruch und Süße des Geschmacks kaum minderwertiger ist als Wein."

Bei Ritualen in den Tempeln der Göttin Hathor wurde Bier von tanzenden Priesterinnen ausgeschenkt, die das Bier auch selbst brauten. Die geistlichen Tänzerinnen waren dabei nur mit einem dünnen Band um ihren Hüften bekleidet, an dem Schellen hingen, die die Wirkung der rhythmischen, erotischen Bewegungen verstärkten. Die Wirkung des Alkohols nahm mit dem Fortschreiten der Zeremonie zu, was durchaus erwünscht war, denn man sah einen Alkoholrausch damals als erstrebenswerte Wandlung der Psyche der Gläubigen an. Das Stadium der Betrunkenheit bildete nach ägyptischer Mythologie eine Brücke zwischen dem Diesseits und dem Jenseits. Am Ende des Rituals wählten die Priesterinnen einige junge, angeheiterte Burschen aus, mit denen sie dann in aller Öffentlichkeit zu Ehren der Muttergottheit Hathor kopulierten. Dieses Zeremoniell sollte eine fruchtbare Ernte im nächsten Jahr sicherstellen.

Das Bierbrauen hielt sich bei den alten Ägyptern über mehrere Jahrtausende, verlor jedoch seine vorrangige gesellschaftliche Bedeutung nach der Eroberung durch die weintrinkenden Römer im Jahre 31 v. Chr. Danach wurde aus dem Getreide der Ägypter statt Bier am Nil, Brot am Tiber. Die ägyptische Bierkultur fand ihr endgültiges Ende nach der sogenannten Arabischen Eroberung Ägyptens im Jahre 642 n. Chr., denn der Koran verbietet jedweden Genuss von Alkohol.

Wer sich näher mit dem Thema des Ursprungs von Bier in der Antike befassen möchte, dem seien einige besonders aufschlussreiche Referenzwerke empfohlen. Patrick McGovern, *Uncorking the Past* (University of California Press 2009). Max Nelson, *The Barbarian's Beverage* (Routledge, London, New York 2005). Ian Hornsey, *A History of Beer and Brewing* (The Royal Society of Chemistry, Cambridge, UK, 2003). Christian Rätsch, B*ier jenseits von Hopfen und Malz* (Orbis Verlag, München 2002). H. Schulze-Besse, *Bier und Bierbereitung bei den Völkern der Urzeit* (Band 1; Gesellschaft für die Geschichte und Bibliographie des Brauwesens; Institut für Gärungsgewerbe, Berlin, 1926 – darin besonders der Aufsatz von E. Huber, *Bier und Bierbereitung bei den Ägyptern*).

**Ale** Dieser Begriff bedeutet keine Biersorte, sondern eine Biergattung aus den Britischen Inseln, die über Jahrhunderte viele verschiedene, widersprüchliche Definitionen durchlief. Ursprünglich waren alle britischen Biere (Ales) ungehopft und obergärig. Sie hatten verschiedene Farben und Stärken und waren gelegentlich mit Kräutern wie Gagel, Myrte, Heidekraut oder Beifuß gewürzt. Die Britischen Inseln waren eine der letzten europäischen Bastionen gegen den Vormarsch gehopfter Biere. Erst um die Mitte des 15. Jahrhunderts, nachdem flämische Bauern nach Kent in England einwanderten und dort wie vorher auf dem Kontinent anfingen, Hopfen anzubauen, finden wir die ersten Belege für gehopfte Biere im heutigen Vereinigten Königreich. Nach der Einführung des Hopfens unterschieden die Briten zwischen „Beer" mit Hopfen und „Ale", wie vorher, ohne Hopfen. Diese Begriffsunterscheidung hielt sich praktisch bis zum Anfang der Moderne, wie wir aus dem ersten Lexikon der englischen Sprache, dem 1775 von Samuel Johnson veröffentlichten *Dictionary of the English Language*, entnehmen können. Dort definiert Johnson bereits fast anachronistisch Ale als ein „liquor made by infusing malt in hot water and fermenting the liquor" (also ohne Hopfen) und Beer als ein „liquor made from malt and hops" (also mit Hopfen).

Erst gegen Ende des 18. Jahrhunderts, nachdem Hopfen in England zur Norm geworden war, nahm der Begriff Ale die Bedeutung eines gehopften, stärkeren Vorderwürzebieres an, welches normalerweise aus dem ersten Guss der Maische gewonnen wurde, wohingegen der Begriff Beer für dünnere „table" oder „small" Biere aus den Nachgüssen der Maische reserviert war. Nachgüsse im Sudhaus sind wie eine zweite Tasse Tee aus einem bereits ausgelaugten Teebeutel. Man nennt dieses Verfahren der Vor- und Nachgüsse auf

Englisch „parti-gyle brewing". Heutzutage haben sich die Begriffe Ale und Beer jedoch wieder geändert. Englischsprachige Brauer verstehen nun Beer (also Bier), unabhängig vom Alkoholgehalt oder der benutzten Hefeart, als Oberbegriff, wobei Ale ein Unterbegriff für obergärige Biere und Lager ein Unterbegriff für untergärige Biere ist. Ob Ales oder Lagers nun gehopft sind oder nicht, ist bei dieser modernen Unterscheidung irrelevant. Nach dieser Begriffsbestimmung sind zum Beispiel die deutschen Biersorten Altbier, Kölsch und Weißbier alle Ales, aber Sorten wie Helles, Pils und Schwarzbier sind Lagerbiere und werden in internationalen Klassifizierungen bei Bierwettbewerben zum Beispiel auch so eingestuft. Für umfangreiche Erläuterungen der Evolution untergäriger Bierhefen – unter Einbeziehung der jüngsten, teilweise noch spekulativen, genetischen Erkenntnisse – siehe das Stichwort Lagerbier. Siehe auch Obergäriges Bier.

**Alkoholarmes Bier** Ein heute veralterter deutscher Begriff für ein Bier mit einem Alkoholgehalt zwischen 0,5 % und 1,5 % Volumenalkohol. Vergleiche auch Alhoholfreies Bier.

**Alkoholfreies Bier** Wortwörtlich sind wahrhaft Alkohol-„freie" Biere, also solche mit 0,0 % Volumenalkohol, sehr selten, da bei der Herstellung dieser Biere entweder der Gärprozess (und damit die Produktion von Alkohol durch die Hefe) nach einem ursprünglichen Ansprung frühzeitig unterbrochen werden muss; oder der Alkohol wird in einem vollvergorenen Bier auf verschiedene Weise entfernt. Im ersten Fall ist es schwierig, die Produktion von wenigstens ein wenig Alkohol zu unterbinden. Im zweiten Fall ist es fast unmöglich, den gesamten Alkohol zu eliminieren. Bei beiden Methoden bleiben immer winzige Restmengen an Alkohol zurück. Daher erlaubt der Gesetzgeber in Deutschland, dass Biere mit bis zu 0,5 % Volumenalkohol als alkoholfrei vermarktet werden dürfen. Der Geschmack eines alkoholfreien Bieres hängt im Wesentlichen von der Produktionsweise ab.

Entsteht das Bier durch eine gestoppte Gärung, kann das Ergebnis aufgrund der noch vorhandenen, beachtlichen, malzigen Restsüße eher nach Bierwürze, statt nach Bier schmecken (siehe auch Malzbier). Da die Geschwindigkeit der Umwandlung von Zucker in Alkohol und Kohlendioxyd durch die Hefe im Gärbehälter weitestgehend durch die Temperatur gesteuert wird, kann der Brauer den Gärtank bis fast auf den Gefrierpunkt kühlen und damit die Hefeaktivität und Alkoholbildung drosseln. Sobald sich das Bier der 0,5 % Volumenalkoholgrenze nähert, wird das Bier gefiltert, um alle Hefezellen zu entfernen und damit alle weitere Gäraktivität zu unterbinden.

Wurde der Alkohol dem fertigen Bier nachträglich entzogen, so bleibt kaum Restsüße im Bier, jedoch fehlt dann auch der Geschmacksträger Alkohol, weshalb viele alkoholfreie Biere als recht dünn auf dem Gaumen erscheinen. Für die Entziehung des Alkohols gibt es verschiedene Technologien. Zum einen gibt es die sehr geschmacksschonende Vakuum-Verdunstung, bei der Alkohol mit Hilfe von Unterdruck aus dem Bier entfernt wird. Das ist möglich, da Alkohol wesentlich flüchtiger ist als Wasser oder andere Bierinhaltsstoffe. Zum anderen gibt es die Umkehrosmose. Dabei lässt man Wasser und Alkohol durch eine feinporige Membran aus dem Bier heraussickern, wobei die wichtigen, nach Bier schmeckenden Inhaltsstoffe zurückbleiben. Dieser Prozess basiert auf der chemischen Tatsache, dass sich die molekularen Drücke zweier unterschiedlicher Flüssigkeiten, sofern diese durch eine Membrane interagieren können, nach einer Weile ausgleichen. Wird dem auf diese Weise sich verdichteten Bier nun Wasser – also Flüssigkeit ohne Alkohol – zugeführt, so sinkt der Restalkohol irgendwann auf die gesetzlich erlaubten 0,5 % ab.

***Almradler*** Ein österreichisches Biermischgetränk, welches einer bayerischen Radlermaß oder einem norddeutschen Alsterwasser (siehe dort) ähnelt. Es besteht aus Bier und einer Kräuterlimonade mit dem Namen Almdudler. In einigen Teilen Österreichs besteht Almradler auch aus einer Mischung von Almdudler und Rot- oder Weißwein.

***Alster bzw. Alsterwasser*** Ein norddeutsches, halbe-halbe Mischgetränk aus Bier – normalerweise Pils (siehe dort) – und Limonade. In Bayern heißt ein ähnliches Gemisch aus Hellem und Limonade Radler bzw. Radlermaß (siehe dort). Ebenfalls in Bayern heißt ein Gemisch aus Weißbier und Limonade Russ bzw. Russ'n (siehe dort).

***Altbier*** bzw. schlicht Alt ist ein obergäriges Bier mit etwa 4,5 % bis 5 % Volumenalkohol. Es stammt aus dem Nordwesten Deutschlands. Seine Brautradition – jedoch nicht seine Spezifikationen! – geht wohl bis auf die Antique zurück. Bereits am Ende des ersten Jahrhunderts n. Chr. machte sich nämlich der römische Schriftsteller und Historiker Publius Gaius Cornelius Tacitus in seinem etwa 98 n. Chr. verfassten Buch *De origine et situ Germanorum* (Über den Ursprung und die Gegend der Germanen) ausgiebig über die Brau- und Trinkgewohnheiten der Stämme entlang den Ufern des Rheines lustig. Wenn wir akzeptieren, dass jene Biere, die nach Tacitus Meinung „verfaultem Wein" ähnelten, tatsächlich Urvorläufer des heutigen Altbieres sind, dann hätte Altbier wohl den ältesten Stammbaum aller gegenwärtigen europäischen Biersorten!

Einer der jüngeren Vorgänger des Altbieres war das leicht säuerliche, aus einer Mischung verschiedener Getreidemalze hergestellte Keutebier (siehe dort), welches vom Spätmittelalter bis zur Renaissance zu den populärsten Biersorten im nordwesteuropäischen Tiefland gehörte. In der Gegend um Köln hat sich das Keutebier zunächst in das weizenmalzige Wiess (siehe dort) des 19. Jahrhunderts und schließlich in das helle, obergärige Kölsch (siehe dort) zu Anfang des 20. Jahrhundert entwickelt.

Altbier wird heute im Wesentlichen in zwei stilistischen Ausprägungen – der rheinischen und der westfälischen – gebraut. Das Zentrum des rheinischen Altbiers ist Düsseldorf; das des westfälischen Altbiers ist die Stadt Münster. Die moderne Version des Düsseldorfer Altbieres wurde in der ersten Hälfte des 19. Jahrhunderts von den vier Traditionshausbrauereien Ferdinand Schumacher, Zum Uerige, Zum Schlüssel und Zum Füchschen entwickelt. Es ist ein kupferfarbenes, herb-bitteres, sehr süffiges Obergäriges mit einem fast nussig-malzigen Abgang. Es wird relativ kühl vergoren und danach wie ein untergäriges Bier sehr kühl gelagert. Diese kühle Gärführung unterscheidet Altbier von wärmer vergorenen, angelsächsischen Ales (siehe z. B. Pale Ale) und obergärigen bayerischen Weißbieren (siehe dort). Bei einer langen, kühlen Reifung verlangsamt sich nämlich der Stoffwechsel der Hefe, was zu einer geringeren Anreicherung von Stoffwechselnebenprodukten und damit zu einem sehr sauber vergorenen Bier führt. Die meisten Düsseldorfer Altbierinterpretationen werden ausschließlich mit Gerstenmalz gebraut, wohingegen manche Altbiere aus anderen Gegenden auch mit einer kleinen Zugabe von Weizenmalz sowie mit ein wenig Zuckercouleur zur Farbkorrektur hergestellt werden.

Die Münsteraner Interpretation des Altbiers verlangt eine gute Portion (bis 40 %) Weizenmalz, was diesen Bieren einen besonders cremigen und sehr süffigen Charakter verleiht. Auch in der westfälischen Stadt Dortmund wurde in früheren Zeiten eine Art Altbier gebraut, welches oft dunkler und stärker als die Düsseldorfer und Münsteraner Interpretationen war (siehe auch Adambier). Starkbierversionen des Altbiers heißen Sticke oder Latzenbier bzw. Doppelsticke (siehe Sticke). Letztlich gibt es noch ein sogenanntes Hannover Alt bzw. Broyhan Alt, welches eher ein Nachkomme des Broyhan Bieres (siehe dort) als ein echtes Altbier ist.

***Alte Biere bzw. historische oder heirloom Biere*** Die Rekonstruktion alter Biere, d. h. von Bieren, die zum Teil sogar bis in die Urgeschichte der Menschheit zurückgehen, hat sich mindestens seit der jüngsten Jahrtausendwende zu einem immer beliebteren Zweig des internationalen Brauwesens entwickelt. Auf Englisch werden alte Biere oft als heirloom beers bezeichnet. Besonders die Craft-Brauer der Moderne experimentieren mit zunehmendem Interesse mit vergessenen oder verschollenen Biersorten aus der Vergangenheit, von denen heutzutage oft nur wenige Hinweise bezüglich der Zutaten und Brauverfahren bekannt sind. Wohingegen die heute am meisten gebrauten Biersorten erst im 19. Jahrhundert, also während der Belle Époque der europäischen Bierinnovationen, entwickelt wurden, gibt es auch legendäre Biere aus der vorindustriellen Zeit, die während ihrer Blüte fast in der ganzen damals bekannten Welt einen hohen Ruf genossen, die aber heute fast ganz vom Sortiment verschwunden sind. Dazu gehören unter anderem Biersorten des späten Mittelalters und der Renaissance wie das Keutebier und das Broyhan Bier sowie die von der Hanse weltweit vertriebenen Sorten Einbecker Bier (Vorläufer des bayerischen Bockbieres), Braunschweiger Mumme und Zerbster Bitterbier (siehe alle dort).

Dann gab es im Hochmittelalter noch Klosterbiere wie Celia, Cervisa und Conventus (siehe Abteibier), die ursprünglich mit einer Kräutermischung (siehe Gruitbier), aber ab dem 10. Jahrhundert zunehmend mit Hopfen gebraut wurden. Selbst aus der vorchristlichen Antike sind uns noch einige interessante Sorten wie das Phrygische Bier und das Ägyptische Bier (siehe dort) bekannt, für die oft nicht nur Gersten- und Dinkelmalze, sondern auch Honig, Trauben und Datteln als Zuckerquelle der Hefegärung herangezogen wurden. Wie alt das Bierbrauen eigentlich ist, ist nicht ganz klar, aber die meisten Altertumsforscher datieren die ersten Sude kurz nach der sogenannten Neolithischen Revolution vor etwa 10000 bis 12000 Jahren, als die Menschheit im Zweistromland zwischen Euphrat und Tigris zum ersten Mal sesshaft wurde. Das Volk, das damals das Leben als Sammler und Jäger aufgab und sich dem Ackerbau und der Viehzucht verschrieb, ist heute als die Sumerer bekannt. Sie gelten als frühe Erfinder vieler Errungenschaften der heutigen Zivilisation. Dazu gehören das Schreiben und Rechnen, das Töpfern, die Metallverarbeitung und das Geld als wirtschaftlicher Nexus. Damit schufen die Sumerer im mittelöstlichen Fruchtbaren Halbmond zum ersten Mal eine Gesellschaftsform mit gesicherten Nahrungsmittelreserven sowie mit Arbeitsteilung, Kultur, Administration und Politik. In dieser Gesellschaft entstand eben auch das Bierbrauen, wie wir aus vielen archäologischen Funden von Malzen und Bierrückständen ab etwa 7000 v. Chr. ableiten können. Die älteste bildliche Darstellung von Biertrinkern ist eine Zeichnung auf einem Gefäß von etwa 3100 v. Chr. Sie zeigt zwei Menschen, die mit Strohhalmen Bier aus einer Amphore saugen. Auch das älteste uns bekannte Stück Literatur, der Sumerische Gilgamesch-Epos (etwa zwischen 2100–1600 v. Chr. auf zwölf Steintafeln niedergeschrieben) schildert bereits, wie eine tierähnliche, mythische Kreatur namens Enkidu durch Brotessen und Biertrinken in einen Menschen umgewandelt wurde. Die Kenntnis vom Bier war für die Sumerer eines der wichtigsten Kriterien, welches Menschen von allen anderen Lebewesen unterscheidet.

***Amber Ale, amerikanisch*** Dieses Bernstein-Obergärige amerikanischer Herkunft ist bei Craft-Brauereien sehr beliebt. Es ist normalerweise tief-golden bis fast rötlich und wird deshalb auch oft als American Red Ale bezeichnet. Es setzt sich besonders durch die Farbe, eine stärkere, oft karamellartige Malznote und eine mildere Hopfung vom Pale Ale (siehe dort), mit dem es verwandt ist, ab. Die amerikanische Note verdankt das Amber Ale primär der Wahl der Hopfensorten aus den Bundesstaaten Idaho, Oregon und Washington im Nordwesten des Landes. Während klassische britische Hopfensorten meist als blumig und fruchtig, jedoch deutsche Sorten als aromatisch sowie kräuter- und grasähnlich mit leichten Zitrus-Noten beschrieben werden, so weisen amerikanische Sorten oft aggressiv -dominante Noten von Fichte, Kiefer und Zitrus auf. Im Vergleich zu britischen Amber Ales (siehe Amber Ale, englisch) hat das amerikanische Amber kaum buttrige Noten. Im Abgang sind Hopfen und Malz im Gleichgewicht. Das Bier ist sehr süffig und hat normalerweise etwa 4 % bis 6 % Alkohol. Stärkere American Amber bzw. Red Ales werden oft als Double American Red Ales (6 %-7,9 % Volumenalkohol) oder als Imperial Red Ales (8 % bis mehr als 10 %) bezeichnet.

***Amber Ale, english*** Ein englisches Amber (Bernstein) Ale besticht durch seine deftigen, leicht nussartigen bis biskuitartigen Malznoten. Das Hopfenaroma ist typisch englisch, d. h. es ist blumig. Der Abgang ist aufgrund der in England bevorzugten Hefestämme leicht buttrig mit einem fruchtigen Esterprofil. Craft-Brauer benutzen in diesem Bier gerne althergebrachte, sehr malzaromatische Wintergerstensorten wie Maris Otter, die genetisch aus Gersten abstammen, die während der Blütezeit der englischen Ales im 19. Jahrhundert angepflanzt wurden.

***Annedda*** Ein Fichten- oder Zedernbier aus der Entdeckerzeit Nordamerikas, welches streng genommen kein echtes Bier ist, da es wahrscheinlich nicht aus Getreide hergestellt wurde. Stattdessen war es ein teeartiges Vitamin-C-haltiges und nur leicht vergorenes Gesundheitsgetränk aus Wasser, in dem etwas Borke, Saft und die Spitzen einer nordamerikanischen Baumart – vermutlich östliche weiße Zeder, Thuja occidentalis, oder Fichte (Picea abies) – gekocht wurde (siehe auch Fichtenbier). Wir wissen von diesem Trunk aus den Aufzeichnungen des französischen Entdeckers und Seefahrers Jacques Cartier, der 1535-1536 in der Nähe der heutigen Stadt Québec am kanadischen Sankt-Lorenz-Strom in seinem Schiff La Grande Hermine überwinterte. Die örtlichen Iroquois-Indianer nannten den Baum, aus dem sie ihren Tee herstellten, Annedda. Sie teilten das Gebräu mit Cartier und seiner Mannschaft als Gegenmittel gegen die Vitaminmangelkrankheit Skorbut. Vergleiche auch Jopenbier, Danziger.

**Antike Biere** Siehe Alte Biere.

**Antoniusbier** Ein mittelalterliches, vorwiegend aus Roggenmalz gebrautes Bier, welches meist ohne Wissen der Brauer Giftstoffe des Mutterkornschimmelpilzes (Claviceps purpurea) enthielt. Dieser Schimmelpilz kann alle Getreide befallen, gedeiht aber besonders gut auf Roggen. Er produziert LSD-artige Alkaloide, deren Verzehr, je nach eingenommener Menge, Störungen von unterschiedlicher Stärke hervorruft. Dazu gehören u. a. Darmkrämpfe sowie Durchblutungsstörungen von Herzmuskeln, Nieren und Gliedmaßen bis hin zum Absterben von Fingern und Zehen (auch Ergotismus bzw. Antoniusfeuer genannt). Diese waren oft begleitet von Halluzinationen verschiedener Intensität. Im schlimmsten Falle treten Atemlähmungen und Kreislaufversagen mit Todesfolge auf. Der Name Antoniusfeuer leitet sich vom Antoniterorden, einem Zweig des Augustinerordens, ab, der im Jahre 1095 gegründet wurde und sich auf die Pflege von am Antoniusfeuer leidenden Zeitgenossen spezialisierte. Der medizinischen Fakultät der Philipps-Universität Marburg gelang es schließlich im Jahre 1597, die Verbindung zwischen Antoniusfeuer und mit Mutterkornpilz befallenen Getreiden zu belegen. Danach wurden Ergotismuserkrankungen zunehmend seltener, jedoch ließen einige Brauer es sich nicht nehmen, trotzdem gelegentlich ein Antoniusbier wegen seines psychoaktiven Drogeneffekts herzustellen und dieses Gebräu gegen gutes Geld an rauschsuchende Kunden zu veräußern.

**Apple Beer** Eigentlich kein Bier, sondern eine alkoholfreie Variante einer Fassbrause (siehe dort), die in den sechziger Jahren des letzten Jahrhunderts in den Vereinigten Staaten beliebt war.

**Arctic Ale** Dieses arktische Obergärige ist ein Barley-Wine-ähnliches Spezialbier, welches die britische Brauerei Samuel Allsopp & Sons in Burton-upon-Trent, auf Wunsch von Königin Victoria, für Sir Edward Belchers 1852 Expedition in die Arktis gebraut hat. Sir Edward segelte in den kanadischen arktischen Archipel aus ewigem Eis, um dort nach Anhaltspunkten für das Schicksal der 1845 verschollenen John-Franklin-Expedition zu suchen. Arctic Ale war ein kräftiges, nahrhaftes Obergäriges mit mehr als 11 % Volumenalkohol und einem sehr hohen Residualzuckergehalt, damit es bei den tiefen Temperaturen in der Arktis nicht einfriere.

## Asiatisches Bier, traditionell

Auf dem asiatischen Kontinent findet man eine große Anzahl von indigenen Bieren, deren Ursprünge oft Tausende von Jahren vor dem Kontakt des Orients mit dem Okzident zurückliegen. Abgesehen von Sumerischen Bieren im Mittleren Osten (siehe Sumerisches Bier), gibt es archäologische Anhaltspunkte dafür, dass antike Völker in China und Indien mindestens vor etwa 7000 Jahren v. Chr. (vielleicht sogar schon früher) Bier gebraut haben. Während die indigenen Biere in Afrika oft auf Hirse und die in Süd- und Mittelamerika auf Mais aufgebaut waren, basieren die indigenen Biere in Asien oft auf Reis (Oryza sativa), dem wichtigsten Getreide Asiens. Reis ist auch die drittwichtigste Nutzpflanze der Welt – nach Zuckerrohr und Mais. Wenn man akzeptiert, dass der Begriff Bier alle alkoholischen Getränke auf Getreidebasis umfasst, so gehören vergorene Getränke aus Reis definitiv in dieses Lexikon der Biersorten. Die vielleicht weltweit bekanntesten Reisbiere sind der japanische Saké und der ganz fälschlich als „Wein" bezeichnete chinesische Reiswein.

Die älteste Sammlung hinduistischer Schriften, der Veda, erwähnt bereits alkoholische Getränke auf Reisbasis. In diesen im frühen Sanskrit verfassten Abhandlungen mit Hymnen, philosophischen Betrachtungen und Anleitungen zu den Ritualen der vedischen Priester heißen diese Reisbiere Sura. Das gleiche Wort ist bis heute in der thailändischen Sprache erhalten geblieben, wo es eine Bezeichnung für Spirituosen ist.

Reis hat, genau wie die Samenkörner aller anderen Getreidesorten, natürliche Enzyme, deren Aufgabe es ist, während der Keimung groß-molekulare Nährstoffe in kleinere Bausteine zu spalten bzw. zu lösen, und diese dem wachsenden Spross zugänglich zu machen. Einer der wichtigsten dieser Nährstoffe ist Stärke, die mit Hilfe von Amylase-Enzymen in Zucker umgewandelt wird. Dieser Zucker dient dann bei der Gärung als Grundnahrungsmittel für die Hefe, welche den Zucker in Alkohol und Kohlendioxyd (auch Kohlensäure bzw. $CO_2$ genannt) umsetzt. Bei asiatischen Reisbieren geschieht der Stärkeabbau im Reis oft nicht nur durch Getreideenzyme, sondern auch durch Enzyme, die auf Spezialschimmelpilzen gedeihen. So kommt zum Beispiel bei der Herstellung von japanischem Saké der mit Enzymen behaftete Schimmelpilz Aspergillus oryzae, welcher in Japan als Koji bekannt ist, zum Einsatz.

Die Art der Alkoholerzeugung mit Schimmelpilzen und Hefen ist offenbar besonders in China uralt, denn uns ist zum Beispiel ein etwa 7000 bis 9000 Jahre altes Reismalzbier aus der chinesischen Provinz Henan bekannt, welches, ähnlich wie japanischer Saké, mit Aspergillusschimmel und mit regulärer Hefe vergoren wurde. Damit liegen die Anfänge der chinesischen

Braukunst praktisch zeitgleich mit den ersten Brauversuchen der Sumerer (siehe Sumerisches Bier, antik). Bierbrauen in China erfuhr besonders unter der Han Dynastie, die das „Reich der Mitte" von etwa 200 v. Chr. bis 200 n. Chr. regierte, einen großen Aufschwung. Damals unterschied man nämlich bereits drei verschiedene Biersorten. Es gab ein Chu aus Hirse, ein Li aus Reis, welches oft mit Honig verstärkt wurde, und ein Chiu aus Weizen; und jede dieser drei Biersorten wurde in drei Untersorten je nach alkoholischer Stärke, Geschmacksausrichtung und Klarheit eingestuft. Aber auch andere asiatische Kulturen – von Indonesien und den Philippinen bis Korea – entwickelten ihre eigenen Biere, meist ebenfalls aus Reis, aber auch aus anderen Cerealien.

***Bagni*** Ein aus Hirse oder Mais hergestelltes Bier aus dem Kaukasus, einem eurasiatischen Hochgebirge zwischen dem Schwarzen und dem Kaspischen Meer.

***Baltisches Porter*** Siehe Porter.

***Bamberger Rauchbier***
Siehe Rauchbier.

***Barley Wine bzw. Barleywine, britisch und nordamerikanisch***
Der Begriff Barley Wine – wörtlich: Gerstenwein – ist natürlich irreführend, da dieses Starkbier nichts mit vergorenem Fruchtsaft zu tun hat. Es ist kein Wein, sondern ein echtes Ale, welches auf den Britischen Inseln normalerweise getrennt, aber in den USA als ein Wort geschrieben wird. Historisch hat dieses Ale tiefe Wurzeln in der englischen Praxis des „Parti-Gyle"-Brauens. „Parti" bedeutet soviel wie Teil oder teilweise und „Gyle" ist ein alt-englischer Begriff für einen Behälter oder für die in einem Behälter gesammelte Bierwürze. Beim traditionellen Parti-Gyle-Brauen wird zuerst ein Hauptguss mit sehr hoher Stammwürze als ein sehr haltbares Vorderwürzebier („first runnings") separat abgeläutert, gekocht und vergoren. Danach wird ein Nachguss („second runnings") ebenfalls separat in ein leichteres, oft als „small beer" bezeichnetes Ale verarbeitet, welches immer relativ frisch getrunken wird.

In der Vergangenheit brauten einige Ale-Brauereien sogar drei verschiedene Biere aus einer einzigen, mächtigen Malzschüttung, wobei das stärkste Bier auch als „strong" oder „XXX", das mittlere Bier als „small" oder „XX" und das leichteste Bier (aus den „third runnings") ebenfalls als „small" oder „X" bezeichnet wurde. Älteren deutschen Braubeschreibungen zufolge, war es auch in Deutschland im Mittelalter durchweg Praxis, Dünnbiere aus Nachgüssen zu brauen, die dann oft als „Nachbiere" bezeichnet wurden und nur an die unteren Stände in der feudalen Gesellschaftsordnung ausgeschenkt wurden.

In der Vergangenheit wurden unterschiedlich starke Parti-Gyle-Biere oft nach der Gärung miteinander verschnitten, um Biere mit verschiedenen Alkohol- und Geschmacksrichtungen zu kreieren. Wurden die Biere von drei separaten Gyles alle zusammengemischt, so nannte man die Biere vor dem Verschnitt oft „threads" (Fäden) und das daraus resultierende Gebräu „entire beer" (ganzes Bier). Jedoch gaben die britischen Brauer im Zuge der fortschreitenden Verbesserung der Brautechnologie im 19. Jahrhundert ihre traditionelle Parti-Gyle-Braumethode weitestgehend auf. Stattdessen wechselten sie auf Einzweckmaischen mit kontinuierlichem Überschwänzen während des Abläuterns. Barley-Wine-ähnliche „big beers" mit mächtigen Stammwürzen waren damit nicht mehr eine Funktion der „first runnings", sondern einfach das Ergebnis einer riesigen Malzschüttung.

Auf den Britischen Inseln sind mächtige Starkbiervorläufer des modernen Barley Wines mindestens seit dem 11. Jahrhundert belegt. Im Laufe ihrer langen Geschichte wurden diese Biere unter verschiedenen Namen bekannt, die praktisch alle die gleiche Biersorte bedeuten. Dazu gehören zum Beispiel die Begriffe „Stock Ale" (stock heißt soviel wie Lager oder Vorrat), „Strong Ale" (Stark-Ale), „Old Ale" (altes Ale), „Stale Ale" (von to stall, was soviel wie halten oder aufbewahren bedeutet) oder „Keeping Beer" (Bier zum Aufbewahren).

Die obergärigen Barley Wines haben oft beeindruckende Alkoholwerte, die gelegentlich 15 % überschreiten, sofern die Hefe nicht vorher die Grenze ihrer Alkoholtoleranz erreicht hat und den Geist aufgibt. Streikt die Hefe frühzeitig, bleibt im Barley Wine am Ende der Gärung eine relativ hohe Restsüße erhalten. Fertige Barley Wines werden oft in Holzfässern gereift, in denen alkoholtolerante wilde Hefen und Bakterien die Umwandlung selbst groß-molekülarer Restzuckerverbindungen in Alkohol langsam weiterführen, was dann zu einem sehr trockenen Abgang des Bieres führt. Es gibt Berichte von Barley Wines, die nach der Flaschenabfüllung selbst nach einem Vierteljahrhundert in einem kühlen, dunklen Keller noch trinkbar waren. Gut ausgewogene, komplexe Barley Wines werden am besten in kleinen Portionen in Cognacgläsern serviert.

Trotz seiner tiefen historischen Wurzeln ist Barley Wine als kommerzieller Begriff für diese Biersorte relativ jung, denn er wurde erst im Jahre 1903 geprägt, als die Bass Brauerei in Burton-upon-Trent ihr Starkbier unter dem Namen „Bass No. 1 Barley Wine" auf den Markt brachte. Zu diesem Zeitpunkt waren bereits leichtere, helle Biere, besonders das Pale Ale und das Bitter (siehe dort), der Standard für Biertrinker im Vereinigten Königreich. Aber Barley Wine setzte sich dennoch als Nischen-Spezialbier – ähnlich wie das Doppelbock in Bayern – durch. Für mehr über den geschichtlichen Hintergrund von Barley Wine siehe auch das Stichwort Old Ale.

Heutzutage gibt es viele Barley Wine Varianten, wobei alle Ausführungen sich besonders durch ihre Mächtigkeit von anderen Ales abheben. In der Farbe ist ein typischer moderner Barley Wine blond bis dunkelbraun und sollte mindestens 8 % Volumenalkohol aufweisen. Besonders junge Barley Wines mit hohem Restzuckergehalt haben machmal einen sirupartigen Nachgeschmack. Selbst ein leichter portwein-ähnlicher Oxidationsgeschmack ist bei lange fassgelagerten Barley Wines keine unerwünschte Geschmackskomponente. In der Barley-Wine-Hopfung gibt es zwei divergierende Orientierungen. Britische Barley-Wine-Varianten werden meist mit klassischen, blumigen Hopfensorten aus England gewürzt, während amerikanische Varianten meist mit aggressiven Bittersorten aus den Staaten Washington, Idaho und Oregon aromatisiert werden.

**Bauernbier** Siehe u.a. Bière de garde; Bière de saison; Bauernbier, litauer; Zoiglbier.

**Bauernbier, litauer** Wie viele nordische Länder hat auch Litauen eine einheimische, jahrhundertealte, obergärige Braukultur, die zum größten Teil auf ländliches Heimbrauen zurückgeht. Bauern- bzw. Landbiere sind überall auf der Welt auf Grund ihrer mangelnden Einheitlichkeit von einem Brauer zum anderen immer schwer unter einen Hut zu bringen. Das Gleiche gilt auch für die Traditionsbiere aus Litauen, die dort als „kaimiškas alus" (Dorfbier) bezeichnet werden. Diese Dorfbiere werden sowohl gekocht als auch ungekocht vergoren. Neben Hopfen werden Litauer Bauernbiere oft auch mit Klee, Himbeerblättern oder Erbsen gewürzt. In der Farbe variieren sie von hell bis dunkel. Ähnlich wie beim russischen Kwass (siehe dort), findet sogar gelegentlich ein Laib gebackenes Brot seinen Weg in die Maischepfanne (siehe dazu auch Brotbier). Manchmal wird das Bier – ähnlich wie das schwedische Gotlandsricka (siehe dort) – als „gyvas alus" (lebendiges Bier) mit aktiver Hefe, während die Gärung noch in vollem Gange ist, getrunken. Ein „fertiges" Litauer Bauernbier ist meistens ein deftiges, erdiges Getränk mit relativ wenig Rezenz und einem sehr trockenen Abgang. Besonders Biere, die aus ungekochten Würzen vergoren werden, haben einen leicht schwefeligen, an gekochten Kohl erinnernden Beigeschmack.

**Bayerisches Bier** Seit 2009 eine Geografisch Geschützte Angabe der Europäischen Union für alle in Bayern gebrauten Biere.

**Bayerisches Helles** Siehe Helles.

**Belgian Golden Ale** Siehe Belgisch Spezialbier.

***Belgisch Speziaalbier bzw. Bière de spécialité belge bzw. Belgian Golden Ale*** International ist dieses belgische, gut gelagerte, strohblonde, hochalkoholische, aber dennoch sanfte und süffige Obergärige meistens unter seinem englischen Namen als Belgian Golden (Strong) Ale oder unter dem Namen Belgian-Style Pale Strong Ale bekannt. Als Sorte ist dieses Starkbier im Grunde eine Erfindung der Brouwerij Duvel Moortgat in Breendonk-Puurs, in der Nähe von Antwerpen. Duvel is das flämische Wort für Teufel und ist der Markenname des Bieres aus Puurs, dessen Entwicklung zu Anfang des 20. Jahrhunderts begann – jedoch als belgische Imitation eines dunklen (!) Scotch bzw. Scottish Ale (siehe dort). Der Hefestamm für dieses Bier kam damals aus der McEwan's Brewery in Edinburgh, Schottland, und wird selbst heute noch bei der Duvel-Herstellung verwendet. Duvel erhielt seine heutige goldene Farbe erst im Jahre 1970, als die Brauerei das dunkle Malz in der Maische durch helle Pilsnermalze ersetzte. Die würzig-aromatischen Hopfensorten für dieses Speziaalbier stammen oft aus Tschechien und Slowenien. Dieses Ale wird am besten bei einer Trinktemperatur von 7 °C-12 °C serviert, wobei man dem Bier seine „teuflischen" 8,5 % Volumenalkohol kaum anmerkt. Auf den Außenwänden der Lagergebäude in Puurs steht übrigens in riesigen, von weitem lesbaren Buchstaben: „Ssst…hier rijpt den Duvel" (Leise, hier reift der Teufel).

***Belgisches Starkbier, dunkel*** Dieses Bier ist praktisch eine dunkle Version des goldenen Belgisch Speziaalbier (siehe dort). Der geläufige englische Name für dieses Bier ist Belgian-Style Dark Strong Ale. Genau wie das goldene belgische Starkbier hat das dunkle einen deutlich wahrnehmbaren, hohen Alkoholgehalt. Auch hat es vielschichtige Fruchtaromen, einen Anflug von Röstmalzgeschmack sowie leicht phenolische Noten durch Gärnebenprodukte. Der Abgang ist vollmundig und cremig und oft ein wenig süßlich.

***Belgo-American Ale*** Dieser Begriff umfasst eine Gruppe innovativer Biere aus dem amerikanischen Craft-Brauwesen, die oft auch als American-Belgo-Style Ales bezeichnet werden. Sie sind im Grunde eine hybride Erscheinung mit einer Mischung von Merkmalen aus der belgischen und der amerikanische Bierkultur. Dabei kommen besonders die oft rauchig-phenolischen, sowie apfel- und korianderähnlichen Noten vieler belgischer Hefestämme, wie auch die Zitrus-, Fichten- und Kiefernnoten jüngster amerikanischer Hopfenzüchtungen zum Tragen. Diese Biere kommen in den Farbvarianten hell und dunkel vor. Die hellen Belgo-American Ales lehnen sich im Wesentlichen an das amerikanische Pale Ale an (siehe dort), während die dunklen Belgo-American Ales sich oft an amerikanische Brown Ales

57

(siehe dort) anlehnen. Manchmal lagern Craft-Brauer ihre Belgo-American Biere auch in gebrauchten Fässern (vergleiche Foederbier).

**Berliner Weiße** Dieses äußerst erfrischende, spritzige, trockene, herbe, goldgelbe, saure Obergärige hat heutzutage meist einen niedrigen Alkoholgehalt von nur etwa 3 % bis 4 %. Jedoch gab es bis vor etwa zweihundert Jahren auch Varianten dieses Bieres, die wesentlich stärker mit einem Volumenalkohol von bis zu 8 % gebraut wurden. Berliner Weiße wird heute in der Regel nicht mehr aus Fässern, sondern nur aus 0,33-Literflaschen in einem klassischen Pokal „mit Schuss" serviert. Traditionsgemäß besteht diese Schuss-Zugabe aus Himbeer- oder Waldmeistersirup, weshalb man diese Biere auch als „Rotes" oder „Grünes" bestellen kann. Besonders der Waldmeister gibt dem adstringierenden Bier einen Anflug von frisch gemähtem Gras. Im 19. Jahrhundert wurde die Berliner Weiße oft auch mit einem Glas Kümmelschnaps, statt mit einem süßen Sirup serviert – eine Sitte, die jedoch heute aus der Mode gekommen ist. Im internationalen Vergleich ist die Berliner Weiße wohl das deutsche Äquivalent eines belgischen, sauren Lambic (siehe dort). Aufgrund ihrer feinen champagnerähnlichen Rezenz gab bereits Napoleon Bonaparte der Berliner Weiße im Jahre 1806 – als er nach den Schlachten von Jena und Auerstedt in Berlin verweilte – den Namen Champagne du Nord.

Brautechnisch besteht Berliner Weiße zu etwa einem Drittel aus Weizenmalz. Der Rest ist helles Gerstenmalz. Dieses Bier hat trotz seines Namens jedoch nichts mit bayerischen Weißbieren gemein, denn die Berliner Weiße wird mit „sauber" arbeitenden obergärigen Hefen vergoren, die dem Bier kaum Gärnebenprodukte geben. Anders ist das bei den bayerischen Weißbierhefen, welche dafür bekannt sind, starke Nelken- und Bananennoten abzugeben. Die Säure in der Berliner Weiße stammt von speziellen Milchsäurebakterien, die traditionell während der Gärung dem Sud zugefügt werden. Diese Bakterien metabolisieren alle von der Hefe nicht in Alkohol umsetzbaren Restzuckermoleküle und sind daher für den extrem trockenen Abgang dieses Bieres verantwortlich. Hopfenbittere und Hopfenaromen sind in der Berliner Weiße kaum warnehmbar.

Vor dem Abfüllen wird eine traditionelle Berliner Weiße mit sogenanntem Kräusen – einer Dosage von frischer, intensiv gärender Bierwürze – geimpft. Die dadurch entfachte Flaschennachgärung unter Druck bewirkt die bereits von Napoleon beobachtete feinperlige Rezenz. Die Berliner Weiße stammt aus einer Zeit vor der Massenproduktion von Glasbierflaschen, welche besonders nach 1903 einen Aufschwung erfuhr, denn in diesem Jahr führte die Owens Bottle Machine Company in Toledo, USA, die ersten automatisch hergestellten Bierflaschen der Welt ein. Daher wurde Berliner Weiße ursprünglich in Steingutflaschen mit kordelverschnürten

Korken abgefüllt. Jedoch platzten diese Flaschen gelegentlich aufgrund des bei der Nachgärung entstehenden hohen Drucks. Deshalb wurden die Flaschen zum Schutz gegen fliegende Scherben – und auch als Temperaturkontrolle für das Bier – oft während einer dreimonatigen Reife in Sand vergraben. Eine Berliner Weiße bleibt bis zu fünf Jahren nach dem Abfüllen trinkbar, sofern sie kühl und dunkel aufbewahrt wird. Die beste Trinktemperatur ist bei etwa 8 °C-10 °C.

**Best Bitter** Siehe Bitter.

**Bière blanche, belgisch**
Siehe Witbier.

**Bière blonde, belgisch** Das obergärige belgische Bière blonde darf nicht mit dem gold-blonden belgischen Starkbier (wie Duvel; siehe Belgisch Speziaalbier) verwechselt werden. Der Alkoholgehalt dieses in Belgien sehr populären Bière blonde (auf Englisch: Belgian Blond Ale) kann sehr weit zwischen 4,5 % und 7,5 % variieren. Einige der stärksten, mit etwas Zuckerzusatz in der Würze angereicherten Versionen, werden oft als sterk blond bier (flämisch) bzw. bière blonde forte (französisch) auf dem Etikett beschriftet. Die meisten Ausführungen des belgischen Bière blonde haben einen erfrischenden, würzig-phenolischen, leicht fruchtigen Beigeschmack, der von den Gärnebenprodukten der in diesen Bieren verwendeten Spezialhefen stammt. Diese Geschmackskomponenten bilden einen guten Ausgleich zur leichten Süße des in der Maische verwendeten Pilsnermalzes. Gelegentlich werden diese Biere auch mit einer kleinen Portion Weizenmalz gebraut. Der Körper eines Bière blonde ist vollmundig; im Glas hat es eine starke Schaumkrone; die Rezenz ist spritzig; die Hopfung ist blumig, aber immer zurückhaltend; und der Abgang ist normalerweise recht trocken. Diese süffige Biersorte wird generell unfiltriert abgefüllt.

**Bière brut des Flandres** Diese belgische Biersorte wird auch gelegentlich als Bière champenoise bzw. Bière méthode champenoise – also als Champagnerbier – bezeichnet. Ein Bière brut ist im Grunde nichts anderes als ein Bière blonde oder ein belgisches Spezialstarkbier (siehe siehe Belgisch Speziaalbier und Bière blonde, belgisch), welches nach der Gärung wie Champagner behandelt wird. Dabei metabolisiert die im Bier supendierte Hefe nach dem Abfüllen den noch vorhandenen Restzucker. Während einer komplizierten Flaschennachgärung wird dann Kohlensäure und damit Druck in der Flasche, wie auch ein wenig mehr Alkohol erzeugt. Anders als bei der Nachgärung und Karbonisierung eines normalen Bieres – bei dem sich die Hefezellen als Bodensatz absetzen und dann beim Einschenken im Glas eine Trübung verursachen können – werden bei der méthode champenoise die Hefezellen ohne Filtration entfernt, so dass das strohgelbe Bière brut des Flandres trotz Flaschengärung genau so klar wie Champagner ist. Im Detail läuft die méthode champenoise wie folgt ab:

Zunächst wird das fertig vergorene Bier kurz vor dem Abfüllen in starkwandige Flaschen mit vergärbarem Zucker und oft mit frischer, alkoholtoleranter Hefe geimpft. Jede Flasche wird mit einem Korken (auf Französisch bouchon) und einem kleinen Metalldeckelchen (capsule de champagne) und einem Drahtkorb bzw. Drahtbügel (corbeille à fil) verschlossen. Die Flaschen werden dann wie Champagner für etwa vier Monate mit dem Hals nach unten bei etwa 15 °C aufbewahrt. Dabei geschieht die Nachgärung (prise de mousse; wörtlich „Einnahme von Schaum") und die Hefe setzt sich langsam im Flaschenhals ab (sur lie; Bodensatz). Etwa halbwegs während der prise de mousse wird jede Flasche täglich etwa zwei Wochen lang mit einer schnellen Handbewegung eine Viertelumdrehung gewendet bzw. gerüttelt (remuage), was die Sedimentierung der Hefe beschleunigt.

Die nächste Stufe ist das Einfrieren des Flaschenhalses, was heutzutage nicht mehr wie früher mit Eis (à la glace), sondern mit gekühltem Glycol bei einer Temperatur von etwa -25 °C bewirkt wird. Danach wird der Korken vorsichtig aus dem Flaschenhals entfernt, damit der Kohlensäuredruck in der Flasche das im Hals eingefrorene Sediment herausschießen kann (dégorgement; wörtlich Ausspeien). Schließlich wird die Flasche mit einer Zuckerlösung (dosage) nachgefüllt. Dieser Zucker kann nun nicht mehr vergoren werden, denn alle Hefezellen wurden beim dégorgement entfernt. Stattdessen gibt die Lösung dem nun ganz trockenen Bier ein wenig Süße. Nach dem dégorgement und der dosage wird die Flasche wieder schnell mit einem neuen Korken und Drahtkäfig verschlossen. Das nun trinkreife, feinperlige Bière brut des Flandres wird am besten gekühlt in eleganten Champagnertulpen serviert.

***Bière champenoise bzw. Bière méthode champenoise*** Siehe Bière brut des Flandres.

***Bière d'Abbaye*** Siehe Abteibier.

***Bière de garde*** Der Name dieses Bauern- oder Landbieres aus dem Norden Frankreichs steht für ein gelagertes, gut gereiftes Obergäriges, welches in gewisser Hinsicht einem Altbier (siehe dort) nahesteht, denn „garder" bedeutet soviel wie „halten, behalten, bewachen, bleiben". Die traditionellen Brauzentren des Bière de garde findet man nahe der belgischen Grenze in den französischen Departements Nord-Pas-de-Calais, Artois und Picardie. Genau wie das Bière de saison (siehe dort) im benachbarten Belgien, wurde das Bière de garde ursprünglich heimgebraut. Daher gibt es auch keine eisernen Regeln für die Wahl der Rohstoffe. Jedoch ist dieses, der Scholle verhaftete Bier immer eher malz- als hopfenbetont, und die Hopfengaben sind aromatisch statt aggressiv bitter. Sogenannte „edle" Hopfensorten aus Deutschland und dem Elsass passen daher gut in dieses Bier.

In der Malzschüttung für Bière de garde sind ebenfalls viele Kombinationen legitim, was in der Praxis zu vielen Farbvariationen im Glas führt. Ein kommerzielles Bière de garde wird heute als blond (blonde), braun (brune) oder bernsteinfarben (ambrée) angeboten. Es wird ausschließlich aus Gerstenmalz gebraut und gelegentlich nach belgischer Art mit einem kleinen Zusatz von hellem oder braunem Kandiszucker in der Sudpfanne angereichert, um den Alkoholgehalt zu erhöhen.

Als traditionelles Bauernbier wurde Bière de garde in der Vergangenheit je nach Jahreszeit milder oder stärker eingebraut. Dabei schwankte der Alkoholgehalt ziemlich weit zwischen etwa 3 % und 8 % (oder sogar mehr). Die stärkeren Versionen wurden normalerweise im Frühjahr zum Auftakt der schweren Feldarbeit gebraut, denn sie mussten bis zur Erntezeit im Frühherbst haltbar bleiben. Erst nach der Ernte startete dann der nächste Brauzyklus mit einem leichteren, süffigeren und schneller vergorenen Bier aus frisch eingefahrenen Rohstoffen.

***Bière de mars, belgisch*** Das belgische Bière de mars (Märzenbier) ist ein aus einer Lambic-Maische gewonnenes Dünnbier (siehe Lambic). Es ist ein Sauerbier, dessen Würze separat aus einem Nachguss gesammelt, gekocht und vergoren wird. Das belgische Bière de mars hat damit nichts mit dem namensgleichen Märzenvollbier aus dem Elsass zu tun (siehe Bière de mars, elsässisch).

Brautechnisch ist das Bière de mars ein Zufallsbier ohne handfeste Spezifikationen und Regeln. Es besteht einfach aus dem, was man am Ende eines Lambic-Brauprozesses noch aus der Maische herausholen kann (siehe auch Dünnbier). Traditionell wurde das belgische Bière de mars entweder als dünnes Tafelbier jung getrunken oder es wurde in der Brauerei etwa halbe-halbe mit gut gereiftem Lambic verschnitten. Ein solcher Verschnitt wird auch heute noch unter dem Sortennamen Faro vermarktet (siehe dort). Im 19. Jahrhundert war Faro die populärste Lambic-Variante in Belgien. Einige Faro-Interpretationen wurden mit belgischem hellem oder dunklem Kandiszucker gesüßt bzw. nachvergoren, um ihnen ein bisschen mehr Inhalt zu verleihen. Zur Vollständigkeit der belgischen Lambic-Terminologie: Ein Verschnitt aus einem Drittel jungem und zwei Drittel altem, wenigstens sechs Monate gereiftem Lambic nennt man nicht Faro, sondern Gueuze (siehe dort).

### Bière de mars, elsässisch

Das elsässische Bière de mars (Märzenbier) hat jahrhundertealte Wurzeln und wird noch heute in seiner Region – primär im Elsass aber auch in der Lorraine – als saisonales Spezialbier gebraut. Auf den Etiketten wird das Bière de mars oft als Bière de printemps (Frühlingsbier) ausgewiesen. Es ist „brassée en hiver pour fêter les beaux jours du printemps" (im Winter gebraut, um die schönen Frühlingstage zu feiern). Die stilkonforme Hopfensorte für Bière de mars ist die sehr milde, leicht blumig-aromatische Sorte Strisselspalt, ebenfalls aus dem Elsass.

Merkwürdigerweise teilt das elsässische Märzenbier seinen Namen mit einem dünnen belgischen Bier (siehe Bière de mars, belgisch), welches aus einem separat vergorenen Nachguss eines regulären Lambic (siehe dort) hergestellt wird. Trotz der Namensgleichheit haben diese beiden Biersorten absolut nichts miteinander gemein. Während das belgische Bière de mars ein typisches Sauerbier ist, ähnelt das elsässische Bière de mars von der Konzeption her eher einem bayerischen Märzenbier. Die belgische Ausführung wurde traditionell im März gebraut, den ganzen Sommer gelagert und erst im Herbst getrunken, während die elsässische Ausführung im Herbst gebraut, den ganzen Winter gelagert und erst im Frühjahr getrunken wurde. Bei den Belgiern ist also der Braumonat für die Namensgebung verantwortlich, jedoch bei den Franzosen der Verzehrmonat.

Die ältesten historischen Hinweise auf ein Bière de mars stammen interessanterweise nicht aus dem Nordosten, sondern aus dem Nordwesten Frankreichs, und zwar aus Arras, der Hauptstadt des Departement Pas-de-Calais, wo auch das Bière de garde (siehe dort) seinen Ursprung hat. Dort wurde nämlich ein Bière de mars urkundlich zum ersten Mal im Jahre 1394 erwähnt. Daher darf man vielleicht spekulieren, dass das Bière de mars und das Bière de garde ähnliche Wurzeln haben. Wie das Bière de mars jedoch über die Jahrhunderte seinen Weg quer durch Frankreich von Arras nach Strasbourg fand, ist ein historisches Rätsel. Man kann nur vermuten, dass wandernde Brauerburschen während der mittelalterlichen Zunftzeit für diese Migration des Bierwissens verantwortlich waren. Ursprünglich war das Bière de mars wohl ein obergäriges Bier, welches vielleicht sogar mit einer gewissen Portion Weizenmalz hergestellt wurde; jedoch werden moderne Versionen dieses Bieres heutzutage nur untergärig und ohne Weizenmalz mit einem Alkoholgehalt von etwa 5,4 % bis 6,5 % gebraut.

### Bière de saison

Wie das französische Bière de garde (siehe dort) ist auch das belgische Bière de saison ursprünglich ein obergärig heimgebrautes Bauern- bzw. Landbier. Es stammt aus der südbelgischen, an Frankreich angrenzenden

Provinz Hainaut. Die Spezifikationen dieses Bieres sind ziemlich weit gestreut und es ist oft schwierig für den Verbraucher, die belgischen von den französischen Bauernbieren zu unterscheiden. Nach alter Tradition wurde das Bière de saison vornehmlich in der kühlen Jahreszeit gebraut und dann an den langen heißen Sommertagen den Bauernknechten während der Schwerarbeit auf den Feldern als Teilentgelt für ihr hartes Schuften ausgeschenkt. Ursprünglich hatte ein Bière de saison vielleicht 3 % bis 3,5 % Volumenalkohol, während heutige kommerzielle Versionen bis zu 9,5 % Volumenalkohol enthalten können.

Ein Bière de saison wird vorwiegend aus hellem Malz gebraut und hat manchmal einen leicht rötlichen bis kupfernen Farbaspekt. Das Bier ist normalerweise recht trocken im Abgang. Einige Interpretationen haben sogar einen Anflug von Pfirsich, Aprikosen und Brotkruste im Geschmack. Besonders internationale Craft-Brauer geben ihren Saisons gelegentlich wesentlich mehr Hopfen zu als es im Ursprungsland dieser Biersorte üblich ist; und sie reifen diese Biere dann gerne auch in alten Wein- oder Whiskeyfässern. Als Variation über das Saison-Thema schwören einige Brauer sogar auf die Zugabe von Gewürzen wie Anis, Kumin, Kümmel, Ingwer, weißem Pfeffer, Nelken, Paradieskörnern, Koriander oder Curaçao-Orangenschalen als kreative Geschmacksinnovationen. Für Stil-Puristen gehören diese Gewürze jedoch eher in ein Witbier bzw. Bière blanche (siehe dort) als in ein Bière de garde!

*Bière de spécialité belge*
Siehe Belgisch Spezialbier.

*Bière rouge flamande bzw. Rotbier, flämisch* Siehe Oud Bruin.

*Bilsenkrautbier* Die Pflanzengruppe der Bilsenkräuter (Hyoscyamus) gehören, genau wie Auberginen, Kartoffeln, Paprika, Tabak und Tomaten zu den Nachtschattengewächsen (Solanaceae). Bilsenkräuter enthalten ein auf das parasympathische Nervensystem wirkende Alkaloid, das sogenannte Solanin, welches ein natürliches Gift ist. Im Mittelalter wurden Bilsenkräuter primar als Heilpflanze angebaut und unter anderem für die Behandlung von Rheuma, Zahnschmerzen, Asthma, Husten und Magenschmerzen sowie als Beruhigungs- und Betäubungsmittel eingesetzt.

Zusätzlich benutzten Brauer in Mitteleuropa gelgentlich getrocknete Blätter des schwarzen Bilsenkrauts (Hyoscyamus niger) statt Hopfen als Bestandteil von Gruitmischungen in ihren Bieren (siehe Gruitbier), welche dann praktisch, je nach Dosierung, wie ein Rauschmittel Visionen und Halluzinationen bewirkten. Bei akuter Überdosierung kann es zur Dilatation der Pupillen, zu einem Delirium und sogar zu einem Koma mit möglicher Todesfolge kommen. Offenbar war Bilsenkraut als Bierwürzmittel besonders in Böhmen beliebt, wie man schon davon ablesen kann, dass der deutsche Name Pilsen für die böhmische Stadt Plzeň – wo das heutige Pilsner Bier (siehe dort) 1842 entwickelt wurde – vom Wortteil „Bilsen" in Bilsenkraut abgeleitet ist.

**Biobier** Eingentlich keine Sorte, sondern eine Bierkategorie, die primär durch die Art des Rohstoffanbaus und der Zertifizierung des Brauprozesses bestimmt wird. Die offizielle Deklarierung von Nahrungsmitteln als „biologisch" unterliegt in vielen Ländern und Handelsblöcken der Welt sehr strikten Vorschriften. Theoretisch kann jede Biersorte als Biobier gebraut werden, sofern sie ausschließlich und nachvollziehbar mit Rohstoffen aus der Bio-Landwirtschaft hergestellt wird. Biobier wird oft auch als Ökobier (oder auf Englisch als organic beer) bezeichnet.

**Bitter** Wie der Name schon andeutet, ist Bitter ein gut gehopftes, obergäriges, britisches Bier, welches ohne klassische englische Hopfensorten kaum vorstellbar ist. Die Traditionshopfen der Britischen Inseln geben britischen Ales ihren typischen, fruchtig-blumigen, fast vegetalen, manchmal an grünen Tee erinnernden Geschmack. Das archetypische Bier Englands ist natürlich das Pale Ale (siehe dort), welches gegen Ende des 18. Jahrhunderts in London und in Burton-upon-Trent in den englischen Midlands entwickelt wurde. Daraus entstand dann das sehr hopfenbittere India Pale Ale (IPA; siehe dort), welches damals für die britischen Kolonien im heutigen Indien, Pakistan, Bangladesch und Sri Lanka gebraut wurde. Man hatte schon damals empirisch erkannt, dass stark gehopfte Biere länger haltbar sind und daher für den langen Seeweg um den Südzipfel Afrikas oder Südamerikas mit zweimaliger Überquerung des Äquators am besten geeignet sind.

Um etwa 1830 fingen die englischen Brauer an, ihre bitteren Überseebiere auch daheim anzubieten, aber mit leicht reduzierter Bittere. Im Volksmund wurden diese neuen Ales schnell „Bitter" getauft. In der Praxis sind die Begriffe Pale Ale und Bitter jedoch heutzutage schwer auseinanderzuhalten. Beide Biere sind gold- bis kupferfarben, haben einen mittleren Körper und weisen im Abgang oft einen Anflug von buttrigem Karamellbonbon-Geschmack auf. Traditionell lieferten britische Brauer ihre Bitter-Biere in drei alkoholischen Stärkekategorien: Das normale Ordinary Bitter mit einem Alkoholgehalt (Volumen) von etwa 3 % bis 4,2 %; das Best Bitter mit etwa 4,2 % bis 4,8 %; und das Extra Special Bitter (ESB) mit etwa 4,8 % bis 5,8 %. Diese Alkoholintervalle sind jedoch nur ungefähre Richtlinien für die Namensgebung der Bitter-Varianten, denn sie wurden und werden kaum konsequent von allen Brauereien eingehalten. Echte Traditionalisten bevorzugen besonders fassgereifte, sogenannte cask-conditioned Bitters, welche mit einer Handpumpe, die man Beer Engine nennt, in den Pubs abgezapft werden. Da solche Fässer nicht unter Druck stehen, haben cask-conditioned Bitters nur sehr wenig Rezenz und werden praktisch ohne Schaumkrone eingeschenkt.

**Black Ale, American-Style** Amerikanische „schwarze" Ales bekommen ihre dunkle Farbe von einer guten Portion Röstmalz in der Maische. Zur „Entschärfung" der brenzligen Röstnoten enthält dieses Bier oft eine beachtliche Zugabe von süßem Karamellmalz sowie viel hocharomatischen Hopfen mit Noten von Zitrus, Fichte und Gewürzen. Der Alkoholgehalt liegt normalerweise bei 5 % bis 6 %.

**Black Beer** „Schwarzes Bier" ist ein älterer Begriff, der auf den Britischen Inseln gelegentlich als Synonym für importiertes Danziger Jopenbier verwendet wurde (siehe Jopenbier, Danziger).

**Black Belgian Stout** Siehe Stout.

**Black & Tan** Diese Spezialität von den britischen Inseln ist eine optisch attraktive Kombination von einem hellen und einem dunklem Ale im gleichen Glas. Diese Kombination ist auch unter dem Namen Half-and-Half bekannt. Dabei wird das Bier mit der größeren Dichte zuerst in die untere Hälfte des Glases eingeschenkt und das leichtere Bier wird dann sehr vorsichtig daraufgeschüttet, ohne dass sich die beiden Biere vermischen. Stattdessen formen die beiden Biere zwei separate, farblich abgehobene, optisch wirksame Schichten. Die klassische Kombination von Black & Tan besteht aus einem Pale Ale (siehe dort) in der unteren Hälfte des Glases und einem irischen Stout (siehe dort) in der oberen Hälfte. Um die Turbulenz beim Einschütten des zweiten Bieres zu verringern, wird es oft über die konvexe Seite eines Esslöffels geschüttet, wobei sich dann über dem kaskadierenden Bier eine hohe, attraktive Schaumkrone bildet. Echte Black & Tan Experten benutzen für diesen Trick einen soganannten Brolly. In der englischen Umgangssprache bedeutet Brolly soviel wie Regenschirm. Dieser Schirm ist ein kleines speziell für diesen Zweck hergestelltes, dreieckiges Basin mit drei Auslegern, die auf dem Glasrand ruhen. Ein Brolly hat einen perforierten Boden, durch den das zweite Bier beim Einschenken langsam auf das untere Bier tropfen kann.

**Black India Pale Ale (IPA)**
Siehe India Dark Ale.

**Blond Ale, amerikanisch** Dieses obergärige Bier besticht durch seine strohgelbe bis hellbernstein Farbe und wird daher auch oft Golden Ale genannt. Es ist meistens heller und weniger hopfenbetont als ein amerikanisches Pale Ale (siehe dort) und ist damit entfernt mit einem Kölsch vergleichbar. Es hat jedoch ausgesprochen amerikanische Akzente in der Hopfenwahl. Manche Brewpubs (Gasthausbrauereien) brauen ein Blond Ale als saisonale Sommerspezialität mit großer Süffigkeit (Drinkability). Es hat meistens einen Alkoholgehalt von etwa 4 % bis 5 %.

***Blonde van Vlaanderen*** Wörtlich: Ein Blondes aus Flandern, also ein belgisches Bière blonde (siehe dort). Manchmal wird dieses Bier auch mit einer Portion Hafer gebraut.

***Blueberry Ale*** Heidelbeeren Ale ist eine meist auf Pale Ale aufgebaute Biersorte, die besonders bei Craft-Brauereien entlang der Nordwestküste der Vereinigten Staaten sehr beliebt ist. Die Heidelbeere (Vaccinium myrtillus) gedeiht besonders gut in den Bundesstaaten Maine und Massachusetts. Auf Deutsch hat die Heidelbeere viele regionale Namen – darunter Bickbeere, Blaubeere (was die wörtliche Übersetzung des englischen Namens Blueberry ist), Heubeere, Mollbeere, Moosbeere, Schwarzbeere, Waldbeere, Wildbeere und Zeckbeere. Die Verwendung von Heidelbeeren in der Brauerei folgt den unter dem Stichwort Fruchtbier beschriebenen Verfahren (siehe dort). Heidelbeeren enthalten Anthocyan, eine Art Farbstoff, welcher das Bier rot bis blau färben kann. Zusätzlich werden Blueberry Ales oft mit einem Esslöffel frischer Heidelbeeren im Glas serviert.

***Bock bzw. Bockbier*** Bockbiere sind die klassischen Starkbiere Bayerns. Sie kommen in vielen Varianten vor – vom einfachen aus Gerstenmalz gebrauten untergärigen Bockbier bis zum aus mindestens 50 % Weizenmalz gebrauten obergärigen Weizendoppelbock. Traditionsgemäß – und grob verallgemeinert – hat ein Bockbier mindestens 6 % Volumenalkohol, ein Doppelbock bis zu 7 % und Spezialbockbiere sogar bis zu 14 %. Die mächtigsten Bockbiere gehören zu den malzigsten Bieren der Welt. Sie haben nur milde Hopfennoten und sind verführerisch weich. Dieser Abschnitt behandelt nur die untergärigen Gerstenbockbiere. Die obergärigen Weizenbockbiere werden unter dem Stichwort Weißbier abgehandelt.

Geschichtlich geht das bayerische Bockbier aus einem niedersächsischen, wahrscheinlich obergärig vergorenen Bier aus der Stadt Einbeck hervor. Dort wurde mindestens seit der Mitte des 14. Jahrhunderts ein helles Handelsstarkbier gebraut, welches auf den Koggen der Hanse in alle Ecken der damals bekannten Welt befördert wurde. Dr. Heinrich Knaust, der Autor des ersten, 1575 in Erfurt erschienenen Bierlexikons der Welt, beschreibt Einbecker Bier in seinem Werk, *Fünff Bücher. Von der Göttlichen vnd Edlen Gabe / der Philosophischen / hochthewren vnd wunderbaren*

*Kunst / Bier zu brawen.* Dort behauptet er: "Unter allen Sommer / leichten oder hopffigen Gersten Bieren hat diß Einbeckische Bier / den rhum un fürzug / Das dritte korn zu diesem Bier / ist Weizen / darum es auch / für anderen Gerstenbieren ein ausbundt ist / Und wird gar weit an fremde örter / zu Wasser und Lande geführt / von wegen seiner Tugendt."

Darf man davon ausgehen, dass das starke, teure und lange haltbare Einbecker Bier aus Gerstenmalz, Weizenmalz und rohen Weizen (dem „dritten Korn") bestand? Im Binnenhandel des damaligen Heiligen Römischen Reiches Deutscher Nation war Einbecker Bier ein bevorzugtes Bier, besonders der Adeligen, der reichen Bürger, der hohen Beamten und der erhabenen Geistlichen. So rollte es in schweren Bierwagen über die spätmittelalterlichen Landstraßen selbst bis nach Bayern, wo es zum Lieblingsgebräu der Wittelsbacher Fürsten wurde.

Im 16. Jahrhundert tranken nämlich die bayerischen Herzöge und ihre Höflinge so viel Einbecker Bier, dass dessen Import nach Bayern ein bedeutender negativer Posten in der Handels- und Zahlungsbilanz des Fürstentums wurde. Da gab es nur eine Lösung: Das Einbecker Bier selbst zu brauen. So überzeugte Herzog Maximillian I. im Jahre 1612 schließlich einen Einbecker Braumeister, Elias Pichler, in die herzoglichen Dienste einzutreten und ein Bier „nach Einbecker Art" in München zu brauen. Da Braumeister Plichler natürlich unter dem Zwang der bayerischen Bierzutatenregelung von 1516 und des Sommerbrauverbots von 1553 stand (für eine Erklärung siehe unter Stichwort Dunkel, bayerisch, sowie unter Lagerbier), konnte Pichler nur mit untergärigen Hefen und einer Maische ohne Weizen arbeiten. Das Ergebnis war daher eine dem heutigen Maibock ähnliche, untergärige Adaption des norddeutschen Originals. Pichler stellte den Münchnern das neue Bier zum ersten Mal 1614 vor. In der Münchner Mundart wurde dieser Nachbau des Einbecker Bieres bald zu „Aynpöckisch Pier", dann zu „ain pock" und schließlich zu „ein Bock". Als grammatisch sächliches Geschlecht hat „das" Bockbier nichts mit einem männlichen, sturen Bock aus der Schafs- oder Ziegenfamilie gemein, jedoch hat sich für die Untersorten von Bockbier – wie „der" Doppelbock, Eisbock oder Maibock – das männliche Geschlecht eingebürgert.

Historisch werden besonders die stärkeren Bockbiere oft mit Benediktiner Klosterbieren in Verbindung gebracht, denn bockähnliche Starkbiere wurden offenbar zuerst im 17. Jahrhundert von benediktinischen Paulaner Mönchen im Kloster Neudeck ob der Au in München gebraut. Verschiedene Quellen verweisen auf die Jahre 1630, 1651 oder 1670 als mögliche Daten. Der Paulaner Orden wurde von den Wittelsbachern im Jahre 1627 aus Italien nach München berufen, und kaum hatten sich die Mönche in ihrer neuen Heimat eingelebt, da fingen sie schon an, ihre Sudpfannen anzufeuern und Bier zu brauen. Besonders die Zeit um Februar und März – also die 40 Tage der Fastenzeit zwischen Aschermittwoch und Ostersonntag – muss in den kalten Klöstern Bayerns eine triste Geschichte gewesen sein, denn nach einem harten Tag von ora et labora (bete und arbeite) brauchten die redlichen Mönche unbedingt einen Trost für Leib und Seele. Jedoch erlaubte das Abstinenzgebot den Mönchen während des Fastens nur eine einzige sättigende Mahlzeit pro Tag, allerdings ohne Milch- und Fleischprodukte. Der Trost musste also flüssiger Natur sein, denn eine klösterliche Speiseregelung besagte, liquidum non frangit ieiunium (Flüssiges bricht nicht das Fasten). So entstanden die extra starken, mit unserem modernen Doppelbock vergleichbaren Biere, welche die Mönche als ihr flüssiges Brot bezeichneten.

Offenbar waren die frühen Klosterbiere so nahrhaft und schmackhaft, dass die strengen und enthaltsamen Paulaner – jedenfalls nach einer amüsanten Legende, die vielleicht nicht ganz wahr ist – ein schlechtes Gewissen ob ihres Luxus bekamen. Besonders während der Fastenzeit war solch ein weltlicher Biergenuss vielleicht ein kaum vertretbares Vergnügen, weshalb die Mönche beschlossen, ein Fass ihres starken Bieres nach Rom zu schicken, mit der Bitte, dass der Heilige Vater es doch gnädigst probiere und entscheide, ob man es zu jeder Jahreszeit auch ohne Gewissensbisse trinken dürfe. Während des langen Transports über die Alpen und entlang der sonnigen Reisewege Italiens litt das Bier natürlich gewaltig. Kein Wunder also, dass es verdorben in Rom ankam. Als der Papst endlich den viel gepriesenen Trunk aus München verkostete, fand er ihn widerlich und er fällte sofort seine Entscheidung: Die Mönche in München mögen so viel von diesem grässlichen Getränk einnehmen, wie immer sie wollen, denn wer freiwillig so etwas Abscheuliches hier auf Erden seinem Körper antut, dessen Seele wird bestimmt in den Himmel kommen. Damit gab er dem neuen, scheinbar fürchterlichen Klosterbier seinen Segen.

Ursprünglich brauten die Paulaner Mönche nur für den Eigenbedarf. Aber im Frühjahr 1780 gab Kurfürst Herzog Karl-Theodor von Bayern ihnen schließlich die offizielle Erlaubnis, ihr wärmendes „flüssiges Brot" auch der Öffentlichkeit (gegen guter Bezahlung natürlich) auszuschenken. Die Mönche gaben diesem ersten kommerziellen Doppelbock den Namen Salvator – Lateinisch für Retter. Dieses neue Bier wurde schnell so berühmt und erfolgreich, dass auch viele säkulare Brauereien in Bayern anfingen, ihren eigenen Salvator zu brauen. Jedoch gelang es den Paulanern, den Namen Salvator 1896 beim Reichspatentamt in Berlin als Markenbezeichnung eintragen zu lassen. Damit mussten sich die anderen Doppelbock-Brauer neue Namen für ihre Starkbiere einfallen lassen. In Anlehnung an den Salvator wählten sie daher oft Bezeichnungen, die auf „ator" endeten, wie Triumphator, Celebrator oder Maximator. Eine der berühmtesten

Doppelbock-Veranstaltungen ist das jährliche Paulaner Bierhallenfest um den Sankt Josephstag (19. März) auf dem Nockherberg in München. Dieses Fest gilt als der Auftakt für zwei Wochen offizielles Doppelbocktrinken. Es markiert damit den Anfang der „fünften Jahreszeit" in Bayern.

Heutzutage werden die ersten Bockbiere normalerweise kurz nach dem 1. Oktober – dem Neujahrstag im bayerischen Bierkalender – eingemaischt. Zu dem Zeitpunkt sind die Stühle und Tische in den Biergärten bereits zusammgeklappt und verstaut, die letzten „Humba"-Klänge der Oktoberfeste sind verschallt, die Tage werden kürzer, die Abende werden kühler und länger und die Brauer besinnen sich auf ihre Starkbiere, die eine lange Reifezeit benötigen. Im Spätherbst präsentieren sie dann in den Bierhallen und Bierkellern die ersten Bockbiere der Saison. Farblich variieren die malzig-aromatischen und nur milde gehopften Bockbiere, je nach verwendetem Malz, von sehr hell (besonders als Maibock) über dunkles Kupfer (besonders als Fastendoppelbock) bis zu sattem Bernstein und Mahagoni (besonders als Dunkelbock oder Weihnachtsbock). Mit fortschreitendem Winter werden die Bockbiere oft stärker und dunkler, nur um im nächsten Frühling als Maibock, also als Vorboten der warmen Jahreszeit, wieder heller zu werden. Hier sind die weltweit wichtigsten Bockbier-Varianten in alphabetischer Folge:

**Bockbier** Das untergärige, malzbetonte Basisstarkbier der Bayern hat etwa 6 % bis 8 % Volumenalkohol und wurde früher nur im Herbst und Winter gebraut. Es ist heute jedoch von vielen Brauereien ganzjährig erhältlich.

**Bock, amerikanisch bzw. texanisch**
Dieses Bier entstand im Jahre 1913, als Kosmos Spoetzl, ein deutschsprachiger Braumeister aus Tschechien, sich in der kleinen Stadt Shiner im zentralen Texas als Immigrant niederließ und dort eine Brauerei aufmachte. Natürlich wusste Herr Spoetzl, wie man Bockbiere braut, aber er fand in seiner neuen Heimat nicht die richtigen Zutaten. Statt bayerischem Hopfen benutzte er die kalifornische blumigwürzige Sorte Cluster; und in der Maische ersetzte er eine gute Portion Gerstenmalz mit Mais. Das Ergebnis nannte der Braumeister schließlich Shiner Bock. Es war tief bernsteinfarben, hatte nur etwa 5 % Volumenalkohol und war im Abgang leicht süßlich statt malzig.

**Doppelbock** Die meisten Doppelbockbiere sind etwa ein bis zwei Volumenprozente stärker als ein normales Bockbier. Mit 7 % bis 9 % Volumenalkohol sind sie also trotz des Namens nicht zweimal so stark. Jedoch gibt es besonders im Craft-Bier-Bereich auch Ausnahmen von Doppelbocks mit bis zu 15 % oder 16 % Alkohol.

**Dunkelbock** Dunkle Bockbiere werden wie normale Bockbiere, aber unter Zusatz von kleinen Mengen an Röstmalzen in der Maische gebraut. Jedoch soll das Bier keinen ausgeprägten Röstmalzcharakter haben. Stärkere Dunkelbocks werden auch gelegentlich als Dunkeldoppelbocks beschriftet. Der Körper dieses Bieres ist vollmundig und der Abgang ist kräftig und malzig, aber nicht zu süß.

**Einbecker (Ur-)Bock** Einbecker Bockbiere sind entweder moderne Rekonstruktionen des ursprünglichen, obergärigen Einbecker Biers aus dem 14. Jahrhundert, aus welchem das bayerische Bockbier Anfang des 17. Jahrhunderts entstanden ist, oder es ist ein heutiges, in der Stadt Einbeck gebrautes, untergäriges Starkbier.

**Eisbock** Ein Doppelbock wird zu einem Eisbock, indem man die Temperatur des Bieres im Tank nach der Gärung unter den Gefrierpunkt senkt. Da Wasser bei 0 °C friert, Alkohol aber erst bei -114 °C, bilden sich im Gärbehälter Eiskristalle. Das fängt etwa ab -4 °C an. Je niedriger die Temperatur, umso schneller und intensiver wird der Doppelbock ausgefroren. Zieht man dann den noch flüssigen Inhalt von den gefrorenen Partikeln ab, erhöht sich die Konzentration des Alkohols auf etwa 10 % bis 12 %. Beim Frieren wird nicht nur Wasser zu Eis, sondern es werden auch die aus den Gerstenspelzen stammenden Tannine und Eiweißstoffe sowie die aus dem Hopfen stammenden harzigen Bitterstoffe ausgeschlagen. Diese setzen sich dann auf dem Behälterboden oder an den Eiskristallen ab.

Der Konzentrationseffekt des Ausfrierens ist ähnlich wie beim Brennen, nur dass beim Brennen viel mehr Geschmackselemente in den nicht verwertbaren Rückständen zurückbleiben, wohingegen beim Ausfrieren mehr von diesen im abgezogenen Konzentrat – also im verwertbaren Bier – erhalten bleiben. Beim Ausfrieren werden Malzaromen stärker und die Farbe vertieft sich. Deshalb schmeckt ein Eisbock besonders sanft, weich und malzig – fast wie ein flüssiges Malzbonbon. Aufgrund seiner Mächtigkeit wird ein Einbock am besten in kleinen Portionen in Cognacgläsern serviert. Damit kann man auch das an Bourbon erinnernde Bouquet am besten wahrnehmen. Am Gaumen besticht ein komplexer Eisbock mit Noten von Rosinen, Melasse, karamellisiertem Zucker, Toffee, Pflaumen und Datteln.

Es ist unklar, wann und wo der erste Eisbock hergestellt wurde. Der Legende nach soll es aber um 1890 in Kulmbach passiert sein. An einem eiskalten Winterabend war ein Brauerbursche offenbar nach einem langen Arbeitstag zu müde, um einige Fässer starken Bockbiers vom Brauereihof in die Brauerei zu rollen, wie es ihm der Braumeister aufgetragen hatte. In der Nacht sank jedoch das Thermometer so tief unter den Nullpunkt, dass das Bockbier zu Eis erstarrte und die Fässer sprengte. Als die Brauer sich am nächsten Morgen wieder zur Arbeit einfanden, schien es, als ob der ganze Vorrat von Bockbier wegen des Ungehorsams des Brauerburschen verdorben war.

Als der Braumeister die eisigen Fässer näher inspizierte, merkte er jedoch, dass sich im Zentrum eines jeden Fasses in einem kleinen, nicht gefrorenen Hohlraum eine braune Flüssigkeit angesammelt hatte. Dem Braumeister kam offenbar nicht die Einsicht, dass der Alkohol mit sinkender Temperatur allmählich von den Fasswänden aus nach innen wanderte. Der Braumeister gebot dem Knaben daraufhin als Strafe für seine Schlamperei, die scheußlichen, braunen Pfützen im Fassinnern auszutrinken. Bangend tat der Junge den ersten Schluck, aber dann mit offenkundigerer Freude viele weitere! Schließlich ließ der Brauknecht auch die anderen an seiner „Strafe" teilhaben ... und so wurde der Legende nach der Eisbock erfunden.

**Fastenbock** Ein für die Fastenzeit gebrauter Doppelbock. Der Paulaner Salvator ist das historische Model für alle Fastenbockbiere.

**Festbier** Einige Brauereien bringen in der Winterzeit – oft zum Jahreswechsel – ein meist dunkles Starkbier von Bockbier- oder Doppelbock-Stärke heraus, welches sie auf dem Etikett als Festbier ausgeben. Brautechnisch sind solche Biere besonders in Bayern oft Dunkelbocks oder Dunkeldoppelbocks, weshalb sie manchmal eher einem superstarken Schwarzbier (siehe dort) als einem durchschnittlichen Bockbier gleichen.

**Frühlingsbock** Ein anderer Name für Maibock.

**G'frornes** Im fränkischen Dialekt wird ein Gefrorenes zu G'frornes. Es ist damit ein anderer Name für Eisbock.

**Heller Bock/Helles Bock** Ein anderer Name für Maibock.

**Maibock** Diese helle Bockbierversion wird oft auch als Heller oder Helles Bock oder als Frühlingsbock bezeichnet. Der Maibock hat normalerweise, ähnlich wie ein im Herbst gebrautes Bockbier, einen Alkoholgehalt von etwa 6 % bis 8,5 %. Damit füllt er in Bayern die zeitliche Lücke zwischen den Doppelbock-Starkbieren der Fastenzeit und den Biergarten-Vollbieren der Sommerzeit.

**Triple Bock** Ein von der Boston Beer Company (Samuel Adams) 1994 in den USA kreierter Begriff für superstarke Bockbiere. Das erste Triple Bock hatte 17,5 % Volumenalkohol. Ein Teil der vergärbaren Kohlenhydrate kam aus Ahornsirup. Der 1999 herausgebrachte Triple Bock Samuel Adams Millennium hatte 21 % Alkohol. Die Boston Beer Company erhebt auch den Anspruch, das stärkste Bockbier der Welt zu brauen. Ihr seit 2002 gebrautes Samuel Adams Utopias wird über eine extrem lange Reifezeit mit verschiedenen Hefen vergoren und dabei in mehreren Etappen mit zuckerhaltigem Ahornsirup geimpft. Der Endvergärungsgrad von Utopias schwankt von einem Sud zum anderen, hat aber immer um die 25 % Volumenalkohol.

**Urbock, Ur-Bock** „Ur" bedeutet natürlich „original". Der Begriff kann mit oder ohne Bindestrich geschrieben werden. Brauer taufen Bockbiere mit „Ur", entweder um ihre Verwurzelung in der Tradition anzupreisen oder um auf einen höheren Alkoholgehalt hinzuweisen.

**Weihnachtsbock** Ähnlich wie das Festbier (siehe oben) ist der Weihnachtsbock eine saisonale Spezialität, die meist wie ein Dunkelbock mit dunklen oder gerösteten Malzen hergestellt wird.

**Winterbock** Oft ein anderer Name für einen Doppelbock.

**Bock, amerikanisch bzw. texanisch** Siehe Bock bzw. Bockbier.

*Böhmisches Pilsner* Siehe Pils, Pilsner, Pilsener.

*Bousa* Siehe Afrikanisches Bier, traditionell.

*Braggot* Braggot ist ein uraltes obergäriges Starkbier mit Wurzeln besonders in Schottland. Ein antiker Vorgänger dieses Bieres existierte scheinbar schon zur Zeit der alten Römer, als Julius Caesar 54 v. Chr. die britischen Inseln besetzte. Man weiß natürlich nicht genau, wie das Bier damals aussah oder wie es schmeckte, aber es gibt doch einige Anhaltspunkte. Es wurde wohl ursprünglich als Mehrkornbier mit Honig zur Geschmacksabrundung und Erhöhung des Alkoholgehalts vergoren und mit lilafarbenen Heidekrautblüten gewürzt. Hopfen war zu dieser Zeit noch nicht bekannt. Die Blüten stammen von der immergrünen Heidepflanze Calluna vulgaris, die besonders gut in den Torfmooren der schottischen Highlands wächst. Offenbar geriet Braggot um etwa 1000 n. Chr., also ungefähr zu der Zeit, als die Wikinger Schottland eroberten, mehr oder weniger in Vergessenheit. Das ist ein logischer Schluss, denn in den uns aus der Folgezeit überlieferten Dokumenten werden mit ganz wenigen Ausnahmen fast ausschließlich englische Ales – also obergärige, auf purer Getreidebasis gebraute Biere ohne Honig oder Heidekraut als Geschmackszugaben – erwähnt.

Der Ursprung des Namen Braggot ist sehr umstritten. Es ist möglich, dass das Wort aus dem Alt-Walisischen stammt, wo Malz Brag heißt und Got eine Bienenwabe ist. Dem halten die Iren entgegen, dass sie schon seit ewiger Zeit ein Ale gebraut haben, welches sie Brogoit oder ähnlich nennen. So behauptet jedenfalls Edward Randolph Emerson in seinem Buch *Beverages Past and Present, Volume 2* (New York, London 1908): „These old-time people [die Iren im frühen Mittelalter] used to make another ale which bore the name of brocoit, bracaut, and brogoit... It differed from the ordinary ale of the times inasmuch as it contained a certain quantity of honey."

Demgegenüber behauptet John Bickerdyke in *The Curiosities of Ale and Beer* (London 1889), dass Braggot zwar walisischen Ursprungs sei, aber der Name Braga von einem der in der Edda erwähnten Götter abgeleitet ist. In Bickerdykes gestelztem Englisch: „We have been at no little trouble to discover the nature of the drink called bragot, bragawd, &co, and have come to the conclusion that the composition of the beverages bearing those names veried considerably. To define Bragot with any degree of preciseness would be as difficult as to give an accurate definition of ‚soup'."

Aufgrund des Mangels an exakten alten Quellen sind alle modernen Braggot-Rezepturen notgedrungen eher phantasievolle Kreationen statt empirisch belegt. Heutzutage haben besonders die Craft-Brauer in der Neuen Welt dieses mythische Honigbier schottischen, walisischen oder irischen Ursprungs aufgegriffen und würzen es ganz anachronistisch meistens mit Hopfen statt mit Blüten von Calluna vulgaris. Über die Maischezusammensetzung eines alten Braggots können wir nur spekulieren, aber Gerstenmalz war wahrscheinlich der Hauptbestandteil – vielleicht neben einer Portion Hafer und Weizen. Besonders Hafer gibt einem Bier immer einen cremigen Körper, der gut zum Honiggeschmack passt. Möglicherweise hatte ein altes Barggot auch einen leichten Torfrauchgeschmack, da Torf – wie auch heute noch bei traditionsbewussten schottischen Whiskeyproduzenten – das bevorzugte Brennmaterial in direkt-befeuerten Malzdarren war. Die vielleicht älteste überlieferte Rezeptur für die Herstellung von Braggot stammt aus einem Manuskript aus dem 14. Jahrhundert, welches Thomas Wright in seinem *Dictionary of obsolete and provincial English* (London 1857) auf Alt-Englisch zitiert. „Take x galons of ale iij potell of fyne worte, and iij quarties of hony, and put thereto canell (Zimt) oz: iiij, peper schort or long oz: iij, galingale (Gagelstrauch) oz: 1, and clows (Gewürznelken) oz i, and gingiver (Ingwer) oz ij." Mit anderen Worten, dieses Rezept ist für ein Braggot, welches aus 10 Gallonen (etwa 46 Liter) fertigem, obergärigem Bier, 3 Potels (etwa 7 Liter) frischer Bierwürze, 3 Quarts (etwa 3,5 Liter) Honig, sowie einem Gewürz- und Kräutergemisch gebraut wird.

***Braunbier, deutsch*** Ein tief dunkles, nur gering gehopftes, niedrig vergorenes, obergäriges Bier, welches in früheren Zeiten als sogenanntes Frischbier von Brauereien direkt in Eimern, Kannen und anderen Gefäßen literweise an Kunden verkauft wurde. Vielfach füllten die Verbraucher dieses Bier selbst daheim in Flaschen ab und ließen es noch ein oder zwei Tage reifen. Diese Biere wurden oft aus Nachgüssen hergestellt und mit Zucker versetzt (siehe auch Dünnbier). Gelegentlich wurden solche Nachgussbiere auch als Kofent bezeichnet, ein Begriff, der an die klösterlichen Conventus-Biere aus dem Mittelalter erinnert (siehe Abteibier).

***Braunes Ale, belgisch***
Siehe Oud Bruin.

***Braunes Porter*** Siehe Porter.

***Braunschweiger Mumme***
Siehe Mumme, Braunschweiger

***Bremer Bier*** Zur Blütezeit der Hanse (siehe auch Hanse Bier), etwa zwischen der Mitte des 14. und dem Ende des 16. Jahrhunderts, war Bremen neben Hamburg (siehe Hamburger Bier) eines der wichtigsten Brauzentren Europas. Das Bremer Bier war eine Art Weizenbier, welches in den Koggen der Hanse in die damals bekannte Welt befördert wurde. Natürlich war das damalige Bremer Bier etwas ganz anders als das Pils, wofür Bremen heute berühmt ist. Der Autor eines Bierlexikons aus dem Jahre 1575, Dr. Heinrich Knaust beschreibt Bremer Bier in seinen *Fünff Bücher. Von der Göttlichen und Edlen Gabe / der Philosophischen / hochthewren und wunderbaren Kunst /* Bier zu brawen wie folgt: „Das Bremische Weitzen / oder Weiß Bier / ist auch eine wolgeschmack und gesunde Bier / das wol nutriert / und alteriert / auch nicht zu straffen stehet / obs gleich kein Hamburger Bier ist / Den eine jede Stad / hat ihre gaben für sich von Gott / wie es der Herr einem jeden ort verordnet / verhenget / und gegönnet hat …"

***Breslauer Bier*** Siehe Schöps, Breslauer.

***Brotbier, antik*** Wir wissen aus Keilschriftfragmenten, Wandmalereien und anderen archäologischen Funden, dass schon seit der Antike einige Zivilisationen das Bierbrauen und Brotbacken als wichtigste Methoden praktiziert haben, um Getreide nach der Ernte haltbar zu machen. So buken die ersten Brauer der Welt, die Sumerer, im Zweistromland zwischen Euphrat und Tigris in der Jungsteinzeit für ihre Vorratshaltung eine Art harten, trockenen Zwieback – Bapir genannt – mit dem sie ihr Getreide vor Schimmelbefall und anderen Fäulniserregern bewaren konnten. Gleichzeitig brauten sie auch viel „flüssiges Brot", also Bier, welches aufgrund seines Alkoholgehalts das Getreide ebenfalls indirekt lagerfähig machte (siehe Sumerisches Bier). Die alten Ägypter entlang des Nils entwickelten sich in der Pharaonenzeit ebenfalls zu Meistern sowohl der Back- als auch der Braukunst (siehe Ägyptisches Bier, antik).

Moderne Menschen haben natürlich kein Problem, zu akzeptieren, dass die Sumerer und Ägypter bereits Brot und Bier aus Getreide herstellen konnten. Nur ruft es bei uns, die wir heute ein wissenschaftliches Verständnis der dabei ins Spiel kommenden mikrobiologischen und biochemischen Prozesse haben, eine gewisse Bewunderung hervor, dass diese frühen Kulturen bereits damals die kniffligen Tricks des Backens und Brauens ausgetüftelt haben. Jedoch konfrontieren uns einige Quellen mit einem Rätsel: Diese frühen Zivilisationen haben nicht nur Getreide in Brot und Bier verwandelt, sondern auch Brot in Bier! Ein oft zitierter Beweis für diese Praxis ist eine Schrift des griechischen Alchemisten und Historikers Zosimos aus Panopolis, der im 4. Jahrhundert n. Chr. in Alexandrien lehrte.

Zosimos erklärt uns den alt-ägyptischen Brotbier-Brauvorgang wie folgt: „Werfe eingeweichte Gerste in ein Gefäß mit Löchern ... Lasse es trocknen bis es ein Klumpen ist ... zerkleinere den Klumpen und forme Laibe, zu denen ein Gärmittel [wohl Sauerteig] gegeben wird ... Backe die Laibe teilweise und wenn sie leicht werden, löse sie in frischem Wasser auf und seihe sie ab ... Andere [Brauer] werfen die Laibe in ein Gefäß mit Wasser und kochen sie ... und seihen sie ab. Und nachdem diese abgeseiht sind, erwärme man [die Flüssigkeit] und stelle sie beseite." Dieser hier auf Deutsch wiedergegebene Passus stammt aus einer englischen Übersetzung von Zosimos Schriften aus dem Jahre 2001, die man in einem Buch von R. I. Curtis, *Ancient Food Technology*, finden kann. Moderne Brauer wissen, dass feuchte Getreidekörner „in einem durchlöcherten Gefäß" anfangen zu keimen, und dass während der Keimung Getreideenzyme aktiviert werden, welche die im Getreide vorhandene Stärke in Zucker umzuwandeln, die dann später von der Hefe in Alkohol vergoren wird. Der getrocknete „Klumpen" enthält also bereits etwas Zucker. Die gleiche Umwandlung von Getreidestärke in Zucker geschieht im heutigen Brauprozess beim Mälzen und Maischen. Wird dann aus dem Klumpen Brot gebacken, so werden alle im Getreide vorhandenen Enzyme von der Backhitze zerstört und der Umwandlungsprozess stoppt. Die darauf folgende „Brotmaische" und deren Abläutern resultiert damit in eine Flüssigkeit, in der sowohl vergärbarer Zucker als auch unvergärbare Stärke gelöst sind. Es ist nicht klar, wieviel Alkohol die antiken Brauer aus einer solchen „Würze" erhalten konnten. Da Zosimos seine Aufzeichnungen einige hundert Jahre nach dem Ende des antiken Brauens in Ägypten schrieb, darf man vielleicht spekulieren, dass er einige Schritte im Prozess übersehen hat. Zum Beispiel ist es denkbar, dass einige Brotbierbrauer – ob sie nun mit gebackenen Laiben oder mit zwiebackähnlichem Bapir arbeiteten – der vom Brotbrei abgezogenen, stärkehaltigen Flüssigkeit eine bestimmte Menge gewichtes und keimendes Getreide zufügten, dessen Enzyme die gelöste Reststärke attackieren konnten und damit über die Hefe den Alkoholgehalt des Endproduktes erhöhten.

Die Methode, gebackenes Brot als Rohstoff für Bier zu verwenden, wird heute nur noch selten praktiziert. Es gibt nur wenige Braukulturen, in denen sich Brotbier bis an den heutigen Tag gehalten hat. Diese finden wir in einigen Ländern Mittel- und

Osteuropas, besonders in Russland, Polen und der Ukraine, aber auch im Baltikum und im Kaukasus. Dort existiert nämlich selbst heute noch ein vergorenes Brotgetränk mit dem Namen Kwass (siehe dort), welches oft aus schalem Roggenbrot hergestellt wird.

### *Brown Ale, amerikanisch*

Als Biersorte stammt das obergärige Brown Ale ursprünglich von den Britischen Inseln (siehe Brown Ale, nordenglisch und südenglisch). Die amerikanisierten Varianten des britischen Originals entstanden erst gegen Ende des vorigen Jahrhunderts, als amerikanische Craft-Brauer anfingen, mehr und mehr Hopfensorten aus den pazifischen Nordwest-Staaten Washington, Idaho und Oregon in immer größeren Mengen in ihre Sude zu geben. Typischerweise sind die meisten amerikanischen Brown Ales recht malzig und haben einem angenehmen Karamellgeschmack sowie einem leichten Anflug von Schokoladen- und Röstnoten. In diesem Bier finden praktisch alle amerikanischen Hopfensorten – besonders die mit Noten von Zitrus oder Fichtennadeln – in unendlichen Kombinationen Verwendung. Der Alkoholgehalt in diesem Bier ist oft etwa 5 %.

### *Brown Ale, nordenglisch*

Die vielleicht bekannteste Interpretation dieser traditionellen Biersorte aus dem nördlichen England ist das Newcastle Brown Ale. Newcastle upon Tyne hat eine ruhmreiche industrielle Vergangenheit, nicht nur als Brauzentrum, sondern auch als Englands nordöstliche Hafenstadt, Holzverarbeitungszentrum und Kohlebergbaugebiet. Deshalb ist das Northern English Brown Ale auch als Arbeiterbier bekannt. Traditionell war dieses Ale ein Verschnitt aus zwei Bieren. Etwa ein Drittel des Verschnitts bestand aus einem mehrere Wochen lang gelagerten Strong Ale (siehe Old Ale) mit einem hohen Stammwürzegehalt. Die restlichen zwei Drittel bestanden aus einem identischen, aber „small" Ale mit einem niedrigen Stammwürzegehalt, welches nur etwa eine Woche lang gelagert wurde.

Das daraus resultierende Gemisch überzeugt durch einen vollmundigen Malzgeschmack mit nussigen, karamell- und biskuitartigen Noten, weshalb das Bier oft auch als Nut Brown Ale bezeichnet wird. Ähnlich wie die Brown Ales aus dem Süden Englands (siehe Brown Ale, südenglisch) können diese nördlichen Ales farblich von dunkelbernstein über kupfer-rötlich und rötlich-braun bis Mahagoni variieren. Die nördlichen Versionen dieses Biertyps sind normalerweise etwas stärker im Alkohol als die südlichen. Auch sind sie heller im Aussehen und haben weniger Restsüße im Abgang. Stattdessen haben sie leichte Schokoladennoten und einen ganz winzigen Hauch von brenzligem Röstgeschmack.

Der braune Aspekt des Brown Ale kommt ursprünglich vom klassischen englischen

Brown Malt, welches in Darren getrocknet wurde, die mit offenen Holz-, Kohle- oder Koksfeuern beheizt wurden. Diese Darren konnten praktisch nur eine einzige Art von unhomogenem Malz – eben mit der Durchschnittsfarbe Braun – erzeugen, welches aus einer variablen Mischung von teilweise untergedarrten bis zu teilweise fast gerösteten Malzkörnern bestand und zusätzlich leicht rauchig war. Helles Malz gab es nicht oder es war ein teures, luftgetrocknetes, sogenanntes Windmalz bzw. Welkmalz, was nur selten verfügbar war.

Erst mit der Einführung der pneumatischen Malztechnologie in der Mitte des 19. Jahrhunderts war es möglich, Malze durch indirekte Darrenbeheizung homogen herzustellen und damit die Malz- und Bierfarbe von ganz hell bis ganz dunkel gezielt zu steuern. Seitdem wird Brown Ale aus einer Mischung verschiedener, homogener Malze mit unterschiedlichen Farben hergestellt. Das klassische Hopfenprofil eines nordenglischen Brown Ale ist eher bitter- als aromabetont und gibt sich sehr „englisch", d. h. es wird vollkommen von den fruchtig-blumigen britischen Traditionshopfen geprägt. Eine sauber arbeitende englische Ale-Hefe trägt zum süffigen Charakter dieses Bieres bei. Der Alkoholgehalt liegt bei etwa 5 %.

## *Brown Ale, südenglisch*

Die malzigen Geschmackskomponenten von Brotkruste, Biskuit und sattem, geröstetem Karamell geben dem südenglischen Brown Ale – wie auch vielen anderen braunen Bieren – einen gewissen urweltlichen Reiz. Sie erinnern uns dumpf an unsere kulinarischen Erfahrungen aus einer Zeit der Menschheitsgeschichte, als wir uns noch zu unseren Mahlzeiten um rauchige Lagerfeuer versammelten, um gemeinsam Brot zu backen und Fleisch zu rösten. Der Geschmack von gedarrtem Malz, welcher im relativ warm-vergorenen obergärigen Brown Ale so dominant ist, übt eine fast instinktive Anziehungskraft auf uns aus. Damit stellt das süffige, aromatische, südenglische Braunbier in gewisser Hinsicht den Archetyp dessen dar, was wir heute als Drinkability bezeichnen.

Ursprünglich entstand das englische Brown Ale in der Hauptstadt London. Es hat seine Wurzeln im Mittelalter, als Malz noch ausschließlich in direkt mit Holz, Stroh, Torf, Holzkohle oder Kohle befeuerten Darren getrocknet wurde (siehe auch Brown Ale, nordenglisch). Die charakteristischen Geschmacksschwerpunkte dieses Bieres sind ein mittlerer Körper; malzdominante Karamell- bis Toffeenoten vom Antrunk bis zum Abgang; leichte, dunkle Fruchtnoten; buttrige Hintergrundnoten sowie eine wahrnehmbare, aber nicht brenzlig-kratzige Röstkomponente. Genau wie beim nordenglischen Brown Ale passen zu diesem Bier englische, fruchtig-aromatische Traditionshopfensorten. Der Alkoholgehalt des südenglischen Brown Ale ist normalerweise nur gering über 4 %.

Brown Ale spielte wohl rein zufällig eine

bedeutende Rolle in der amerkanischen Geschichte, denn diese Biersorte war höchstwahrscheinlich das Getränk der Pilger an Bord der Mayflower, die 1620 vor einem Küstenstrich, welcher heute Plymouth im Bundesstaat Massachusetts heißt, vor Anker ging. Das ursprüngliche Ziel der Pilger war allerdings weiter südlich im heutigen New York. Aber eine immer dringender werdende Knappheit an Ale zwang die Pilger früher als beabsichtigt an Land zu gehen. So steht es jedenfalls im Logbuch der Mayflower, welches 1622 unter dem Titel *Mourt's Relation: A Journal of the Pilgrims at Plymouth* in London erschein. „So in the morning … we came to this resolution: to go presently ashore … our victuals being much spent, especially our beer …" Kurz nach ihrem Eintreffen in Massachusetts verfassten die Kolonisten den sogannten Mayflower Copact, ein Dokument, welches heute als Grundstein der amerikanischen Verfassung gilt. Hätte die Mayflower mehr Fässer mit Brown Ale an Bord gehabt, wäre die Geschichte Amerikas bestimmt anders verlaufen … und es gäbe gewiss nicht den heutigen Brauch des Thanksgiving-Gelages mit Truthahn und Kürbistorte!

**Brown Porter** Siehe Porter, London.

**Broyhan Alt** Siehe Broyhan Bier

**Broyhan Bier** Dieses heute fast vergessene obergärige Bier aus Hannover war zu seiner Blütezeit im 16. Jahrhundert eines der bekanntesten und meistgetrunkenen Biere der Welt, denn es war eines der Handelsbiere, die die Hanse damals in alle Welt verfrachtete. Das Bier hat seinen Namen von seinem „Erfinder", Cord Broyhan, der dieses Bier offenbar zum ersten Mal am 31. Mai 1526 einmaischte. Cord wuchs in Stöcken (heute ein Stadtbezirk von Hannover) auf und absolvierte als junger Brauknecht eine Lehre in der Hansestadt Hamburg, deren 531 Brauereien (Zählung von 1526) für ihre dunkelbraunen Weizenbiere berühmt waren. Damals arbeitete fast die Hälfte der Hamburger Bevölkerung im Brauwesen. Nach Abschluss seiner Lehre zog es Cord 1524 wieder in seine Heimat zurück, wo er im Brauhaus eines Hans vom Sode an der Leinstraße bald eine Anstellung fand. Zunächst braute er dort das dunkelbraune Hamburger Bier, aber aus einem uns nicht bekannten Grunde wandelte er dieses Bier zwei Jahre später in ein ganz neuartiges, sehr hellbraunes Bier um, welches schon bald seinen Namen tragen sollte.

Braumeister Broyhans Bier wurde in seiner Heimatstadt schnell so berühmt, dass es 1546 schon genug Hannoveraner Broyhan-Brauer gab, um eine Broyhan-Brauergilde zu bilden. Das Gütezeichen und die Steuermarke dieser Gilde war ein kupferner „Broyhan-Taler", dessen

Motiv – vielleicht ironischerweise – ein roter Hahn war. Im Jahre 1609 erkannte der Stadtrat von Hannover diese Brauergilde als eigenständige Rechtsperson mit rund 320 brauberechtigten Mitgliedern an. Nach den Wirren der vielen Kriege im 17. Jahrhundert blieben davon im Jahre 1745 jedoch nur etwa 105 Brauberechtigte übrig. Diese Gildemitglieder bildeten in dem Jahr eine Sozietät und errichteten ein neues Gemeinschaftsbrauhaus, in dem bis 1919 Broyhan Bier gebraut wurde. Die Sozietät war der Anfang der heute noch bestehenden Gilde Brauerei in Hannover, deren Logo noch immer der Broyhan Taler ist. Im frühen 20. Jahrhundert wurden einige Broyhan Biere auch unter den Namen Hannover Alt bzw. Broyhan Alt vermarktet.

Die genaue Zusammensetzung des Broyhan-Bieres ist in der Literatur trotz seiner Jahrhundertelangen Bedeutung überraschend umstritten. Eine der ausführlichsten, aber nicht unbedingt autoritativsten Rezepturquellen ist Sigismund Friedrich Hermbstädt, seines Zeichens „Berliner Akademieprofessor, Königlisch Preußischer Geheimer Medizinalrath und Ritter des rothen Adlerordens." Er beschreibt Brohan Bier in einem Buch mit dem extrem langen Titel *Chemische Grundsätze der Kunst Bier zu Brauen; oder Anleitung zur theoretisch-praktischen Kenntniß und rationellen Beurtheilung der neuesten und wichtigsten Entdeckungen und Verbesserungen in der Bierbrauerei, nebst Anweisungen zur praktischen Darstellung der wichtigsten in England und Deutschland gebräuchlichen Biere und einiger ganz neuer Arten derselben.* Daraus können wir entnehmen, dass das obergärige Broyhan-Bier eine sehr helle, an weißen Wein erinnernde Farbe, einen weinartigen Geruch und einen süß-säuerlichen Geschmack hatte.

Das Bier war offenbar nur milde gehopft und hatte einen niedrigen Alkoholgehalt. Zusätzlich erfahren wir von unserem Berliner Akademieprofessor, dass sich der Broyhan von „anderen Weißbieren" – damit meint Hermbstädt wohl die fast ungehopfte Berliner Weiße – hauptsächlich dadurch unterscheidet, „daß er von reinem Gerstenmalz ohne Zusatz von Weizenmalz; und [mit Zusatz] von Hopfen gebraut ist." Es ist wohl richtig, dass der Broyhan stärker gehopft war als eine Berliner Weiße (siehe dort), jedoch irrt sich der Professor wahrscheinlich in Bezug auf das Weizenmalz, denn es gibt mehrere Quellen, nach denen der aus dem Hamburger Weizenbier des 16. Jahrhunderts abgeleitete Broyhan auch mit einer Portion Weizenmalz (vielleicht bis zu einem Drittel der Gesamtschüttung?) eingemaischt wurde. Über fast drei Jahrhunderte war Broyhan-Bier eines der populärsten Biere Deutschlands, aber es verschwand fast ganz von der Bildfläche im 19. Jahrhndert, als die meisten deutschen Verbraucher anfingen, ihre obergärigen Biere durch süffige helle untergärige Gerstenbiere wie Pilsner, Helles und Dortmunder Export (siehe alle dort) zu ersetzen.

**Brummbär** Ein Stout-Cola- oder Porter-Cola-Biermischgetränk.

**Buchweizenbier** Ein Bier, dessen Maische neben Getreidemalz aus Gerste, Weizen oder Dinkel auch aus einer gewissen Portion von rohem oder gemälztem Buchweizen besteht. Biologisch ist Buchweizen (Fagopyrum) trotz seines Namens kein Getreide. Er gehört zur Familie der Knöterichpflanzen (Polygonaceae), wohingegen alle Getreide zur Familie der Gräser (Gramineae) gehören. Der ursprünglich aus Asien stammende Buchweizen hat kleine, weißgraue, dreieckige, leicht nussig schmeckende Früchte, die Achenen genannt werden. Buchweizenachenen sind sehr eiweißhaltig und bestehen genau wie Gerste zum größten Teil aus Stärke. Anders als die meisten Getreide ist Buchweizen jedoch vollkommen glutenfrei, eine Eigenschaft die er u. a. mit Amaranth, Hirse und Quinoa teilt. Daher spielt Buchweizen eine wichtige Rolle in der Ernährung von Menschen, die unter Zöliakie leiden (siehe auch Glutenfreies Bier).

Der Anteil von Buchweizen an einer Biermaische ist selten mehr als die Hälfte. Obwohl Buchenweizen selbst Enzyme besitzt, die Stärke in vergärbaren Zucker umwandeln können, sind diese allein selten ausreichend, um die gesamte Buchweizenstärke abzubauen. Da jedoch die meisten hellen Getreidemalze Enzyme im Überschuss besitzen, hat eine Mischmaische aus Getreidemalz und Buchweizen normalerweise eine ausreichende Menge an stärkelösenden Enzymen, um der Hefe eine Würze mit genügend vergärbarem Zucker zuzuführen. Für reine Buchweizenbiere – also ohne Getreidemalz – werden daher industriell hergestellte Enzympräparate in der Maische benutzt.

**Busa** Siehe Afrikanisches Bier, traditionell.

***California Common*** Dieses Bier ist eine der wenigen Biersorten, die ihren Ursprung in den Vereinigten Staaten haben – abgesehen natürlich von der Vielzahl moderner, innovativer Craft-Biere aus den letzten Jahrzehnten. Andere Traditionsbiere der Neuen Welt sind das Cream Ale, das Kentucky Common, das Pennsylvania Swankey und das Pre-Prohibition Lager (siehe alle dort) sowie die texanische Adaption eines deutschen Bockbieres (siehe Bock). Früher wurde das California Common auch als Steam® Beer (Dampfbier) bezeichnet, jedoch dürfen Brauereien heute diesen Namen nicht mehr benutzen, da die Brauerei Anchor Brewing aus San Francisco diese Bezeichnung als eingetragenes Warenzeichen für sich reserviert hat. Stattdessen nennen einige Brauereien dieses Bier auch California Lager oder California-Style Lager. Es gibt verschiedene Theorien, wie das Bier auf den Namen Steam kam. Die amerikanischen Bierexperten Robert Wahl und Max Henius bieten in ihrem klassischen Buch von 1901, *American Handy Book of the Brewing, Malting and Auxiliary Trades,* folgene Theorie an: „It is called steam on account of its high effervescing and the amount of pressure („steam") it has in the packages." Mit anderen Worten, es hatte „Dampf", da es unter hohem Druck mit viel Kohlensäure abgefüllt wurde.

California Common ist ein dunkelgoldenes bis braunes, untergäriges Bier, welches, wie der Name besagt, aus dem Bundesstaat California stammt, und zwar aus der Gegend um San Francisco. Heutzutage hat dieses Bier oft einem Alkoholgehalt von etwa 4,5 % bis 5,5 %. Es hat leichte, fruchtige Esternoten und einen Nachhall von Schwefel. Der traditionelle Hopfen für dieses Bier ist Cluster, welcher eine Zufallskreuzung zwischen einer englischen, importierten und einer nordamerikanischen, wilden Hopfensorte ist. Cluster gedeiht auch heute noch gut im nördlichen California. Moderne Versionen dieses Biers werden oft auch mit mild-aromatischen, deutschen Hopfensorten gebraut.

Das Bier entwickelte sich im späten 19. Jahrhundert, als San Francisco noch ein ganz kleines Kaff war. Damals lag diese heutige Riesenstadt nämlich praktisch am

Ende der Welt, denn man konnte sie – vor der Eröffnung des Panamakanals im Jahre 1914 – nur über Land nach einem mühsamen Treck quer durch die Vereinigten Staaten und über die Rocky Mountains oder nach einer fünf- bis achtmonatigen Seereise um den Südzipfel Südamerikas erreichen. Der Grund für die damalige Popularität des fernen San Franciscos war die Entdeckung von Gold im Jahre 1848 in den umliegenden Bächen und Flüssen. Zudem wurde San Francisco im 19. Jahrhundert zum Sammelpunkt und Warteplatz für alle möglichen abenteuerlichen Vagabunde und Hasardeure, die sich auf dem Weg zu anderen, weiter nördlich gelegenen Goldfeldern befanden. Diese lagen zum Beispiel im Cariboo in der heutigen kanadischen Provinz British Columbia, im Klondike im kanadischen Yukon Territorium und in Alaska.

Ein Platz, wo raue Burschen ihre Zeit mit Nichtstun vertrödeln, wirkt natürlich wie ein Magnet auf gewisse Unternehmer, die ein solches Publikum mit dem Notwendigen versorgen können … und dazu gehört selbstverständlich auch Bier. Als die Bevölkerung San Franciscos innerhalb von wenigen Jahren um die Mitte des 19. Jahrhunderts von etwa 200 auf mehr als 36000 anstieg, so stellten sich dort auch Brauer ein. Diese waren meist deutsche Einwanderer, weshalb die ersten Brauereien San Franciscos auch sehr deutsche Namen trugen wie Baruth, Behlmer, Böse, Freyer, Garms, Hagemann, Hansen, Lurmann, Schinkel, Schleemann, Schröder, Schwarz, Thode, Veen, Windeler und Wunder.

Aus ihrer alten Heimat hatten diese Brauer gute deutsche, untergärige Hefen mit nach San Francisco gebracht. Da diese Hefen jedoch gewohnt waren, ihre Arbeit bei kühlen Temperaturen (etwa unter 10 °C; siehe dazu den Eintrag über Lagerbier) zu verrichten, spielten sie natürlich im warmen San Francisco Klima verrückt. So vergoren sie die Würzen wahnsinnig schnell – genau wie obergärige Hefen – und produzierten dabei ungewöhnliche Mengen an Gärnebenprodukten. Unter diesen war die fruchtig-butterig schmeckende chemische Verbindung Diacetyl besonders auffällig, welche noch bis heute eine der Schlüssel-Geschmackskomponenten eines echten California Common ist. Da Hefen aber sehr anpassungsfähige Organismen sind, gewöhnten sie sich die importierten Hefen über die Jahre an das Klima in ihrer neuen Heimat und mutierten. Selbst heute stellen California Common Hefen immer noch eine Spezialart dar, die Brauer fast ausschließlich für relativ warm vergorene Lagerbiere benutzen.

## *California(-Style) Lager*
Siehe California Common.

## *Canadian Ale*
Dieser recht unspezifische Begriff wird oft auf obergärige kanadische Biere angewandt, die nur sehr leicht gehopft sind und einen Volumenalkoholgehalt von etwa 5 % besitzen.

**Caribbean Stout** Siehe Stout.

**Cascadia bzw. Cascadian (Dark) Ale** Siehe India Dark Ale.

**Cask bzw. Cask-Conditioned Ale** Eine Gruppe von englischen obergärigen Bieren, die unfiltriert und ohne Pasteurisierung in einem Fass gereift werden und dann ohne $CO_2$-Druck direkt aus einem Zapfhahn vom Fass oder mit Hilfe einer Handpumpe, die man Beer Engine (Biermotor) nennt, ohne viel Rezenz serviert werden. Diese Biere werden oft mit Hausenblase (einem tierischen, inerten Kalogen aus Fischschwimmblasen) geklärt. Die britische Campaign for Real Ale nennt Cask-Conditioned Ales auch Real Ales.

**Cassis** *Ein belgisches Sauerbier* (siehe Lambic), welches auf schwarzen Johannisbeeren gereift wird.

**Cauim** Ein bierähnliches alkoholisches Getränk vieler süd- und mittelamerikanischer Völker aus der Zeit vor dem ersten Kontakt mit Europäern. Die Herstellung von Cauim ist ähnlich wie die von Chicha (siehe dort). Es können stärkehaltige Maniokwurzeln sowie Mais (ein Getreide), Platanen und Fruchtsäfte als Rohstoffe herangezogen werden. Die Rohstoffe werden zunächst gekocht bis sie weich sind; dann werden sie gekaut und ausgespuckt. Dabei wandeln die Enzyme im menschlichen Speichel die Stärken in den Rohstoffen in vergärbaren Zucker um. Die Flüssigkeit wird dann spontan von Mikroben vergoren, deren Sporen ganz natürlich wie Keime in der Luft enthalten sind. Wird Cauim ausschließlich aus den Wurzeln der Maniokpflanze hergestellt, ist es eigentlich kein echtes Bier, denn die Definition von Bier ist ja, dass es ein vergorener Getreideextrakt sein muss. Siehe auch Südamerikanisches Bier, traditionell.

**Celia** Ein mittelalterliches Klosterbier aus Gersten- und Weizenmalz, welches für den Abt und seine Gäste reserviert war (siehe Abteibier).

**Cereal Beverage** Wörtlich ein Getreidetrunk. Dieses Getränk stammt aus der Zeit der totalen amerikanischen Prohibition (1919 bis 1933) und war alkoholarm. Siehe auch Near Beer.

**Cervisa** Ein mittelalterliches Klosterbier aus Gerstenmalz und Hafer, welches die Mönche und Nonnen den ganzen Tag über literweise tranken (siehe Abteibier).

**Cervisa mellita** Ein mit Honig verstärktes mittelalterliches Cervisa (siehe Abteibier).

***Champagne Ale*** Siehe Bière brut des Flandres.

***Chicha bzw. chicha da jora*** Ein lateinamerikanischer Begriff für eine indigene, aus Mais gebraute Biersorte Mittel- und Südamerikas, die besonders unter den Ureinwohnern der Andenstaaten verbreitet ist. In Quechua, der Sprache der Inkas, heißt dieses Gebräu aqa; in Aymara, einer anderen Ursprache aus dem Andenraum heißt es kusa. Chicha wird traditionell nur von Frauen gebraut. Dabei kauen die Brauerinnen rohen Mais, bis er im Munde weich wird. Dann spucken sie den Maisbrei in einen kollektiven Behälter. Der Zweck der Übung ist, mit Hilfe von Ptyalin, einem Amylase-Enzym im menschlichen Speichel, die von der Hefe unvergärbare Maisstärke in vergärbaren Zucker umzuwandeln. Der gekaute Mais wird dann mit Wasser verdünnt und abgeläutet. Die daraus entstandene Würze wird wie normales Bier gekocht und dann spontan vergoren. Chicha hat selten mehr als 5 % Volumenalkohol; und die Bierfarbe hängt von der Maissorte ab. In vielen Gegenden wird Chicha zum Teil oder auch ganz aus den Wurzeln der Maniokpflanze, die auch unter den Namen Mandioka, Cassava, Tapioca oder Yuca bekannt ist, hergestellt. Manchmal kommen auch Quinoakörner in die Maische. Gelegentlich wird der Geschmack von Chicha durch die Zugabe von Früchten wie Erdbeeren verfeinert. Siehe auch Südamerikanisches Bier, traditionell.

***Chocolate Ale/Lager*** Dieser neuzeitliche amerikanische Begriff gilt für experimentelle Craft-Biere, die im Gärbehälter auf Kakao-Nibs – also auf geschälten und zerkleinerten Kakaobohnen – gelagert werden. Grundsätzlich kann jede ober- oder untergärige Biersorte als Basis für ein Schokoladenbier benutzt werden.

***Chocolate Stout*** Siehe Chocolate Stout unter dem Stichwort Stout.

***Christmas Beer*** Ein Spezialbier, das Craft-Brauer oft um die Jahreswende brauen. Solche Weihnachtsbiere sind meist nicht nur mit Hopfen, sondern auch mit festlichen Backzutaten wie Zimt und Muskat gewürzt. Die Zugabe von Kürbis ist ebenfalls populär. Siehe auch Weihnachtsbier und Kürbisbier.

***Citronenbier*** Eine Abwandlung eines Weizenbieres oder eines Broyhan Bieres (siehe dort). Über das Brauverfahren können wir in einem im Jahre 1731 von einem anonymen „treuhertzigen Freund und Liebhaber der Künste" herausgegebenen „Kunst-Buch" nachlesen. Der Autor gibt sich als der zu „allerley guten Getränken treuhertzig-anweisende wohlerfahrne und Curiose Keller-Meister" aus. Zum Zitronenbier schreibt er, dass dieses „ist ein treffliches gesundes und delicates

Bier / wird bereitet von den Weißen= oder Weitzen=Bier / oder so genannten Breyhan / und hänget dann in einem Säcklein / dünn ausgeschnittene Citronen Schalen / mit etwas Ziminet vermischet / in den Spund=Loch hinein. Dieses ist gar ein edles und gesundes Bier / erquicket den Menschen / und alle innerliche Lebens=Geister / erfreuet das Hertz / vertreibt Melancholey / und ist gut wider alle Brust=Beschwernuß. Ebenso kann man auch Pomeranzen=Bier machen."

**Cock Ale** Die wörtliche Übersetzung für dieses englische Getränk aus dem 17. und 18. Jahrhundert ist ein „obergäriges Hahnenbier". Es war im Grunde ein normales englisches Ale (siehe zum Beispiel Brown Ale, nord- oder südenglisch), in dem im Gärbehälter ein ganzer, gekochter und gut zerstoßener Hahn zusammen mit Rosinen, Muskat, Muskatblüten, Nelken und Datteln in einem Sack in den Gärbehälter gehängt wurde. Eine interessante Rezeptur für dieses Ale stammt aus dem 1677 veröffentlichten Buch *The Closet of the Eminently Learned Sir Kenelme Digby Kt. Opened*. Dort schreibt der „gelehrte Ritter" Digby: „Take eight Gallons of Ale; take a Cock and boil him well; then take four pounds of Raisins of the Sun well stoned, two or three Nutmegs, three or four flakes of Mace, half a pound of Dates; beat these all in a Mortar, and put to them two quarts of the best Sack; and when the Ale hath done working, put these in, and stop it close six or seven days, and then bottle it, and a month after you may drink it."

Eine ähnliche, amüsante Quelle ist das Kochbuch, *The Complete Housewife or Accomplished Gentlewomen's Companion*, von Eliza Smith, welches zuerst in London im Jahre 1727 und dann 15 Jahre später als das erste Kochbuch Amerikas in Boston, New York und Philadelphia veröffentlicht wurde. Dort schreibt die „vornehme Pionierköchin": „Take ten gallons of ale, and a large cock, the older the better; parboil the cock, flay him, and stamp him in a stone mortar till his bones are broken (you must craw and gut him when you flay him); then put the cock into two quarts of sack, and put it to three pounds of raisins of the sun stoned, some blades of mace, and a few cloves; put all these into a canvas bag, and a little before you find the ale has done working, put the ale and bag together into a vessel; in a week or nine days time bottle it up; fill the bottle but just above the neck, and give the same time to ripen as other ale." Offenbar kein Reinheitsgebotkonformes Bier!

Einigen Quellen zufolge war Cock Ale eigentlich kein vornehmes, sondern eher ein Arbeiterbier, obwohl es dem englischen König Wilhelm III. (1650¬–1702) offenbar wohl mundete. Einige Getränkefachautoren behaupten, dass der heutige Begriff Cocktail für Spirituosenmischgetränke sich aus dem Begriff Cock Ale entwickelt hat. Der Begriff Cocktail kann offenbar zum ersten Mal in Amerika im Jahre 1806 dokumentiert werden.

*Colabier* Siehe Diesel.

## Colonial Ale, amerikanisch

Dieser Sammelbegriff umschließt eine Gruppe von obergärigen Bieren, die um die Gründerzeit der Vereinigten Staaten im späten 18. Jahrhundert dort gebraut wurden. Sie sind im Wesentlichen mit den damaligen englischen Biersorten, wie zum Beispiel Old Ale, Stock Ale, Scotch Ale oder Porter (siehe alle dort) verwandt. Es ist bekannt, dass die Founding Fathers (Gründerväter) der amerikanischen Verfassung nicht nur weise, sondern auch trinkfeste Herren waren, denn die wichtigsten Klauseln und Kompromisse der Gründerdokumente – einschließlich der Unabhängigkeitserklärung von 1776 und der Verfassung von 1787 – wurden in den Tavernen von Philadelphia über viele Becher starken Gerstensaftes ausgearbeitet. Dabei sollte man nicht vergessen, dass einer der Rebellenführer der Amerikanischen Revolution, Samuel Adams, der Sohn eines Mälzers war; dass der Staatsmann, Wissenschaftler und Erfinder Benjamin Franklin ein notorischer Tippelbruder war; und dass der erste amerikanische Präsident, George Washington, der dritte Präsident, Thomas Jefferson und der vierte Präsident, James Monroe, alle Hobbybrauer waren! Der zweite Präsident, John Adams, sprach von der City Tavern in Philadelphia als „the most genteel tavern in America" (die vornehmste Kneipe Amerikas).

Besonders George Washington war ein Freund von Porter, wie wir aus einer Bierbestellung in seiner Handschrift vom 20. Juli 1788 entnehmen können: „I beg you will send me a gross of Mr. Hairs best bottled Porter..." (Bitte schicken Sie mir 144 Flaschen von Herrn Hairs bestem Porter.) Diese Bestellung ging an Robert Hare, dessen Name Washington allerdings falsch buchstabierte, der damals eine Brauerei in Philadelphia besaß. Eine der berühmtesten, uns erhaltenen Rezepte aus jener Zeit ist für ein „small ale" aus Melasse mit etwa 11 % Alkohol, welches George Washington im Jahre 1757 persönlich verfasste. Die amerikanischen Biere jener Zeit waren durchweg dunkel, leicht rauchig von Malz, welches in direkt-befeuerten Darren getrocknet wurde, und sehr stark, da es damals Praxis war, Bierwürze durch stundenlanges Kochen einzudicken. Ein Bierliebhaber, der heute ein Bier erproben möchte, das einem Colonial Ale entfernt (!) verwandt ist, könnte sich vielleicht ein Glas Bamberger Rauchbier einschenken und dieses mit einem oder zwei Schuss Wodka sowie einem oder zwei Esslöffel Melasse anreichern.

## Common Beer

Ein heute nur noch selten gebrauchter, amerikanischer Begriff für ein unter- oder obergäriges Bier, welches sofort nach der Gärung verpackt und in unmittelbarer Umgebung der Brauerei, ohne es zu lagern, frisch verkauft wurde. Die spritzige Rezenz solcher Biere wird oft durch Kräusen erzielt, d. h. durch die Zugabe von frischem, noch in voller Gärung befindlichem Bier zum bereits vollkommen vergorenen Bier. Historisch wurden solche Biere auch oft als Present Beer (gegenwärtiges BIer), Running Beer (laufendes Bier) oder auch Lively Beer (lebendiges Bier) bezeichnet. Besonders die klassischen amerikanischen Biersorten California Common, Kentucky Common und Cream Ale (siehe alle dort) wurden oft auf diese Art auf den Markt gebracht.

**Conventus** Ein mittelalterliches Kloster-Dünnbier welches für Laienarbeiter und Bettler bestimmt war. Es wurde durch ein zweites Abläutern der Treber eines Voll- oder Starkbieres gewonnen und oft mit einem Haferbier verschnitten (siehe Abteibier).

**Cottbusser Bier**
Siehe Kottbusser Bier.

**Cream Ale** Im heutigen Verständnis von Bier ist das Universum des Gerstensaftes radikal zweigeteilt. Es gibt obergärige und untergärige Biere (Ales and Lagers auf Englisch), aber dazwischen gibt es nichts, mit Ausnahme von Cream Ale! Dieses Bier heißt zwar Ale, aber es kann trotzdem mit ober- oder untergäriger Hefe – oder sogar mit beiden gleichzeitig – vergoren werden. Einige Cream Ale Marken aus der Vergangenheit waren Verschnitte aus zwei separat vergorenen ober- und untergärigen Bieren. Dieses chamäleonartige Cream Ale ist eines der wenigen indigenen Traditionsbiere aus den Vereinigten Staaten (neben zum Beispiel dem California Common und dem Pennsylvania Swankey; siehe dort). Es wird meistens – aber nicht immer – aus sechszeiliger Gerste, Reis und Mais hergestellt. Diese relativ billigen Rohstoffe verleihen diesem Bier oft einen gewissen rauen Geschmack. Cream Ale entstand in den nordöstlichen Bundesstaaten Amerikas in der zweiten Hälfte des 19. Jahrhunderts. Auch in Kanada wurde es sehr populär. Das Ziel der ursprünglichen Cream Ale Brauer war es, ein relativ helles Massenbier zur Hand zu haben, mit dem sie gegen die damals immer stärker aufkommenden, bockbierähnlichen und heute als Pre-Prohibition Lager bezeichneten untergärigen Biere konkurrieren konnten. Während die damaligen marktdominierenden Lagerbierbrauereien meist im Besitz von aus Deutschland eingewanderten Brauern waren, gehörten die Cream Ale Brauereien meist „Yankees", also alteingesessenen Angelsachsen. Die heutigen kommerziellen Cream Ales haben etwa 4,2 % bis 5,6 % Volumenalkohol und sind nur sehr milde gehopft. Im Abgang kann man oft eine leichte, maisbedingte Restsüße wahrnehmen. Schließlich darf Cream Ale noch eine biergeschichtlich sehr wichtige Errungenschaft für sich in Anspruch nehmen: Am 24. Januar 1935 wurde das Krueger's Cream Ale aus der Gottfried Krueger Brewing Company in Newark, New Jersey, als erstes Bier der Welt in Dosen abgefüllt.

***Cream Stout*** Siehe Milk Stout unter dem Stichwort Stout.

***Cuirm*** Dieses Bier wird auch Coirm, Courmi oder Curmi geschrieben. Cuirm ist ein alt-irischer Name für Ale, d. h. ein Sammelbegriff für die einheimischen, obergärigen Biere der Grünen Insel.

***Dampfbier, deutsch*** Dampfbier hat seinen Ursprung im 19. Jahrhundert im Bayerischen Wald, im Grenzgebiet zu Böhmen. Es war damals ein obergäriges, mitteldunkles Bier aus Gerstenmalz, welches vorzüglich im Sommer gebraut wurde. In seiner klassischen Ausführung hat das bayerische Dampfbier wenig Rezenz und einen mittleren Körper. Es ist nur ganz leicht gehopft. Es wird relativ schnell und warm mit den gleichen Hefen vergoren, die heute den bayerischen Weißbieren ihre fruchtigen Noten von Gewürznelken und Bananen verleihen, was zu einem ungewöhnlichen Geschmacksprofil für ein Gerstenbier führt. Scheinbar leitet sich der Name des Bieres von den großen Schaumblasen ab, die sich während der heftigen Hauptgärung in offenen Gärbehältern bilden. Für Uneingeweihte sehen diese Blasen fast so aus, als ob der Sud „Dampf" abgäbe, jedes Mal wenn diese Blasen platzen. Die heutigen Versionen dieser Biersorte sind meistens tief-gold bis hell-bernsteinfarben; und sie werden nach der Hauptgärung wie ein modernes bayerisches Untergäriges kühl gereift.

***Dampfbier, kalifornisch*** Siehe California Common.

***Danziger Jopenbier*** Siehe Jopenbier.

***Dark Ale*** Ein Sammelbegriff für viele dunkle, obergärige Biere aus den traditionellen Ale-Ländern. Brautechnisch hat das Dark Ale kaum einheitliche Spezifikationen, abgesehen davon, dass es eben dunkel ist. Je nach den für die dunkle Farbe verantwortlichen Röstmalzsorten, kann das Bier mild und süffig oder auch harsch und leicht kratzig schmecken. In der Hopfung gibt es im Grunde drei Orientierungen: die amerikanische, die britische und die mitteleuropäische. Das Bier kann aggressiv mit fichten- und zitrus-aromatischen amerikanischen Sorten gehopft werden; oder mild mit vorzüglich fruchtigen britischen Sorten; oder fein-aromatisch mit mitteleuropäischen Sorten, wie sie oft in belgischen Ales verwendet werden. Diese Hopfen stammen vorzüglich aus Tschechien,

Slowenien und Deutschland. Zusätzlich werden manche Varianten oft als Strong Dark Ales, also als Starkbiere, bezeichnet, wenn sie mit mindestens 6 % Volumenalkohol gebraut werden, wozu diese Biere oft im Sudhaus mit dunklem belgischen Kandiszucker oder anderen Zuckerpräparaten verstärkt werden. Jedoch werden stark geröstete Malze in Dark Ales selten verwendet. In den Vereinigten Staaten gibt es zusätzlich noch eine braune bis schwarze Biersorte, die manchmal mit dem langen Namen Dark American-Belgo-Style Ale bezeichnet wird. In der Malz-, Hopfen- und Hefeauswahl vereint diese Biersorte oft unterschiedliche Charakteristiken der verschiedenen Dark Ale Orientierungen.

**Dark IPA** Siehe India Dark Ale.

**Devonshire White Ale bzw. West Country White Ale** Der Bezirk Devonshire entlang der Südwestküste Englands ist besonders für seine Milchkühe und deren fettreiche, eingedickte Sahne, der Clotted Cream, bekannt. Aber dieser Landstrich hat im Mittelalter auch ein interessantes, leicht säuerliches, damals noch ungehopftes, aber später gehopftes Bier hervorgebracht. Dieses weiße Ale wird in mehreren Büchern über Brauen vom 16. bis zum 19. Jahrhundert kryptisch erwähnt. Offenbar wurde es primär aus Gerstenmalz eingemaischt, aber während der Gärung durch einen Zusatz von Weizenmehl und Eiern eingedickt. Dieses merkwürdige englische Landbier, welches auch im Bezirk Cornwall bekannt war, verschwand aber gegen Ende des 19. Jahrhunderts ganz von der Bildfläche.

**Diätbier** Dieser früher in Deutschland gebräuchliche Begriff steht für ein kohlenhydratreduziertes Bier. In Diätbieren wird die in der Gerste vorhandene Stärke fast ganz in solche Zuckerarten umgewandelt, die die Hefe komplett vergären kann. Während der Restzuckergehalt in normalen Bieren etwa 3 % beträgt, liegt er in Diätbieren oft bei unter 1 %. Da in einem Diätbier praktisch der gesamte Malzzucker in Alkohol umgewandelt wird, hat dieses Bier einen sehr trockenen Abgang. Jedoch dürfen gemäß der Diätverordnung Deutschlands – wie auch gemäß ähnlicher Regelungen in vielen anderen Ländern – die auf diese Art hergestellten Biere seit 2012 nicht mehr unter der Bezeichnung Diätbier vermarktet werden, da dieser Begriff unrichtigerweise einen Schlankmachungseffekt suggeriert.

**Diesel** Ein Biermischgetränk, welches normalerweise aus einem Lagerbier (siehe dort) und Cola besteht. Es wird auch gelegentlich Cola-Bier oder Gespritzter genannt. Die Farbe dieser Mischung ähnelt Dieselkraftstoff, was für dessen Namen verantwortlich ist. Es gibt verschiedene Varianten dieses Mixgetränks. Ein Gemisch unter dem Namen Cola-Weizen, Flieger oder Turbo zum Beispiel, ist ein

Weißbier-Cola-Mix; ein Krefelder ist ein Pilsner-Cola- oder Altbier-Cola-Mix; ein Greifswalder ist ein Schwarzbier-Cola-Mix; und ein Brummbär ist ein Stout-Cola- oder Porter-Cola-Mix.

***Diest*** Ein alt-belgischer Begriff für ein dunkles Starkbier. Siehe auch Dark Ale.

***Dinkelbier*** Dinkel (Triticum spelta) ist eine harte Spelzweizen-Kulturpflanze, die als nächster Verwandter unseres modernen Saatweizens (T. aestivum) gilt. Dinkelvorläufer gehen aber bis in die Steinzeit vor etwa 10000 Jahren zurück. Das Ursprungsgebiet des Dinkels ist der Nahe Osten, wo er bereits von den Sumerern und alten Ägyptern zum Brauen verwendet wurde. Dinkel ist das Ergebnis einer uralten, wohl zufälligen Kreuzung zwischen Emmer (T. dicoccum) und einer wilden Grasart, wobei Emmer eine noch ältere Kreuzung zwischen Einkorn (T. monococcum) und einer ebenfalls wilden Grasart ist. In Europa wurde Dinkel mindestens seit der späten Bronzezeit um 2000 v. Chr. angebaut. Das Hauptanbaugebiet umfasst seitdem etwa das heutige Baden-Württemberg und die deutsche Schweiz, weshalb Dinkel im Mittelalter auch unter dem Namen Schwabenkorn bekannt war. Dinkel stellt keine großen Ansprüche an die Bodenqualität oder an das Klima, weshalb er selbst dort angepflanzt werden kann, wo unser moderner Weizen nur schlecht gedeiht.

Dinkelmalz hat einen relativ hohen Eiweißgehalt (bis zu 17 % im Vergleich zu modernem Weizen mit etwa 12,5 % bis 14,5 % und Braugersten mit etwa 9,5 % bis 12,5 %), was dem Dinkelbier eine besonders imposante Schaumkrone verleiht. Wegen des hohen Eiweißgehalts besteht etwa die Hälfte einer Dinkelmaische aus Gerstenmalz. Andernfalls wäre die Maische zu viskos. In der Mälzerei werden Dinkelkörner am besten entspelzt verarbeitet. Das Entfernen der phenolischen Spelzen vermeidet, dass das daraus hergestellte Bier zu rau und herb schmeckt. Dinkelbiere werden obergärig hergestellt und sind besonders nach einer mehrwöchigen, kühlen Reifung aufgrund des Rest-Eiweißgehalts sehr cremig und charaktervoll. Der Alkoholanteil eines Dinkelbieres liegt normalerweise bei etwa 4,5 %.

***Doppelbock*** Ein sehr starkes Bockbier. Siehe Bock.

***Doppelsticke*** Ein extra starkes Sticke Alt (siehe dort).

***Dorchester Ale*** Ein traditionelles braunes Ale aus Dorchester, der Hauptstadt des Bezirks Dorset in Südengland. Nach älteren Quellen bestand dieses Obergärige aus Gerstenmalz unter Zusatz von Melasse und es war gut gehopft.

***Dortmunder Altbier***
Siehe Adambier.

***Dortmunder Export*** Die Dortmunder Bürger erhielten ihr Braurecht von Kaiser Adolf von Nassau bereits am 22. August 1293. Damals brauten die Dortmunder mit Sicherheit nur obergärige Biere; und diese ohne Hopfen (siehe Gruitbier). Der Übergang zu gehopften Bieren geschah in Dortmund offenbar erst gegen Ende des 15. Jahrhunderts. Die Biere in ganz Westfalen waren damals dem Keutebier ähnlich (siehe dort) und bestanden oft aus einer Mischung von Gersten- und Weizenmalz. Das heutige untergärige Dortmunder Export entstand jedoch erst im Zuge der Industrialisierung der Stadt im 19. Jahrhundert. Zu der Zeit machte sich das Böhmische Pilsner (siehe Pilsner) in ganz Europa breit und lokale Brauer überall auf dem Kontinent, einschließlich in Dortmund, suchten nach Wegen, mit dem Böhmischen Import zu konkurrieren.

Einer der Pioniere in dieser Anti-Pilsner-Bewegung in Dortmund war die Kronen Brauerei unter ihrem Besitzer Heinrich Wenker, der bereits 1843 – also nur ein Jahr nach der Einführung des Pilsners in Böhmen – das erste Untergärige der Stadt vorstellte. Es hatte wie das Böhmische eine goldgelbe Farbe, wurde jedoch ein wenig stärker eingebraut. Auch hatte es einen leicht aggressiveren Hopfengeschmack, denn das Karbonat-harte Dortmunder Wasser hebt die Hopfenbittere besonders stark hervor, während das extrem weiche Wasser in Pilsen die Hopfenbittere unterdrückt. Das drückt sich auch in der alten Brauerweisheit aus: „Weiches Wasser frisst Hopfen." Im Jahre 1871 kam Herr Wenker mit einer weiteren Neuerung auf den Markt. Er braute sein Dortmunder Bier ein wenig stärker als bisher, mit etwa 5 % bis 5,5 % Volumenalkohol, damit es sich beim Transport in die umliegenden Gegenden, also beim „Export", selbst bis nach Holland, besser hielt. Und so kam das Bier zum Namen Dortmunder Export.

Die Kronen Brauerei blieb nicht die einzige Brauerei, die sich dem neuen Bier verschrieb. Gegen Ende des 19. Jahrhunderts hatte Dortmund fast 30 Brauereien für etwa 150000 Einwohner; und alle Brauereien stellten Biere vom Typ Dortmunder Export her. Das Bier war so erfolgreich, dass Dortmund über Jahrzehnte im 20. Jahrhundert mehr Bier produzierte als selbst die legendäre Bierstadt München. Dortmunder Biere wurden besonders unter den Schwerarbeitern im Bergbau und in der Stahlindustrie des Ruhrgebietes beliebt, denn für sie war es ein herzhaftes, nahrhaftes, ehrliches Bier mit einem vollmundigen Geschmack. Mit dem heutigen Strukturwandel im Ruhrgebiet ist jedoch die Popularität des Dortmunder Exports weit zurückgegangen, denn sowohl in den Sudhäusern wie auch unter den Biertrinkern der Stadt wurde das Dortmunder Export schon seit langem durch das nun allgegenwärtige Pils ersetzt.

***Double Ale*** In alten englischen Texten wird dieses Bier auch als Doble-Doble bezeichnet. Es ist ein anderer Name für ein Old Ale. Siehe dort.

***Double India Pale Ale bzw. Double IPA bzw. Double Imperial IPA, amerikanisch*** Siehe Imperial India Pale Ale (IPA), amerikanisch.

***Dry Stout*** Siehe Irish Stout unter dem Stichwort Stout.

***Dubbel/Double*** Ein belgisches Klosterbier. Siehe Abteibier.

***Dunkel, bayerisch*** Dieses Bier ist das klassische, malzbetonte Untergärige, welches die bayerische Bierszene praktisch unangefochten von der Mitte des 16. bis zur Mitte des 19. Jahrhunderts dominierte. Erst als das Münchner Helle am 20. Juni 1895 in der bayerischen Metropole zum ersten Mal vorgestellt wurde, hatte das Dunkel echte, lokal gebraute Konkurrenz in der Gunst der Biertrinker. Das Dunkel liegt farblich ein wenig über dem Schwarzbier, ist aber definitiv undurchsichtiger als ein kupferfarbenes oder braunes Bier. Jedoch soll es trotz seiner tiefen Mahagonifarbe kaum brenzlige Röstmalznoten aufweisen, was eine gewisse Herausforderung an die Kunst des Brauers stellt. Manche Brauer lösen dieses Dilemma zwischen Farbe und Geschmack, indem sie der Maische gute Portionen von braunem, sogenanntem Münchner Malz und Karamellmalz und nur geringe Mengen von Röstmalz beimischen. Deshalb haben einige Versionen dieses Bieres kräftige schokoladen-, röst-, brot- oder biskuitartige Malzaromen und einen gesunden, malzigen Abgang. Der Bierkörper ist stabil; und oben thront normalerweise eine feste, helle Schaumkrone, die das Bier optisch sehr appetitanregend erscheinen lässt. Die Hopfengaben im Dunkel sind immer typisch bayerisch mit einer milden Bittere im Antrunk und einem lange verweilenden Hopfenaroma, neben dem Malzaroma, im Abgang. Ein typisches Dunkel hat etwa 4,5 % bis 5,5 % Volumenalkohol.

Ursprünglich wurde das heutige Dunkel aus Gerste als Rotbier bezeichnet, einfach um es vom Weißbier aus Weizen zu unterscheiden. Erst mit dem Aufkommen des Hellen gegen Ende des 19. Jahrhunderts wurde das Rotbier allmählich auf Dunkel umgetauft. Historisch ist das Dunkel eine der ältesten Biersorten der Welt, denn es hat seinen Ursprung in der Vereinheitlichung der Bieringredienzien nach dem Erlass im Jahre 1516 der nun als Reinheitsgebot bezeichneten Zutatenvorschrift. Da damals alle Malzdarren noch direkt befeuert waren, waren auch alle damaligen Malze – und damit die aus ihnen gebrauten Biere – meist leicht rauchig und dunkel. Diese bayerischen Einheitsbiere

– ob obergärig oder untergärig gebraut – wurden ausschließlich dunkle Untergärige nach dem Erlass des Sommerbrauverbots durch den bayerischen Fürsten Albrecht V. im Jahre 1553, denn nur kühl arbeitende, untergärige Hefen blieben in den kalten Winterbraumonaten in Bayern noch aktiv (siehe dazu auch die Erklärung unter dem Stichwort Lagerbier). Das Dunkel wurde damit zu einem Standardbier, also zu einer echten „Sorte", die sich flächendeckend in ganz Bayern durchsetzte.

***Dunkel, böhmisch*** Das wohl berühmteste Böhmische Dunkel ist das Flekovský tmavý ležák, ein dunkles Untergäriges aus der Gasthausbrauerei U Fleků auf der Křemencova Straße in der Prager Altstadt. Diese urige Kneipe öffnete ihre Türen bereits im Jahre 1499 und darf daher für sich beanspruchen, eine der ältesten – wenn nicht die älteste – ununterbrochen betriebene Gasthausbrauereien der Welt zu sein. Das Böhmische Dunkel wird gelegentlich auch als Böhmisches Schwarzbier bezeichnet. Es ist vollmundig und sowohl fruchtig-malzig als auch hopfenaromatisch, mit einer leichten Karamell-Restsüße im Abgang. Im Vergleich zum Dunkel aus Bayern hat das Dunkel aus Böhmen ein wenig mehr brenzlig-bittere Röstmalznoten. Der Hopfengeschmack ist typisch tschechisch aufgrund der blumig-aromatischen Hopfensorten des Landes. Die Hefe ist ein typisch tschechischer Pilsner-Hefestamm, der dem Bier – im Gegensatz zum Bayerischen Dunkel – eine mild-buttrige Note verleiht.

Der Alkoholgehalt liegt normalerweise bei 4 % bis 5,5 %.

***Dunkelbock*** Siehe Bock.

***Dunkelweizen*** Das dunkle, obergärige Weißbier ist zum hellen Weißbier, was das Bayerische Dunkel zum Münchner Hellen ist. Siehe Weißbier.

***Dunkelweizenbock*** Siehe Weißbier.

***Dunkelweizendoppelbock*** Siehe Weißbier.

***Dünnbier*** Ein älterer Begriff für ein obergäriges oder untergäriges Bier, welches, ähnlich wie ein heutiges Leichtbier (siehe dort), vielleicht nur 2 % bis 3 % oder weniger Alkohol hatte. Bis ins späte Mittelalter und die Renaissance wurden Dünnbiere in Deutschland oft als separate Biere aus den Nachgüssen regulärer Maischen hergestellt. Dünnbiere waren in ländlichen Gebieten auch als Erntebiere beliebt, die in großen Mengen aus Steinkrügen während der schweren Feldarbeit im Sommer getrunken wurden. Auch gab es später in den norddeutschen Industriegebieten Dünnbiere, welche die Arbeitgeber ihren Arbeitern im Bergbau und in der Stahlindustrie kostenlos als Durstlöscher den ganzen Tag über zur Verfügung stellten. Siehe auch Braunbier, deutsch.

***Düsseldorfer Altbier*** Siehe Altbier.

***Ducksteiner Bier*** Dieses obergäriges, Altbier-ähnliches Bier ist heute fast ausschließlich als Marke bekannt. Im 18. und 19. Jahrhundert war es jedoch eine nur milde gehopfte Weizenbiersorte aus Königslutter in der Nähe von Braunschweig. Gelegentlich wurde das Ducksteiner damals auch als Braunbier oder Erntebier bezeichnet, da es besonders zur Erntezeit als Erfrischung auf den Feldern beliebt war. Es war von gelblicher Farbe und schmeckte leicht süßlich. In einem kleinen Büchlein mit dem Titel *Kurtze Beschreibung und genaue Untersuchung des fürtrefflichen Weitzen-Biers, Duckstein genannt* beschreibt der Autor Franz Ernst Brückmann dieses Bier im Jahre 1723 als „wegen seines guten Geschmacks und herrlichen Qualitäten ... dem Vaterland zu schuldiger Liebe und allen Liebhabern zur Ergötzung communiciret." Gleichfalls lobt Johann Georg Krünitz im Jahre 1773 in seinem Werk, *Oekonomische Encyklopädie*, den Königslutterschen Duckstein als „ein vortreffliches Weizenbier", dass „aus lauter Weizen, welcher durch besondere Handgriffe in Malz verwandelt wird, und dem Lutterschen Wasser gekocht, und hernach in besondern Gefäßen, welche man Stannen nennt, gegohren [wird]." Das Bier wurde zu seiner Zeit nach Magdeburg, Halle, Leipzig, Berlin, Hamburg, Kassel und in die Niederlande ausgeführt, erlag jedoch gegen Ende des 19. Jahrhunderts der Konkurrenz der aufkommenden untergärigen Gerstenbiere.

***Edinburgh Oat Ale*** Dieses Hafer-Ale aus Schottland scheint nach vielen Quellen ausschließlich (oder fast ausschließlich) auf Hafermalzbasis hergestellt zu sein. So jedenfalls schreibt der Brauer und Mälzer W. Brande im Jahre 1830 in seinem Buch, *The Town and Country Brewery Book: Or, Every Man His Own Brewer, and Cellarman, Malster and Hop-merchant: Conducted on Principles of Health, Profit, & Economy*: „These [Edinburgh Oat Ales] are made from the best heavy sweet oats, malted the same as barley, which Scotland is famous for, their lands being light, is of a fine soft, healing quality, in great repute, and very rare in England … [It is] soft, and delicious, and in from four to six months it will be fit for use, either in bottles or casks; and it will be brewed and hopped in the same manner as the Welsh Ales [aus Gerstenmalz] are; … many families prefer it mixed with barley malt." Ähnliches finden wir in einem Londoner Kochbuch von Frederick Bishop aus dem Jahre 1852 mit dem Titel *The Illustrated London Cookery Book,* worin steht, dass Oat Ale „with a part oat malt and a part barley malt" (also aus einer Mischung aus Hafermalz und Gerstenmalz) gebraut wird. Die Herstellung des schottischen Hafer-Ales war offenbar anders als die des Yorkshire Oat Ales (siehe dort), welches offenbar zum Teil aus ungemälztem Hafer gebraut wurde, der vor dem Maischen für etwa einen Tag in kaltem Wasser geweicht wurde.

***Eblulum*** Dieses historische, mit Holunderbeeren geschmacklich verfeinerte, schottische Ale wurde offenbar aus einer Mischung von Gerstenmalz, rohem, geröstetem Hafer und gerösteter Gerste gebraut. Walisische Druiden (heidnische Schamanen) scheinen dieses Ale im 9. Jahrhundert n. Chr. nach Schottland gebracht zu haben, wo es dann vorwiegend als Ritualbier für keltische Herbstfeste diente.

***Einbecker Bier*** Ein norddeutscher, obergäriger Starkbier-Vorläufer des heutigen, untergärigen, bayerischen Bockbiers. Dieses Bier wird auch als Einbecker Ur-Bock bezeichnet. Siehe Bock/Bockbier.

***Einfachbier*** Eine deutsche Biersteuerkategorie (auch Dünnbier, Kleinbier oder Schmalbier genannt) mit einem Stammwürzewert (der Gesamtanteil in der Bierwürze gelöster Stoffe wie Malzzucker, Eiweiß, Aromen und Spurenelemente) von bis zu 6,9 %. Biere mit einer solchen Stammwürze haben normalerweise kaum mehr als 0,5 % bis 1,5 % Volumenalkohol. Damit liegt Einfachbier im Alkoholgehalt etwa zwischen einem alkoholfreien Bier und einem Leichtbier (siehe beide dort). In einer älteren, 1993 verabschiedeten Gesetzgebung, galt als Einfachbier ein Bier mit einem Stammwürzegehalt von 2 % bis 5,5 %. Andere heutige Biersteuerkategorien sind das Schankbier mit 7 % bis 10,9 % Stammwürze (früher 7 % bis 8 %); das Vollbier (11 % bis 15,9 %; früher 11 % bis 14 %); und das Starkbier (heute und früher ab 16 %). Heutzutage stellt kaum noch eine Brauerei Einfachbier her. Im Mittelalter galten Einfachbiere, besonders in der Form von Dünnbieren oder Nachbieren (siehe dort), als Getränk der armen Leute.

***Einkornbier*** Die antike Weizenart Einkorn (Triticum monococcum) wurde bereits von den Sumereren und alten Ägyptern vor mindestens 9000 Jahren angebaut und dort fürs Brotbacken und Bierbrauen benutzt. Damit ist Einkorn die älteste Kultur-Cerealie der Welt. Einkorn ist reich an Carotinoiden, Mineralstoffen und essentiellen Aminosäuren. Domestiziertes Einkorn entstand möglicherweise aus einer Zufallskreuzung (Hybridisierung) einer wilden Einkornart (Triticum boeoticum) und einer wilden, uns nicht bekannten Grassorte. Einkorn wird oft auch als Farro (aus dem Italienischen) bezeichnet. Einkornbier wird obergärig gebraut und besteht normalerweise aus einer halbe-halbe Maische aus Gersten- und Einkornmalz. Das Bier ist bernsteinfarben und hat ein leicht an Nüsse und Vanille erinnerndes Aroma.

***Eisbock*** Ein superstarkes Bockbier. Siehe Bock/Bockbier.

***Eisbier*** Der deutsche Name für das kanadische Ice Beer. Siehe dort.

***Emmerbier*** Die Maische dieses Bieres besteht aus einer Malzmischung aus der uralten Weizensorte Emmer (Triticum dicoccum) und Gerste. Emmer ist wahrscheinlich eine antike Zufallskreuzung aus einer noch älteren Weizensorte, Einkorn (Triticum monococcum; siehe Einkornbier), und einer wilden Grassorte. Unter den Sumerern im alten Mesopotamien zwischen den Flüssen Euphrat und Tigris (heute Teil des Iraks) wurde dieses Getreide schon vor mindestens 9000 Jahren als Kulturpflanze angebaut. Dort diente es als Rohstoff sowohl für Brot als auch für Bier. Die alten Ägypter bauten ebenfalls Emmer auf den fruchtbaren

**97**

Feldern entlang des Nils an. Einkorn und Emmer sind die genetischen Vorläufer aller modernen Weizensorten, einschließlich Dinkel (siehe Dinkelbier), welcher eine Kreuzung zwischen Emmer und einer wilden Grassorte ist. Emmerbier kann in jeder alkoholischen Stärke hergestellt werden. Rein theoretisch kann es sowohl obergärig als auch untergärig vorgoren werden, jedoch darf es in Deutschland nach den Vorschriften des Reinheitsgebots nur noch als Obergäriges hergestellt werden.

Da alte Weizensorten wie Emmer relativ kleine Körner besitzen, was den Anteil der Spelzen proportional zum Anteil von Stärke im Getreide erhöht, sind Emmerbiere immer ein wenig adstringierend im Geschmack. Das ist auch einer der Gründe, weshalb Emmerbiere fast immer zu einem Teil aus Gerstenmalz hergestellt werden. Emmerbiere sind durchweg dunkelbernsteinfarben und haben einen leicht nussigaromatischen, an Tannine erinnernden Geschmack. Deshalb passt Emmerbier gut zu Wild- und Bratengerichten und kann als interessanter Ersatz für Rotwein serviert werden.

## *English Stout* Siehe Stout.

## *English-Style Golden Ale* Siehe Summer Ale, englisch.

## *Erntebier* Oft ein ländliches Dünnbier (siehe dort; wie auch Bière de garde und Bière de saison).

## *Export* Als Biersorte ist Export normalerweise eine stärker eingebraute Variante verschiedener stroh-heller bis dunkelgoldener Lagerbiere wie zum Beispiel Münchner Helles. Es hat meistens einen Alkoholgehalt von mehr als 5 %, aber weniger als 6 % (siehe u. a. Dortmunder Export). Hopfen und Malz sind wie bei den Ausgangsbieren gut ausbalanciert. Der Name Export kommt offenbar daher, dass sich stärkere Biere aufgrund ihrer längeren Haltbarkeit besser für den Export eignen, selbst wenn dieser „Export" nur in die nächste Stadt ging.

## *Extra Special Bitter (ESB)* Siehe Bitter.

## *Extreme Ale bzw. Extreme Beer*
Das Konzept extremer Ales kommt aus der nordamerikanischen Craft-Brau-Szene. Es ist eher eine Bierkategorie als eine echte Sortenbezeichnung. Extreme Biere sind einfach solche, die in mindestens einem Parameter über das Normale hinausgehen. Es sind also Grenzwertbiere, deren Superlative besonders in den Bereichen Bittere und Alkohol liegen. Sie tasten sich bis an die Grenze der Löslichkeit der

Hopfenbitterstoffe in der Würze bzw. bis an die Grenze der Alkoholtoleranz der Hefe heran. „Bierextremismus" kann aber auch in Bezug auf Malzigkeit oder Art der Zutaten praktiziert werden. So gibt es zum Beispiel Biere, die auf Kakao-Nibs im Gärbehälter gelagert werden (siehe Chocolate Ale/Lager), oder mit einem Zusatz von Zuckertang (siehe Kelpie) oder Erdnussbutter gebraut werden. Hier sind einige typische Beispiele extremer Biere:

**Fresh Hop Ale bzw. Wet Hopp Ale**
Ein Spezialbier, das nur zur Hopfenerntezeit mit frisch gezupftem, ungedarrtem Hopfen – sogenanntem Wet Hop (nassem Hopfen) – gebraut wird. Der Hopfen kann in allen Brauetappen dem Bier zugegeben werden: als Bitterhopfen in der Sudpfanne bis zum Hopfenstopfen (Dry-Hopping) im Gärbehälter oder Lagertank.

**Samuel Adams Utoptias** ist definitiv ein extremes Grenzwertbier. Es ist eines der stärksten Biere der Welt. Es wird mit mehreren alkoholtoleranten Hefestämmen über Jahre in Holzfässern vergoren und dabei vorsichtig mit immer mehr zuckerhaltigen Zusätzen geimpft, bis der Alkoholgehalt bei etwa 25 % bis 30 % liegt.

**Wild Beer** „Wilde" Biere werden nicht nur mit „gezähmten" Brauhefen wie Saccharomyces cerevisiae oder Saccharomyces pastorianus, sondern auch mit wilden Hefen und Bakterien vergoren. Zum Beispiel gibt die wilde Mikrobe Saccharomyces bruxellensis dem Bier Noten von Pferdeschweiß (sic!). Brettanomyces claussenii produziert nicht nur Pferdeschweißnoten im Bier, sondern auch Aromen von tropischen Früchten wie Ananas. Brettanomyces lambicus gibt dem Bier Noten von Pferdeschweiß und sauren Kirschen (siehe auch Lambic). Das Milchsäurebakterium Lactobacillus produziert essigsäuerliche Noten. Lactobacillus brevis, eine Lactobacillus-Untergruppe kann Zucker sowohl in Milchsäure als auch in Alkohol umwandeln. Ein anderes Milchsäurebakterium, Pediococcus, vermittelt dem Bier Aromen, die an Butter, Honig, Vanille, Fasern und Nuss erinnern.

**Farmhouse Ale** Ein englischer Begriff für Bauernbier. Siehe zum Beispiel Bière de Garde, Bière de Saison, Littauer Bauernbier.

**Faro** Diese belgische Lambic-Sorte (siehe Lambic) hat eine traditionelle und eine moderne Definition. Ein klassisches Faro war ein dünnes, trockenes Bier von vielleicht 2 % bis 3 % Volumenalkohol, welches aus einem Nachguss eines regulären Lambic gebraut wurde. Viele Faro-Varianten der Vergangenheit wurden auch gelegentlich als Verschnitt zwischen einem frischen, dünnen Nachguss-Lambic und einem gut gereiften Lambic normaler Stärke hergestellt. Moderne Faro Marken sind oft frische Lambics mit etwa 4 % bis 5 % Volumenalkohol. Manchmal werden diese Sauerbiere auch mit Zuckerprodukten gesüßt und dann sofort pasteurisiert, um eine Flaschengärung der Zuckerzusätze und damit einen übertrockenen Abgang zu verhindern.

**Fassbrause** Ein Biermischgetränk, welches alkoholisch oder alkoholfrei hergestellt wird. Es besteht normalerweise aus einer Mischung von Früchten, Gewürzen und Malzextrakt. Fassbrausen waren ursprünglich eine Spezialität aus Berlin, wo sie auch unter den Namen Molle bzw. Sportmolle bekannt sind. Vergleiche auch Radlermaß, Alsterwasser und Fruchtbier.

**Fastenbier** Normalerweise ein Klosterstarkbier. Siehe Abteibier.

**Fastenbock** Siehe Bock.

**Festbier** Diese Bierkategorie hat viele Interpretationen. Einerseits bedeutet sie ein Oktoberfestbier, welches eine Untergruppe des bayerischen Märzenbieres ist (siehe Märzen). Andererseits bedeutet sie ein Bier oder Starkbier, welches speziell für festliche Zeiten gebraut wird und damit viele verschiedene Formen annehmen kann. Siehe zum Beispiel Weihnachtsbier sowie die Beschreibungen für Doppelbock oder Fastenbock unter dem Stichwort Bock. Typische Festbiere sind fast immer untergärig gebraut. Sie sind vollmundig und haben oft eine kräftige Malznote sowie einen leichten Brot- oder Biskuitcharakter. Der Alkoholgehalt liegt meistens zwischen 5,5 % und 6,5 % .

***Fichtenbier*** Dieses obergärige Getränk, welches auch unter dem Namen Sprossenbier sowie fälschlicherweise unter dem englischen Namen Spruce Beer (Kiefernbier) bekannt ist, scheint ursprünglich aus Nordddeutschland zu stammen, wo es, besonders in den Brauereien in Hamburg und Danzig, zur Zeit der Hanse als Exportbier gebraut wurde. Fichtenbiere wurden stark eingebraut und dann nicht nur mit Hopfen, sondern auch mit den vitaminhaltigen und Skorbut-bekämpfenden Spitzen der Fichte (Picea abies) gewürzt. Es war ein beliebtes Seefahrerbier und war besonders in England vom 16. bis zum 19. Jahrhundert als heilsames Getränk recht populär. Siehe auch Jopenbier, Danziger.

***Flämisches Rotbier*** Siehe Oud Bruin.

***Flämisches Sauerbier*** Siehe Oud Bruin.

***Flanders Red Ale*** Wörtlich flämisches Rotbier. Siehe Oud Bruin.

***Flanders Sour Ale*** Wörtlich flämisches Sauerbier. Siehe Oud Bruin.

***Flieger*** Ein Weißbier-Cola-Biermischgetränk.

***Foederbier*** Flämisch für Fassbier. Ein anderer Name für das westflämische Oud Bruin (siehe dort).

***Foreign (Extra) Export Stout (FES)*** Siehe Stout.

***Framboise*** Ein Frucht-Lambic mit Himbeeren. Siehe Lambic und Fruchtbier.

***Fraoch Ale*** Fraoch bedeutet Heidekraut (Calluna vulgaris) auf Gälisch, der keltischen Ursprache Schottlands. Es ist ein mit Heidekrautblüten gebrautes Gruitbier (siehe dort) und kann offenbar auf eine mindestens 4000 Jahre alte Brautradition zurückblicken. Die schottische Heidekrautpflanze ist giftig, weshalb das Brauen von Fraoch Ale in England im 18. Jahrhundert verboten wurde, was jedoch unbegründet war, denn die Blüte dieser Pflanze ist vollkommen harmlos. Heutzutage wissen wir es natürlich besser und Fraoch Ale wird wieder in kleinem Rahmen in Schottland gebraut. Die Heidekrautblüte gibt diesem Ale einen leicht parfümierten, fast lavendelartigen Geschmack.

**Fresh Hop Ale** Ein mit ungedarrtem (d.h. frischem) Hopfen gewürztes Bier. Siehe auch Extreme Ale.

**Frischbier** Siehe Braunbier, deutsches.

**Fruchtbier** Fruchtbiere sind keine alkoholischen Getränke aus Frucht, sondern mit Frucht, denn vergorene Fruchtsäfte heißen Wein, nicht Bier. Bei Fruchtbieren dient der Fruchtzusatz primär als Geschmacksstoff sowie als zusätzliche Quelle für von der Hefe in Alkohol vergärbare Zuckersorten – besonders Fruktose- und Glukose-Zucker. Der Hauptbestandteil von Fruchtbieren bleibt immer ein malzzuckriger Getreideextrakt. In diesem Sinne kann man praktisch jede Biersorte – vom hellsten Pils bis zum dunkelsten Oatmeal Stout (siehe beide dort) – in ein Fruchtbier umfunktionieren. Dabei kann jede Fruchtsorte – von der exotischen Baumstammkirsche Jaboticaba (Myrciaria cauliflora) aus Brasilien, über die hybride Sauerkirsche (Prunus cerasus), über die amerikanische Cranberry (Vaccinium oxycoccos), bis zur banalen, mitteleuropäischen Zuchterdbeere (Fragaria) – als Fruchtquelle dienen.

In der Praxis haben besonders die experimentierfreudigen Craft-Brauer in den letzten Jahrzehnten bereits unendlich viele Bier-Frucht-Permutationen ausprobiert. Besonders beliebte Beispiele dieser innovativen Fruchtbiere sind das Blueberry Ale (Heidelbeeren Ale) und das Pumpkin Ale (Kürbis Ale). Siehe beide dort. Hopfengaben sind in Fruchtbieren immer sehr zurückhaltend, da die Hopfenbittere selten gut mit Fruchtaromen harmoniert. In Belgischen Fruchtbieren wird daher oft bewusst mit altem, oxidiertem statt frischem Hopfen gearbeit, denn Hopfenbitterstoffe – isomerisierte Alphasäuren genannt – sind, wenn sie oxydiert sind, in wässrigen Flüssigkeiten wie Bierwürze nicht mehr löslich.

Der Zusatz von Früchten beim Bierbrauen hat eine lange Tradition und geht auf die Zeit vor der allmählichen Einführung von Hopfen als Biergeschmacksträger seit Anfang des 9. Jahrhunderts zurück. Zum Beispiel benutzten schon die alten Ägypter in vielen ihrer Biere zuckerreiche Datteln als Quelle für mehr Alkohol und mehr Geschmack. Die Ureinwohner Schottlands gaben ihren Ales oft Holunderbeeren zu (siehe Eblulum). In Deutschland waren bis im späten Mittelalter u. a. Kirsch-, Schlehen-, und Himbeerbiere bekannt. Letztlich gibt es noch die berühmten, sehr sauren und trockenen belgischen Früchte-Lambics (siehe Lambic) wie Cassis (mit schwarzen Johannisbeeren), Framboise (mit Himbeeren), Kriek (mit Sauerkirschen), Muscat (mit Trauben), Pêche (mit Pfirsichen) und Pommes (mit Äpfeln). Einige Brauereien produzieren heutzutage Fruchtbiere mit gefrorenen Früchten, Fruchtsaft, Fruchtsirup, Fruchtpüree, oder mit natürlichen oder künstlichen Fruchtessenzen. Zitronen- bzw. Orangenschalen finden wir im Zitronenbier bzw. im belgischen Witbier (siehe beide dort). Berliner Weisse mit Schuss ist hingegen kein Fruchtbier, da die Fruchtkomponente erst beim Einschenken und nicht bereits beim Brauen hinzugegeben wird (siehe Berliner Weiße).

Man kann Früchte zu unterschiedlichen Etappen im Brau- und Gärungsprozess hinzufügen. Ist der Brauer um die Keimfreiheit seines fertigen Bieres besorgt, so kann er die Früchte in einem porösen Sack für eine kurze Zeit nach dem Kochende in die noch heiße Würze hängen, bevor er den nun sterilen Sack in die kalte Würze im Gärbehälter hängt. Bei diesem Verfahren kommt sowohl der geschmack- und zuckerreiche Fruchtsaft als auch das Fruchtfleisch gleich zweimal – im Sudhaus und im Gärkeller – mit dem Bier in Berührung. Dabei werden alle auf der Frucht ansässigen Mikroben in der Sudpfanne abgetötet, jedoch wird dabei auch ein Teil des in der Frucht vorhandenen Gelier- und Bindemittels Pektin (Carboxymethylcellulose) gelartig koaguliert, was die Viskosität des Bieres erhöht und u. U. den späteren Einsatz von Klärmitteln notwendig macht.

Eine zweite Methode, Bier mit Früchten zu vereinen, ist die Zugabe von zerkleinerten Früchten im rohen Zustand nur in den Gärbehälter. Da die Früchte nun nicht pasteurisiert sind, besteht jedoch die Gefahr, dass zum Beispiel Säurebakterien und wilde Hefen auf diesem Weg ins Bier gelangen, was je nach Zielvorstellung des Brauers den Biergeschmack günstig oder ungünstig beeinflussen kann.

Eine dritte Methode, einem Bier Fruchtgeschmack zu verleihen, findet besonders bei der Herstellung von belgischen Frucht-Lambics Anwendung. Dabei wird ein fertig vergorenes, gut gereiftes, aber nicht filtriertes Bier in einen neuen Behälter – oft in ein riesiges Eichenfass – umgepumpt und dort mit vielleicht 20 kg bis 30 kg frischen Früchten pro Hektoliter „geimpft". Der in den Früchten vorhandene Zucker bildet einen Anreiz für die im Fassinneren „schlafenden" Hefen (und womöglich auch Bakterien) sich zu regenerieren und den neuen Zucker langsam über mehrere Monate bis zu mehreren Jahren zu vergären. Danach hat ein solches Bier einen besonders trockenen, astringierenden Abgang.

***Frühlingsbock*** Siehe Bock.

***Fyltz bzw. Filtz*** Ein wahrscheinlich obergäriges, leicht säuerliches Magdeburger Bier aus der Renaissance.

Es gehört in die Gruppe der berühmten vorindustriellen Weißbiere, zu denen damals auch das Hamburger Bier, das Lübecker Bier, die Goslaer Gose, das Hannoveraner Broyhan Bier, der Breslauer Schöps, das niederländische und westfälische Keutebier, die polnischen Landbiere (wie das Grätzer Bier) und das Prager Weizenbier zählten. Vom Fyltz ist, abgesehen von seiner Existenz und Beliebtheit, praktisch nichts bekannt. Man findet eine knappe Referenz zu diesem Bier zum Beispiel in *De generibus ebriosorum, et ebrietate vitanda* (Von den Arten der Betrunkenen, und wie man Trunkenheit vermeiden kann), einem Werk des humanistischen deutschen Dichters Helius Eobanus Hessus (1488–1540), welches er offenbar zwischen 1514 und 1517 verfasst hat. Dort steht: „Preterea quis non novit Saxonicas quoque cerevisias diversis appellari nominibus, Fyltz silicet Magdebugensem, Mommom sive Momum Brunsvigensem, Gaußae Goslariensem." (Außerdem wer weiß nicht, (dass es) in Sachsen Biere verschiedener Namen (gibt), nämlich Fyltz in Magdeburg, Momme oder Mum in Brauschweig (siehe Mumme), Gausse in Goslar (siehe Gose).

Etwa sechs Jahrzehnte später, im Jahre 1575, schreibt ein Herr Dr. Heinrich Knaust in seinem Buch *Von der Göttlichen und edlen Gabe / der Philosophischen / hochtewren und wunderbarne Kunst / Bier zu brawen*: „Diesem Magdeburgischen weissen oder Weitzen Biere / haben sie einen seltsamen Namen gegeben / Als nemlich / Das mans gemeiniglichen Madgeburger Filtz nennet / Ursach desselben / mag wenig bekannt sein / Doch lest mans dabey wenden / und trinket es gleich sehr / für gut Weiß Bier auf seine art / Hamburger Bier (siehe dort) ists nicht/ so ist es auch keine Gose (siehe dort) / aber doch ists gut / für sein theil." Schließlich lässt uns Johann Georg Krünitz im Jahre 1773 im *5. Band der Oekonomische Encyclopaedie oder allgemeines System der Staats- Stadt- Haus- und Landwirthschaft in alphabetischer Ordnung* wissen: „Magdeburger Bier, Filz genannt, kommt dem Zerbster (siehe Zerbster Bitterbier) gleich, und wird bis nach Hamburg verführet."

***Germanisches Brotbier*** Die alten Germanen brauten offenbar, ähnlich wie die alten Sumerer und Ägypter, ihre Biere gelegentlich mit einer Zugabe von Brot. Siehe dazu Brotbier, antik.

***Gardelebischer bzw. Gardelegener Garley*** Offenbar war das Bier der Stadt Gardelegen in Sachsen-Anhalt in der Renaissance etwas ganz Besonderes. Im ersten Biersortenlexikon der Welt, im Jahre 1575 von Dr. Heinrich Knaust geschrieben, mit dem Titel *Von der Göttlichen und edlen Gabe / der Philosophischen / hochtewren und wunderbarne Kunst / Bier zu brawen* lesen wir, dass der Garley jener Stadt „ein auserwelt gut Bier ist / von geschmack / substanz / temperament / nutriment / krafft und Tugendt … Man gibt auch diesem Biere / nicht zu viel Hopffen / Derwegen es ein wolschmeckent und vollkommen Bier ist …" Da fügt Johann Georg Krünitz im Jahre 1773 im 5. Band der *Oekonomische Encyclopaedie oder allgemeines System der Staats- Stadt- Haus- und Landwirthschaft in alphabetischer Ordnung* hinzu: „Gardelebischer oder Gardelegener Garley … in der Altmark, wird aus der großen zweizeiligen Gerste (Hordeum distichon) gebrauet, welche diesem Biere eine stark nährende Kraft gibt; und weil man demselben gar wenig Hopfen hinzusetzt, so behält es einen süßlichen angenehmen Geschmack, nebst seiner durchsichtigen braungelben Farbe. Es wird für eines der besten und gesundesten Biere gehalten." Dieses historische, offenbar über Jahrhunderte berühmte Weißbier ist allerdings heute komplett verschwunden und es gibt kaum Anhaltspunkte dafür, wie es gebraut wurde.

***Gårdøl*** Ein obergäriges, malziges, norwegisches Bauern- bzw. Landbier mit sehr breit gestreuten Charakteristiken. Gård ist Norwegisch für Bauernhof und Ølet für obergäriges Bier (Ale auf Englisch). Traditionell wurde das Bier, ähnlich wie zum Beispiel Sahti in Finnland (siehe dort), mit Wacholderbeeren und -zweigen wie auch mit lokalen Kräutern gewürzt. In modernen Craft-Brau-Versionen kann dieses Bier ähnlich wie ein Bière de Saison, ein

105

Mild Ale oder ein Dunkel (siehe alle dort) gebraut werden und etwa zwischen 4,5 % bis 5,5 % Volumenalkohol aufweisen.

**Gemüsebier** Die Praxis, einem Bier Gemüse beizumischen, ist uralt. Meistens dienten Gemüsesorten als Lieferanten zusätzlicher Kohlenhydrate in der Maische. Dafür waren im Mittelalter besonders Erbsen und andere Hülsenfrüchte beliebt. Auch findet man gelegentlich Erwähnungen von Bieren mit Blumenkohl. In den Südstaaten Amerikas haben auch Chilipfeffer (Capsicum) als Biergewürz viele Anhänger. In Europa benutzten Brauer im 16. Jahrhundert oft Gemüse, um verdorbenen Bieren einen neuen Geschmack zu geben, mit dem sie glaubten, die Bierdefekte zu übertünchen. In Bayern machte der Bierzutatenerlass, aus dem das heutige Deutsche Reinheitsgebot entwachsen ist, dieser Praxis den Garaus. Man kann debattieren, ob Kürbis eine Frucht oder ein Gemüse ist. Jedenfalls sind Kürbis-Ales (siehe Pumpkin Ale) im Herbst um die Thanksgiving Feiertage besonders in den Vereinigten Staaten sehr popular. Gemüsebier (Vegetable Beer) ist heute sogar eine Wettbewerbskategorie beim World Beer Cup®.

**Gespritzter** Siehe Diesel.

**G'frornes** Im fränkischen Dialekt ein Name für einen Eisbock. Siehe Bock/Bockbier.

**Ginger Beer** Englisch für Ingwerbier. Trotz des Namens ist es kein Bier, sondern eine normalerweise alkoholfreie (es gibt Ausnahmen) Limonade mit Ingwergeschmack, welche ursprünglich aus Jamaika stammt. Ginger Beer wird oft mit hellem Ale oder Lagerbier zu einem Shandy (siehe dort) gemischt, welches eine Art englisches Pendant zum deutschen Radlermaß (siehe dort) ist.

**Ginjo Beer** Ein anderer Name für Saké.

**Glutenfreies Bier** Biere in dieser Gattung werden, statt aus glutenhaltigen Gersten-, Weizen- oder Roggenmalzen aus Malzen glutenfreier Getreide wie Amaranth, Hirse oder Quinoa gebraut. Auch Biere aus Buchweizen (siehe Buchweizenbier) sind glutenfrei. Gluten – auch Klebereiweiß genannt – ist eine Eiweißgruppe, die für viele Menschen unverträglich ist. Besonders Leute, die unter Zöliakie leiden, müssen Gluten in ihrer Ernährung vermeiden. Seit einiger Zeit gibt es auch technologische Methoden, Gluten nachträglich aus mit glutenhaltigen Malzen gebrauten Bieren zu entfernen. Letztlich hat die moderne

Gentechnik es geschafft, konventionelle Braugetreidesorten glutenfrei zu züchten.

**Golden Ale, American** Siehe Blonde Ale, American.

**Golden (Strong) Ale,** Belgian Siehe Belgisch Speziaalbier.

**Gose, Leipziger** Gose ist eine traditionelle, sächsisch-niedersächsische, obergärige, aus Gersten- und Weizenmalz gebraute Biersorte, die in und um Goslar im Harz etwa zur Zeit Kaiser Ottos III., der zwischen 983 und 1002 von seiner Pfalz in Goslar das Heilige Römische Reich Deutscher Nation regierte, entstand. Nach modernen deutschen Maßstäben ist Gose ein ungewöhnliches Bier, denn es wird im Sudhaus mit Salz und Koriander abgeschmeckt, was rein technisch gegen das Reinheitsgebot, welches nur den Gebrauch von Wasser, Malz, Hopfen und Hefe zulässt, verstößt. Als historisches Bier genießt Gose jedoch eine Ausnahmestellung gegenüber der sonst allgemeinverbindlichen Bierzutatenregelung. Auch wird Gose nicht nur mit Hefe, sondern auch mit Milchsäurebakterien vergoren, was aufgrund der sanitären Bedingungen in vielen Gärkellern zur Entstehungszeit der Gose ganz normal war. Zu jener Zeit war der Gebrauch von Hopfen im Bier noch ein von Mönchen gut gehütetes Geheimnis, weshalb alle anderen Brauer ihre Biere damals noch mit Kräutern – einschließlich Koriander – verfeinerten (siehe Gruitbier).

Das Salz in der Gose hat jedoch einen anderen Ursprung. Im Mittelalter war Goslar ein bedeutendes Zentrum der Kupfer- u. Silbererzgewinnung und ein großer Teil der salzhaltigen Abwässer des damaligen Goslarschen Bergbaus flossen in einen kleinen Fluss namens Gose am Westrand der Stadt, aus dem jedoch auch die Goslarschen Brauer ihr Brauwasser nahmen. Das Salz im Gosewasser blieb natürlich auch im daraus gebrauten Bier erhalten. So gab der Fluss Gose der Biersorte Gose nicht nur ihr Salz, sondern auch ihren Namen.

Die leicht säuerliche und würzige Gose ist ein sehr erfrischendes Getränk, weshalb sie sich bald nach ihrer Einführung im ganzen Harzgebiet sowie auch im benachbarten Sachsen verbreitete. Spätestens im 16. Jahrhundert war die Gose nachweislich fest als Biersorte in der Region etabliert. Jedenfalls dürfen wir das aus einer Schrift entnehmen, die der humanistische Dichter Helius Eobanus Hessus (1488-1540) offenbar zwischen 1514 und 1517 verfasste. In seinem Werk *De generibus ebriosorum, et ebrietate vitanda* (Von den Arten der Betrunkenen, und wie man Trunkenheit vermeiden kann), in welchem der Dichter sich über die zeitgenössischen Trinkgewohnheiten in deutschen Landen auslässt, versichert er uns, dass „Gaußae Goslariensem" damals ein bereits wohlbekanntes

Bier in Sachsen war. Das bekräftigt uns auch der schreibfleißige Dr. Heinrich Knaust etwa ein halbes Jahrhundert später. Er belehrt uns in seinen 1575 in Erfurt erschienenen *Fünff Bücher von der Göttlichen vnd Edlen Gabe / der Philosophischen / hochwerten vnd wunderbaren Kunst / Bier zu brawen,* dass „Gose ist ein Geschlecht der weißen Biere, so mehrentheils in Niedersachsen, fürnehmlich aber zu Goßlar, Quedlinburg, Halberstadt, Aschersleben, Wernigeroda und anderswo, wie es wohlwissend ist, gebräuet werden. Ist ein wohl geschmacktes, kräftiges Bier, so meistentheils aus Waitzen bestehet, und wird dem Breyhan (Broyhan Bier; siehe dort) gleich zubereitet...so auch gut Nutriment und Nahrung gebet, erwärmet auch wohl und machet ein gut Geblüht, auch feist, so man viel trinket...Unter allen Gosen aber excellirt die Goßlarische..."

Im 17. Jahrhundert waren die Minen in Goslar jedoch erschöpft und die Stadt verlor langsam an Bedeutung. Allerdings hatte zu dem Zeitpunkt das Gose-Brauen bereits in Leipzig Fuß gefasst, was wir aus einer Braulizenz aus dem Jahre 1738 entnehmen können, die der Leipziger Stadtrat einem Kneipeninhaber namens Giesecke ausstellte. Während Gose in den folgenden Jahren in Leipzig an Popularität gewann, entschloss sich der Stadtrat von Goslar im Jahre 1826, alle verbleibenden Gosebrauereien zu schließen. Aber selbst in Leipzig verlor die Gose in der zweiten Hälfte des 19. Jahrhunderts mit dem Aufkommen untergäriger, heller Gerstenbiere an Marktanteil; und die letzte Gose-Brauerei stellte dort im April 1966, also zur Zeit der DDR, ihre Produktion ein.

Nach der Wiedervereinigung erfuhr die Gose jedoch eine gewisse Renaissance; und heutzutage haben sich wieder einige Gose-Brauereien in und um Leipzig etabliert. In modernen Brauereien wird Gose natürlich nur noch selten spontan vergoren. Stattdessen wird das Bier meistens mit reinen, obergärigen Hefestämmen sowie mit Lactobacillus-Bakterien kontrolliert als Vollbier (siehe dort) hergestellt. Aber die Zugabe von Koriander und Kochsalz ist immer noch de rigeur. Leipziger Gose wird in der Flasche nachvergoren und dann unfiltriert und unpasteurisiert serviert. Die Farbe des Bieres ist gelblich und das Bouquet erinnert an Äpfel. Der Geschmack ist sehr komplex, mit Noten von Pflaumen und Kräutern; und der Abgang ist immer sehr trocken, prickelnd und erfrischend.

*Gotlansdricka* Wörtlich Gotlands Trunk ist das traditionelle, einheimische Bier Gotlands, der größten Insel in der Ostsee. Visby, die Haupstadt Gotlands war während der Zeit der Hanse (siehe Hanse Bier) und des englischen Handels in die Ostsee (siehe zum Beispiel Russian Imperial Stout unter dem Stichwort Stout) eine wichtige Zwischenstation zur Proviranterneuerung der Segelschiffe. Seit 1645 ist Gotland eine Provinz Schwedens. Gotlansdricka, auch kurz Dricke genannt, wird ähnlich wie das finnische Sahti (siehe dort), aus rauchigem, sogenanntem Gotländsk Rökmalt hergestellt. Dieses Rauchmalz ist ein Gerstentennenmalz, welches nach dem Weichen und Keimen langsam über mehrere Tage über einem offenen Feuer aus harzreichem Birkenholz gedarrt wird. Der Rauch des Birkenholzes verleiht dem Rökmalt und damit dem fertigen Bier – ähnlich wie der Torf in schottischen, „peated" Whiskeymalz-Darren – eine gewisse phenolische Note. Die anderen Zutaten für Gotlandsdricka sind Wasser, Wacholderzweige, Wacholderbeeren, Backhefe und – heutzutage – Hopfen.

Gotlansdricka wird selbst heute noch auf Gotland gebraut. Es ist aber der Herkunft nach ein altertümliches Bauernbier, dessen Ursprung tief in der Geschichte Skandinaviens zurückliegt. Wir wissen aus archäologischen Funden, dass es auf jeden Fall zur Zeit der Wikinger im 9. und 10. Jahrhundert bereits fest etabliert war. Eine originale Gotlandsdricka-Würze wurde immer ungekocht (!) und ausschließlich spontan in offenen Behältern vergoren. Das gab dem Bier eine leichte Note von schwefligem, gekochtem Kohl, wie auch einen leicht säuerlichen Geschmack im Abgang. Das Bier wurde immer ganz frisch – manchmal sogar bevor es vollkommen vergoren war – getrunken. Während der Gärung wurde ein klassisches Gotlandsdricka oft mit frischem Zucker bzw. mit Honig oder mit beiden geimpft, weshalb dieses Bier mit fortschreitender Zeit im Gärkeller immer trockener und stärker sowie (ähnlich wie beim belgischen Lambic; siehe dort) immer säuerlicher wurde – solange die Hefe mitspielte. Auch hatte dieses Bier, da es nicht unter Druck stand, nur wenig Rezenz.

Moderne, kommerzielle Interpretationen dieser alten schwedischen Biersorte weichen jedoch in wesentlichen Punkten vom traditionellen Brauverfahren ab. Zum Beispiel wird die Würze heute durchweg gekocht, um sie zu sterilisieren und um die unangenehmen kohlartigen, flüchtigen Schwefelverbindungen aus dem Bier zu treiben. Auch wird das Bier heute oft mit Bierhefen aus Reinzucht statt mit Backhefen vergoren. Das Ergebnis ist ein trübes, bitter-süßes, rauchig-würziges Bier mit wahrnehmbaren, warmen Alkoholnoten und vielleicht einem Anflug von Madeira oder Portwein aufgrund von Oxidationserscheinungen.

***Grätzer Bier*** Grätz ist heute eine polnische Stadt mit dem Namen Grodzisk, weshalb das obergärige Grätzer Bier heute auch als Piwo Grodziskie bekannt ist. Das Bier wird ausschließlich aus Weizenmalz gebraut, welches in Eichenholz-befeuerten Darren getrocknet wird. Es ist unfiltriert, milchig-hell und stark gehopft. Es hat nur 2,5 % bis 3,5 % Alkohol (selten mehr). Deutsche Kolonisten sollen die Braumethode dieses Bieres offenbar im 13. oder 14. Jahrhundert nach Grätz gebracht haben. Eine weitere Welle ebenfalls trinkfester Einwanderer kam etwa einhundert Jahre später aus Böhmen nach Grätz und stärkte die Popularität des lokalen Weizenbieres. Das Grätzer Bier wurde in jenen Zeiten so berühmt, dass es nicht nur in seinem Heimatort, sondern auch in vielen anderen Städten der früheren Provinzen Posen und Westpreußen gebraut wurde. Vor dem Abfüllen wird das Grätzer mit einer kleinen Menge von frischem, gärendem Bier (Kräusen) für eine Nachgärung in der Flasche geimpft. Aufgrund der starken Rezenz und dem aus dem Weizen stammenden hohen Eiweißgehalt hat das Bier immer eine riesige, stabile Schaumkrone und wird daher in schlanken pilsähnlichen Spitzgläsern serviert, die auch das feine, apfelartige Bouquet des Bieres freigeben.

***Greifswalder*** Ein Schwarzbier-Cola-Biermischgetränk.

***Grisette*** Ein Saison-ähnliches, blondes bis bernsteinfarbenes, obergäriges Bier (siehe Bière de saison), welches gegen Ende des 19. Jahrhunderts in der belgischen Province Hainault entstand. Während das Bière de saison als Bauernbier galt, so galt Grisette in dieser Gegend als das Bier der Industriearbeiter, besonders der Bergleute. Ein Grisette hat etwa 4 % bis 5 % Volumenalkohol. Die wörtliche Übersetzung von Grisette ist etwa: „eine kleine graue junge Dame". Es ist nicht sicher wie das Bier zu diesem Namen kam, jedoch behauptet der Volksmund, dass er von den grauen Kleidern der jungen Fabrikarbeiterinnen jener Zeit abstammt, die offenbar bei Schichtende an den Toren der Zechen und Fabrikhallen mit Tabletts voller Bier warteten, um ihre müden Männer zu erfrischen.

***Grodziskie*** Siehe Grätzer Bier.

***Grozet*** Eine Art Gruitbier (siehe dort). Der Begriff stammt vom gälischen Wort Groseid ab, welches für ein schottisches Bier steht, das Mönche und Alewives (wandernde Brauerinnen) im Mittelalter aus Gersten- und Weizenmalz brauten. Grozet wurde mit Gagelstrauch, Hopfen und Mädesüß gewürzt. Oft wurde es auch, ähnlich wie bei der Braumethode der belgischen Frucht-Lambic-Biere (siehe zum Beispiel Kriek), mit einem Zusatz von Stachelbeeren nachvergoren.

***Gruitbier*** Benediktinermönche entdeckten die Bitterqualitäten von Hopfen als Konservierungsmittel und als Ausgleich der malzigen Süße im Bier im 9. Jahrhundert. Davor haben Brauer jahrtausendelang verschiedene pflanzliche Zutaten – besonders Kräuter – verwendet, um ihre Biere geschmacklich ausgewogen zu verfeinern. Etwa vom frühen Mittelalter bis zur Renaissance hießen solche Kräutermischungen in Mitteleuropa und auch auf den Britischen Inseln Gruit, weshalb wir heute die damit gewürzten Biere als Gruitbiere bezeichnen. Die Zusammensetzung der Gruit hing natürlich davon ab, was in den verschiedenen Regionen gedieh. In einem gemäßigten Klima wuchsen zum Beispiel Beifuß, Gagelstrauch, Heidekraut, Myrte, Schafgarbe, Wacholder und Waldmeister besonderes gut, wohingegen in südlichen Breitengraden Pflanzen wie Lavendel, Majoran, Rosmarin und Wermuthkraut bevorzugte Gruitbestandteile waren.

Beim Bierbrauen können solche Kräutermischungen wie ein bouquet garni in einem Musselinbeutel an einer langen Schnur entweder im Sudhaus in die kochende Würze oder im Keller in das kühl gärende Bier gehängt werden. Obwohl Gruitbiere in Europa, einschließlich in Deutschland, für Jahrhunderte Standard waren, verstößt der Gebrauch von Kräutern im Bier heute gegen das Deutsche Reinheitsgebot, welches nur Wasser, Malz, Hopfen und Hefe als Bierzutaten erlaubt. Nach der Definition von Bier im deutschen Biergesetz, in dem das Reinheitsgebot verankert ist, gelten Gruitbiere sogar als Nicht-Biere! Das ist auch der Grund, weshalb Gruitbiere heutzutage in Deutschland praktisch kaum zu finden sind. Bei Craft-Brauern außerhalb Deutschland erfahren Gruitbiere jedoch gegenwärtig eine Renaissance und viele Brauer rekonstruieren historische Gruitbiere nach alten Rezepturen.

***Grünkernbier*** Dieses Bier wird aus unreifem Dinkel (siehe Dinkelbier) gebraut, bei dem die Stärke noch nicht voll ausgebildet ist.

***Gueuze*** Eine Lambic-Sorte (siehe Lambic), die aus einem Verschnitt von jungem and altem Lambic hergestellt wird. Dabei darf das junge Bier nicht älter und das alte Bier nicht jünger als sechs Monate sein. Die Proportionen zwischen den beiden Bieren schwanken gewaltig, jedoch liegen sie meist im Bereich von einem Drittel frischem zu zwei Drittel gut gereiftem Lambic. Das junge Bier liefert eher milchsäureartige Geschmackskomponenten, wohingegen das ältere Bier mehr Aroma und Geschmackstiefe besitzt. Nach dem Verschnitt wird Gueuze mit einer Dosage Zucker geimpft, in eine dickwandige Champagnerflasche mit Korken und Drahtkäfig abgefüllt und dann bei etwa 10 °C bis 15 °C für bis zu zwei Jahre in der Flasche nachvergoren. Das Ergebnis dieser langwierigen Prozedur ist ein sehr rezentes, saures, fruchtig-esteriges Bier mit wenig Hopfen- und Malzgeschmack. Es hat etwa 5 % bis 6 % Alkohol, einen dünnen, champagnerartigen Körper und einen extrem trockenen Abgang. Dieses Bier wird am besten sehr kühl in einer leicht tulpenbäuchigen Sektflöte serviert.

**Güstrower Kniesenack** Eine der ältesten Referenzen zu diesem Bier stammt aus dem Jahre 1624, welche ein anonymer Autor unter dem langen Titel *Encomium oder Lob-Spruch des welt-berühmten / gesunden / kräfftigen und wohlschmeckenden Gersten-Biers Kniesenack genannt / Welches im Mecklenburgischen Lande zu Güstrau seinen Ursprung bekommen und anjetzo daselbst gebrauet wird* niedergeschrieben hat. Der Name dieses Pamphlets ist eigentlich doppelt gemoppelt, den Encomium ist Latein für Lobschrift. Offenbar war der Kniesenack ein Bier für die Obrigkeit, denn nach dem Encomium leitet sich der ungewöhnliche Name dieses Bieres von Kneso ab. So sagt der anonyme Autor: "Allein ist das Wort Knese ein Wendisch oder Slavonisch Wort und daher eine Appelativum; wie dann vorzeiten auch grosse auch wohl Fürstl. Personen Knesen genand worden." Das Malz in der Kniesenack-Maische war "gutes, wohlbereitetes und auf dem Boden durch Rauch gedörrtes Gerstenmalz", welches "gemahlen [wird], doch nicht sehr klein – sonst will das Bier nicht laufen und wird auch der Kniesenack nicht klar – und alsdann, wenn der Born wohl gekochet hineingethan, wohl gerührt und durchgegossen und abermals wohl gekocht und durchgegossen."

Nach dieser Beschreibung war das Bier offenbar hochkarätig, denn die Maische wurde zuerst mit heißem Wasser abgeläutert und dann – ähnlich wie beim superstarken schottischen Majority Ale (siehe Old Ale) – ein zweites Mal mit der gekochten Würze abgeläutert. Deshalb mahnt der anonyme Autor auch, dass man den Kniesenack "nicht den vollen Maassen / sondern wie einen starkken und scharffen herrlichen Wein schlorffsweise geniessen; auch nicht 15 oder mehr Schlucken oder beyde Backen voll ... sonder fein gelinde und mählig / jedes Natur gemäß / getrunken werden." Nach einer Beschreibung des Kniesenacks im Band 6 des *Archiv für Landeskunde in den Grossherzogthümen Mecklenburg und Revüe der Landwirtschaft*, aus dem Jahre 1856 erreichte der Ruhm des Kniesenack seinen Höhepunkt im Dreißigjährigen Krieg (1618-1648), als er nicht nur die Truppen des Heiligen Römischen Reiches, sondern auch die schwedischen Soldaten erfreute, als diese Güstrow plünderten. Eine moderne Interpretation all dieser Quellen lässt vermuten, dass der ursprüngliche Kniesenack ein schwach gehopftes, aus gut gedarrten, leicht rauchigen und zum Teil gerösteten Malzen hergestelltes Gerstenstarkbier war, welches nur klar und gut gereift serviert wurde. Wie das Archiv für Landeskunde zusammenfasst, war der Kniesenack offensichtlich ein "helles, klares, wohlschmeckendes Bier".

*Haferbier* Im Hochmittelalter war Hafer (*Avena sativa*) als Bierrohstoff in ganz Europa wesentlich weiter verbreitet als heute. Besonders die Benediktinermönche brauten spätestens seit dem 10. Jahrhundert viele Biersorten mit großen Haferanteilen für ihren täglichen Bedarf (siehe zum Beispiel Cervisa unter dem Stichwort Abteibier). Auch die Schotten mögen ihren Hafer und haben viele innovative Wege entwickelt, ihn kulinarisch zu verwerten – vom Haferbrei bis zum berühmt-berüchtigten Haggis (Schafsmagen gefüllt mit Schafsleber-, herz und -lunge plus Fett und Hafer) bis hin zur Biermaische. Unter allen Getreidearten gedeiht der Hafer am besten im rauen, feuchten, schottischen Klima, in dem es auch vergleichsweise wenig Sonnenschein gibt. Haferbiere starben jedoch in den letzten zwei Jahrhunderten fast vollkommen aus, mit Ausnahme der Oatmeal Stouts (siehe unter Stout, Oatmeal). Erst in jüngster Zeit wurden sie besonders bei den amerikanischen Craft-Brauern in dunklen Ales (wie zum Beispiel in den schweren, öligen, stark gehopften Russian Imperial Stouts; siehe Stout, Russian Imperial) wiederbelebt.

Hafer kann in der Maische als Rohfrucht oder gemälzt verwerten werden. In der heutigen Verarbeitung von rohem Hafer werden zuerst die Spelzen „abgeschält". Dann wird der Hafer mit Hilfe einer Schneidevorrichtung zerkleinert und schließlich unter Druck zwischen zwei Glattwalzen als Flocken plattgedrückt. Hafer hat im Vergleich zu anderen Getreidearten einen relativ hohen Gehalt an Eiweiß, Fett und Gummistoffen. Gleichzeitig hat Hafer, im Vergleich zu Gersten zum Beispiel, relativ wenige stärkeabbauende Enzyme, weshalb der Maximalanteil an Hafer in einer Maische begrenzt ist. In einer Mischmaische aus Gerstenmalz und Hafer wandeln nämlich die Gerstenenzyme auch die Haferstärke in vergärbaren Zucker um. In großen Mengen kann Hafer auch ausgeprägte Trübungen im fertigen Bier verursachen. In der Praxis sehen Brauer daher 5 % bis 10 % Hafer in einer Biermaische als die obere Grenze an.

**Hanse Bier** Es gibt Phasen in der Geschichte, da tritt eine Gruppe von Bieren aufgrund der zeitlichen Umstände groß in Erscheinung, verschwindet dann aber, sobald sich die Umstände ändern, entweder ganz oder verwandelt sich und passt sich an. Siehe dazu zum Beispiel die Stichwörter Ägyptisches Bier aus der Antike; englisches India Pale Ale als Handelsbier; Colonial Ale aus der Zeit der Landesgründung der Vereinigten Staaten; oder Pre-Prohibition Lager, welches nach Aufhebung der amerikanischen Prohibition niemals mehr zurückkam. Genauso steht es mit den Handelsbieren der Hanse, einer merkantilen Verbindung bürgerlicher Städte, die zwischen der Mitte des 14. und dem Ende des 16. Jahrhunderts eine der dominanten wirtschaftlichen, politischen und kulturellen Einflüsse im nordeuropäischen Raum darstellte. Eine der wichtigsten Brauzentren der Hanse waren Hamburg und Bremen (siehe Hamburger Bier und Bremer Bier). Andere wichtige Handelsbiere der Hanse waren u.a. das Danziger Jopenbier, das Zerbster Bitterbier, die Braunschweiger Mumme und das Hannoveraner Broyhan Bier (siehe alle dort). Hanseatische Kaufleute verfrachteten auf ihren Koggen alle möglichen Waren wie Getreide, Fisch und eben auch Bier bis in die Niederlande, nach England und Norwegen sowie in viele Hafenstädte von Sankt Petersburg über Riga, Danzig, Visby, Lübeck, Hamburg, London bis nach Brügge. Aus der Ferne zurückkehrend brachten sie viele Gebrauchs- und Luxusgegenstände wie Pelze, Mineralien, Holz und Gewürze mit.

**Hamburger Bier** Im 16. und 17. Jahrhundert war Hamburger Bier ein weltbekanntes, sehr stark eingebrautes, obergäriges Weißbier, das zu vielen Nachahmungen führte (siehe zum Beispiel Broyhan Bier). Die Herstellung von Hopfen- statt Kräuterbieren (vergleiche Gruitbier) begann in Hamburg offenbar bereits im Jahre 1233 und entwickelte sich während der Blütezeit der Hanse zu einem der wichtigen Exportgewerbe der Stadt. Um die Mitte des 14. Jahrhunderts gab es in Hamburg nahezu 450 Brauereien. Im Jahre 1540 zählte man sogar 527. Wenn man den alten Quellen glauben darf, so hatte das Hamburger Bier echt wundersame Kräfte. Zum Beispiel erklärt uns Dr. Heinrich Knaust im Jahre 1575 in seinen *Fünff Bücher. Von der Göttlichen und Edlen Gabe / der Philosophischen / hochthewren und wunderbaren Kunst / Bier zu brawen*, dass Hamburger Bier „eine Königin unter allen andern Weitzen / oder Weissen Bieren (ist) / Gleich wie das Danziger Bier (siehe Jopenbier) / unter alle andern Gerste oder Rotte Bieren / auch den vortritt hat / und Königin ist."

Dieser Meinung schließt sich auch Johann Georg Krünitz an, der in dem zwischen 1773 und 1858 geschaffenen Werk *Die Oeconomische Encyclopädie* schrieb: „Hamburger Bier wird aus Weizen- und

Gersten-Malz bereitet, und weit und breit, ja gar bis nach Dännemark und Norrwegen verführt. Es verdient unter den Weizenbieren den ersten Platz, hat einen guten und angenehmen Geschmack, viele wesentliche Theile, giebt einen guten Nahrungssaft, und erzeuget ein gutes Blut. Es verliert aber bald mit dem Alter seine Kraft, nach Art der übrigen Weizen-Biere, und dauert nicht lange. Es läßt nicht leicht bei denen, die es trinken, den Stein entstehen, und giebt nicht nur eine gute natürliche Farbe, sondern auch eine zarte und reine Haut, wenn man sich damit wäscht. Viele bedienen sich desselben, um den Leib zu eröffnen, entweder allein, oder sie nehmen Butter darzu. Einige glauben, daß es in allen Krankheiten helfe, wie dem Cato sein Kohl. Wenn es unmäßig getrunken wird, verunstalltet es das Gesicht, und bringt in demselben viel Blattern, Finnen und Ausschlag hervor, und erregt eine unnatürliche Röthe."

Schließlich attestiert uns auch Johann Heinrich Kaven in seinem Buch *Der vollkommene Bierbrauer. Oder kurzer Unterricht alle Arten Biere zu brauen wie auch verdorbene Biere wieder gut zu machen, auch alle Arten von Kräuter-Bieren. Nebst einem Anhang von Methsieden* aus dem Jahre 1795: „Solches Bier wird, wie bekannt, aus Waizen gebräuet, und wegen seiner Tugenden, und angenehm lieblichen Geschmacks, überall hoch gehalten."

Mit Auflösung der Hanse Mitte des 17. Jahrhunderts verloren die Hamburger Brauer einen großen Teil ihres Marktes, und seit der Mitte des 19. Jahrhunderts wurde das Hamburger Bier effektiv von blonden, untergärigen, allein aus Gerstenmalz hergestellten Bieren wie das Pilsner und das Münchner Helle (siehe Pilsner und Helles) verdrängt. So war es wohl symbolisch für den Untergang des Hamburger Bieres, dass die Erfinderin des Hellen, die Münchner Spatenbrauerei, am 21. März 1894 ihre ersten Fässer mit Hellem nicht in München sondern in Hamburg als Testmarkt anbot. Wäre das Helle damals in den Seemannskneipen Hamburgs durchgefallen, wäre die jüngste Geschichte des bayerischen Bieres bestimmt ganz anders verlaufen! Jedoch floss das helle Nass aus München so problemlos durch der Kehlen der Biertrinker an der Waterkant, dass die Brauerei es wagte, ein Jahr später am 20 Juni 1895 ihr „Helles Lagerbier" auch ihrem lokalen Publikum in München anzubieten.

**Happe:** Ein Vorläufer moderner belgischer Weizenbiere wie das Witbier (siehe dort). Happe wurde oft auch mit einer Portion Hafer in der Maische hergestellt.

**Heather Ale** Auf Deutsch: Heidekrautbier. Siehe Fraoch und Gruitbier.

**Hefeweizen** Siehe Weißbier.

***Heidelbeeren Ale*** Siehe Blueberry Ale und Fruchtbier.

***Heirloom Beer*** Der englische Begriff für historische Biere. Siehe Alte Biere.

***Hekt*** Ein Bier mit wahrscheinlich niedrigem Alkoholgehalt und süßem Geschmack aus der Pharaonenzeit im alten Ägypten, welches damals oft exportiert wurde. Es war offenbar selbst in entfernten Märkten in Rom, in Palästina und sogar in Indien zu finden. Andere Schreibweisen dieses Bieres in unserem Alphabet sind Hqt, Hket, Haqu und Heqa. Ägyptologen glauben, dass die wörtliche Übersetzung von Hekt „Gerstenbier" ist. Wenn wir Zosimos aus Panopolis, einem im späten 3. bis frühen 4. Jahrhundert n. Chr. in Oberägypten lebenden griechischen Alchemisten glauben können, war die Methode der Malzherstellung für Hekt fast modern. So schrieb Zosimos (nach einer englischen Übersetzung aus dem Alt-Griechischen): „Nimm gut ausgewählte Gerste, zerkleinere sie für einen Tag mit Wasser und breite sie für einen Tag an einem Platz aus, wo sie gut einem Luftzug ausgesetzt ist." Heute nennen wir diese Schritte der Malzbereitung Weichen, Keimen und Darren.

***Heller Bock/Helles Bock*** Siehe Bock.

***Helles*** Das Münchner Helle ist eines der wenigen Biere, die nicht einer allmählichen braukulturellen Entwicklung entstammen, sondern – genau wie das Pilsner (siehe dort) – einen festen Geburtstag haben: Am 21. März 1894 schickte die Münchner Spatenbrauerei die ersten Fässer dieses von ihr neu entwickelten Bieres zu Markte – aber nicht in die Münchner Bierkeller, sondern in die Seemannskneipen der Hafenstadt Hamburg! Spaten hatte die ersten Testsude dieser Biersorte bereits im Vorjahr gebraut. Das Ziel war es, ein helles untergäriges Bier zur Hand zu haben, mit dem Spaten hoffte, Marktanteile zurückzuerobern, die das Pilsner aus dem benachbarten Böhmen seit seiner Einführung im Jahre 1842 dem Münchner Standardbier, dem Dunkel (siehe dort), entführt hatte. Jedoch war sich die Spatenbrauerei ihrer Sache nicht ganz sicher. Sollte das neue blonde Untergärige im Heimatmarkt durchfallen, so befürchtete Spaten, dass ein solcher Fehlschlag verheerende Rückwirkungen auf die Gesamtgeschäftslage der Brauerei haben könnte. Jedoch hätte die Brauerei einen misslungenen Verbrauchertest an der Waterkant bestimmt stillschweigend unter den Teppich kehren können, ohne sich vor den einheimischen Verbrauchern blamieren zu müssen.

Andererseits würde ein positives Testergebnis das Vertrauen in das neue Bier stärken. Es stellte sich heraus, dass das Testbier schnell und problemlos in den Kehlen der Norddeutschen verschwand. Das gab der Spatenbrauerei den Mut, das Bier nun endlich unter der Markenbezeichnung „Helles Lager Bier" am 20. Juni 1895 zum ersten Mal auch ihren Stammkunden daheim anzubieten. Heutzutage braut fast jede bayerische Brauerei ein Helles und das Bier ist besonders zur Biergartenzeit kaum aus dem Sortiment wegzudenken. Ein Helles ist immer strohgelb, sehr delikat, eher malz- als hopfenbetont, sowohl im Antrunk als auch im Abgang, und extrem süffig ... der ideale Durstlöscher an einem heißen Sommertag unter einer schattigen Kastanie zur Brotzeit unter freiem Himmel!

**Himbeerbier** Siehe Fruchtbier.

**Hirsebier** Dieses Bier wird aus dem Malz der Hirse, einem Spelzgetreide aus der Familie der Süßgräser (Poaceae), hergestellt. Einige Hirsesorten werden auch als Sorghum bezeichnet, besonders wenn es als Viehfutter oder als Mehl gehandelt wird, während sich der Begriff Hirse für menschliche Nahrungsprodukte eingebürgert hat. Auf Englisch ist Hirse unter dem Namen Millet bekannt. Hirse ist eine schnell wachsende Getreideart, die besonders in warmen Regionen mit dürftigen Böden angebaut und dann zu Mehl oder alkoholischen Getränken verarbeitet wird. Hirse gehört zu den glutenfreien Getreidesorten (siehe Glutenfreies Bier) und ist damit für Menschen, die an Zöliakie leiden, verträglich.

Ursprünglich stammt Hirse vermutlich aus dem nordöstlichen Afrika, etwa im Gebiet der heutigen Länder Äthiopien, Sudan und Tschad, wo sie bereits vor etwa 7000 Jahren kultiviert wurde. Die Hirse wurde um etwa 2000 v. Chr. weiter nach Indien und China verbreitet, bis sie über den Vorderen Orient in den Mittelmeerraum gelangte. In Amerika wird sie erst seit dem 19. Jahrhundert angebaut. In traditionellen Bieren aus Afrika war der Hirseanteil an der Maische oft mehr als die Hälfte (siehe Afrikanisches Bier, traditionell). Heute wird Hirsebier auch kommerziell hergestellt. Dabei ist der Anteil der Hirse an der Maische vielleicht 10 % und der Rest roher Mais, welcher vor der Verarbeitung in Bier separat gekocht wird sowie etwas enzymreiches Gerstenmalz. Hirsebiere sind immer sehr trübe und, wenn sie traditionell hergestellt werden, immer leicht säuerlich, da die Gärung der Malzzucker nicht nur mit Hefen, sondern auch mit Bakterien geführt wird.

**Historische bzw. „heirloom" Biere** Siehe Alte Biere.

***Hochzeitsbier*** Besonders auf den Britischen Inseln, wo ein Hochzeitsbier Wedding Ale bzw. Wedding Beer heißt, haben diese Spezialbiere eine lange Tradition. Im Mittelalter wurden Hochzeitsbiere dort durchweg als sehr starke, oft leicht rauchige Ales (siehe Old Ale) von Alewives – d. h. von wandernden Brauerinnen – mit Alkoholwerten von weit über 10 % gebraut. In Schottland nannte man Hochzeitsbiere auch Kilt Lifters (Schottenrockheber).

***Holländisches Jopenbier bzw. Joppenbier*** Siehe Jopenbier.

***Honey Beer*** Englisch für Honigbier. Siehe Braggot, Met, Honigbier.

***Honigbier*** Ein ober- oder untergäriges Bier aus Getreidemalz, welches mit unterschiedlichen Mengen von Honig entweder im heißen Bereich im Sudhaus oder im kalten Bereich im Gärkeller geimpft wird. Brauer ziehen es normalerweise vor, Honig, der ja nicht unbedingt keimfrei ist, dem Bier beim Würzekochen in die Sudpfanne zuzugeben, um alle ihm anhaftenden Mikroben zu töten. Honig besteht durchschnittlich aus etwa 80 % vergärbarem Zucker (Fruktose, Glukose, Maltose und Sukrose). Der Rest ist Wasser. Der Zusatz von vergärbarem Zucker erhöht den Stammwürzewert und damit den Alkoholgehalt des Bieres; und natürlich gibt er dem Bier zusätzlich einen milden, typischen Honiggeschmack. Klassische Honigbiere heißen Met (oder Mead auf Englisch). Siehe auch Braggot.

***Ice Beer*** Die wörtliche Übersetzung dieser von der kanadischen Brauerei Labatt im Jahre 1993 entwickelten Biersorte ist Eisbier. Dafür hat Labatt sich den Begriff „Ice Brewed" als Markenzeichen eintragen lassen. Ice Beer hat mit dem deutschen Eisbock (siehe Bock/Bockbier) gemein, dass die Biertemperatur nach der Gärung bis auf mindestens -4 °C heruntergefahren wird. Bei diesem Einfrieren geschehen dann zwei Dinge: Der Alkoholgehalt geht nach oben, da Wasser bei 0 °C anfängt Eiskristalle zu bilden, aber reines Ethanol (also Alkohol) erst bei -114 °C friert und daher weiterhin flüssig bleibt. Zugleich setzen sich bei diesen tiefen Temperaturen viele noch suspendierte Eiweißstoffe und harzige Hopfenbitterstoffe auf den Eiskristallen sowie auf dem Boden des Bierbehälters ab, was der nicht-gefrorenen Flüssigkeit einen dünneren Körper und eine mildere Bittere gibt.

Als nächster Schritt wird das nun alkoholisch verstärkte, eiskalte Bier von den Eiskristallen abgezogen und filtriert. Dabei bleiben die Eiweiß- und Bitterstoffrückstände im Behälter. Während beim Eisbock der Zweck dieser Übung ist, ein superstarkes Bier zu erzeugen, geht es beim Ice Beer darum, ein leichtes, erfrischendes Bier zu erzeugen. Deshalb wird das filtrierte Ice Beer vor der Anreicherung mit Kohlensäure und vor dem Abfüllen solange mit Wasser verdünnt, bis es den gewünschten – und normalerweise recht mäßigen – Alkoholgehalt aufweist. Mit anderen Worten, während der Eisbock als starkes Winterbier zum Nippen für kalte Wintertage konzipiert ist, so ist das Ice Beer als Durstlöscher für heiße Sommertage gedacht.

***Imperial Pale Ale, amerikanisch*** Dieses Bier ist, wie der Name schon andeutet, ein typisches amerikanisches Craft-Beer. Es ist eine Weiterentwicklung des ursprünglich englischen Pale Ale (siehe dort) zunächst in ein amerikanisches Pale Ale (siehe dort) und dann in ein sehr aggressiv gehopftes, aber nicht notwendigerweise alkoholischeres helles Obergäriges. Wäre es stärker gebraut, so fiele es bereits in die Kategorie der Imperial IPAs (siehe dort) oder der

Extreme Ales (siehe dort). Die für dieses Bier verwendeten Hopfensorten kommen fast ausschließlich aus den amerikanischen Bundesstaaten Washington, Oregon und Idaho. Die Geschmackskomponenten dieser Hopfen gehen mehr in Richtung Fichten und Zitrus, statt in Richtung Heu, Blumen und Früchte.

**Imperial India Pale Ale (IPA), amerikanisch** Dieses Bier wird gelegentlich auch als Double IPA oder Double American IPA bezeichnet. Es ist im Grunde ein amerikanisches IPA (siehe India Pale Ale, amerikanisch), in dem der Brauer besonders den Alkoholgehalt und die Bittere bis an die Grenzen des Möglichen – und damit oft auch bis an die Grenzen des Bekömmlichen – treibt. Anders als bei den schweren Bockbieren (siehe dort) sind die Malzkomponenten und der Körper in diesem Bier weniger ausschlaggebend. Das charakteristischste Merkmal ist normalerweise neben dem vielen Alkohol die Stringenz der Hopfenbittere, die oft von aggressiven amerikanischen Hopfensorten mit Fichten- und Zitrusnoten stammt. Das Imperial India Pale und seine von ihm oft nicht klar zu unterscheidenden Namensvettern gehören damit eigentlich in die bei den amerikanischen Craft-Brauern so beliebte Gruppe der extremen Biere (siehe Extreme Ale).

*India Dark Ale bzw. Dark IPA bzw. Black IPA* Im totalen Widerspruch zur konventionellen Logik gibt es heutzutage eine Gruppe von Bieren mit der Bezeichnung Dark India Pale Ale – also dunkle bis schwarze, helle Obergärige. Diese Biere haben verschiedene Namen wie India Dark Ale, American Dark IPA, Black IPA, Imperial Black IPA, Cascadia (bzw. Cascadian) Dark Ale, oder eine Kombination dieser Bezeichnungen. Der Ursprung dieses Bieres war ein altes englisches Export-Porter (siehe Porter), welches im 18. Jahrhundert zu Beginn der britischen Herrschaft auf dem Indischen Subkontinent unter den Namen East India Porter, Government Porter, bzw. India Export Porter oder Export India Porter gebraut wurde. Diese dunklen Biere waren die Vorläufer des einige Jahrzehnte später entwickelten hellen India Pale Ale (siehe dort).

Das ursprüngliche India Dark Ale war braun bis dunkelbraun, stark gehopft, und hatte vielleicht 6 % Volumenalkohol oder mehr, damit es auf dem langen Seeweg in die Tropen haltbar blieb. Heutige Dark IPAs haben im Gegensatz zu vielen anderen dunklen Ale-Sorten relativ wenig Röstgeschmack. Stattdessen haben diese Biere, wenn sie stilkonform gebraut werden, leichte karamellige Noten von Schokolade, Kaffee und Toast. Eine moderne amerikanische-kanadische Craft-Bier-Variante des India Dark Ale ist das in jüngster Zeit an der nordamerikanischen Pazifikküste entstandene Cascadia oder Cascadian Dark Ale bzw. Cascadian IPA. Es ist eine „imperialisierte" Interpretation des East India Porter. Es hat seinen Namen von der Cascade Mountain Gebirgskette, die sich, nord-südlich von der kanadischen Provinz British Columbia, durch den Staat Washington, das westliche Idaho, dann durch Oregon bis ins nördliche Kalifornien zieht. Der Alkoholgehalt dunkler IPAs liegt normalerweise bei 5,5 % bis 9 %.

## India Pale Ale (IPA), amerikanisch

Dieses Bier ist eine strikt amerikanische Craft-Brew-Interpretation des ursprünglichen britischen India Pale Ale (siehe dort). Eines der Schlüsselcharakteristiken eines amerikanischen statt britischen IPAs ist die Verwendung von hocharomatischen Hopfensorten, besonders von Cascade, einer Sorte mit Noten von Pampelmusen und Fichten. Andere beliebte Sorten für amerikanisches IPA sind Simcoe®, welches neben fichtenähnlichen Noten auch einen leichten Anflug von Katzenurin (sic!) hat, wie auch Mosaic, eine Weiterentwicklung von Simcoe®, die primär fruchtig und blumig ist. Andere robuste, typisch amerikanische Hopfen für IPAs sind Ahtanum und Amarillo®, die beide blumige Zitrusnoten ins Bier bringen. Zusätzlich geben viele Craft-Brauer ihren IPAs selbst im Kaltbereich im Gärbehälter noch weitere Hopfenchargen (sogenanntes Hopfenstopfen oder Dry-Hopping), um noch die letzten Hopfenaromen ins Bier zu überführen. Das kann jedoch zu Trübungen im fertigen Bier führen. Die erscheinen, wenn exzessive Mengen von Hopfengerbstoffen (Tanninen) mit im Bier suspendierten Eiweißstoffen reagieren und diese sichtbar machen.

Eine interessante Variante des amerikanischen IPA ist ein brasilianisches Kaffee-IPA, bei dem im heißen Sudkessel nicht nur Hopfen, sondern auch eine Portion gemahlener, gerösteter Kaffee (etwa 100 Gramm pro Hektoliter) nach dem Kochen hinzugegeben wird. Ansonsten wird dieses Bier wie ein normales IPA gebraut. Es sollte nicht verwundern, dass dieses Bier in Brasilien entstand, denn dieses Land ist der bei weitem größte Kaffeeproduzent der Welt. Brasilien erntet nämlich pro Jahr mehr Kaffee als die nächstplatzierten fünf Länder – Vietnam, Kolumbien, Indonesien, Indien und Äthiopien – zusammen.

## India Pale Ale (IPA), englisch

Als die Briten im 18. Jahrhundert begannen, ihr Kolonialreich auf die tropischen Gebiete Südasiens auszuweiten, hatte das Britische Königreich zum Glück eine solide Starkbierkultur (siehe zum Beispiel Old Ale) und damit eine Tradition für die Herstellung starker, haltbarer Ales. Die Brauzentren dieser Starkbiere waren Burton-upon-Trent in den Midlands und die Hauptstadt London. Besonders das Brauwasser in Burton-upon-Trent, welches Brauereien wie Bass und Allsopp aus tiefen artesischen Brunnen zogen, war hart und gipshaltig ($CaSO_4$), was die Hopfenbittere besonders hervorhob. Deshalb wurden diese Biere auch primär als bitter wahrgenommen (siehe Bitter und Pale Ale, englisch). Jedoch war (und ist) die Bittere dieser englischen Biere im Vergleich zu ihren amerikanischen Abkömmlingen (siehe India Pale Ale, amerikanisch) eher kräuterartig, blumig oder fruchtig. Die ursprünglichen IPAs brachten bis zu 10 % oder 11 % Volumenalkohol (oder mehr) auf die Waage. Sie waren hell (pale) statt braun (siehe zum Beispiel Brown Ale nord- und südenglisch), weil britische Mälzer ungefähr um diese Zeit anfingen, ihre Darren mit Koks statt mit Kohle oder Holz zu befeuern. Koks ist entgaste und entrußte Kohle, die es ermöglicht hellere Ale-Malze herzustellen.

Eines der damals populären IPA-artigen Biere war das sogenannte October Beer, welches von der Bow Brewery in London gebraut wurde. Dieses Ale war stark gehopft, hoch vergoren und über Monate haltbar. Unter den besten Kunden der October-Beer-Brauer waren die Kapitäne im Dienste der mächtigen East India Company, welche damals im Kolonialhandel mit dem Indischen Subkontinent praktisch ein Monopol besaß. Dieses „ostindische" Handelsunternehmen erhielt seine Charta bereits von Königin Elizabeth I. im Jahre 1600. Die Schiffe der East India Company versorgten das Mutterland mit Baumwolle, Gewürze, Opium, Salz, Seide, Tee und vielen anderen Rohstoffen. Umgekehrt versorgten sie die entfernten Beamten und das Militär in den Kolonien mit Waffen und den Annehmlichkeiten des englischen Lebens wie gesalzenes Fleisch, Rum und eben Fässer voll Bier ... und so kam das October Beer zu seinem heutigen Namen India Pale Ale.

### *India Pale Ale (IPA), rotes*

Dieses Red IPA ist praktisch nichts anderes als ein amerikanisches IPA mit rötlichen Malznoten, welche von verschiedenen Karamellmalzen stammen. Für weitere Einzelheiten zu dieser Biersorte, siehe India Pale Ale (IPA), amerikanisch, sowie Amber Ale, amerikanisch.

### *India Pale Ale (IPA), weißes*

Dieses hefetrübe White IPA aus der Craft-Brau-Szene der Neuen Welt ist praktisch ein amerikanisches, „IPA-isiertes", belgisches Witbier. Die Hauptzutaten sind Gerstenmalz, Weizenrohfrucht, amerikanische Hopfensorten und belgische Hefestämme. Es hat oft fruchtige Esternoten von Bananen, Zitrus und Aprikosen sowie phenolische Geschmacksnoten der Gärnebenprodukte der belgischen Hefe. Als IPA-Variante ist es natürlich stark gehopft. Die Farbe ist tief gold. Siehe auch IPA und Witbier.

### *Ingwerbier* Siehe Ginger Beer.

## Irisches Rot-Ale bzw. Rotbier
Siehe Irish Red Ale.

**Irish Red Ale** Obwohl, wie der Name besagt, dieses Bier ursprünglich ein Ale war, wird es heutzutage manchmal auch als untergäriges Massenbier gebraut. Historisch ist Irish Red jedoch ein Traditionsbier, welches als Irlands Weiterentwicklung der spätmittelalterlichen angelsächsischen Ale-Tradition zu verstehen ist. Anders als das englische Pale Ale (siehe dort) ist das irische Ale jedoch im Aussehen eher tief bernsteinfarben bis kupferrot statt blond. Auch hat es weniger Hopfen als das britische – und besonders das amerikanische – Pale Ale, da Hopfen – welchen Brauer oft als grünes Gold bezeichnen – in der Vergangenheit auf der Grünen Insel oft heftig besteuert wurde, was zum sparsamen Umgang mit dieser wertvollen Bierzutat führte. Wie in den meisten irischen Bieren sind die Hopfenaromen sehr mild. Sie stammen von klassischen, britischen Sorten mit blumig-fruchtigen Noten. Zusätzlich haben Irish Red Ales einen durchweg trockenen Abgang.

Die wohl bekanntesten Irish Red Ales werden heute von internationalen Großbrauereien wie Heineken, Diageo (Guinness) und Coors (Stand 2017) hergestellt. Das gilt zum Beispiel für eine der ersten Irish Red Brauereien, einer Klosterbrauerei aus dem 15. Jahrhundert in Enniscorthy, im irischen Regierungsbezirk Wexford. Diese Brauerei wurde im Jahre 1864 von einem weltlichen Braumeister, George Henry Lett, übernommen und in die G. K. Lett Brewery umbenannt. Das Bier dieser Brauerei hieß damals „Enniscorthy Ruby Ale". Als der Großenkel des Gründers, George Killian Lett, die Tore der Brauerei im Jahre 1956 für immer schloss, ging der Markenname Killian's Red an verschiedene Großbrauereien über. So produzieren heute (2017) sowohl Heineken in Frankreich als auch Coors in den Vereinigten Staaten ein George Killian's Irish Red, wobei das französische Red ein 6,5-prozentiges Obergäriges und das amerikanische Red ein 5,2-prozentiges Untergäriges ist. Ein weiteres Irish Red Massenbier ist Smithwick's Premium Red Ale (ausgesprochen: Smittick). Es hat 4,5 % Volumenalkohol und wird heute von der Guinness-Brauerei in Dublin als obergäriges Bier hergestellt. Der historische Vorläufer des Smithwick's Red kam aus einer Franziskanischen Klosterbrauerei, der St. Francis Abbey Brewery, im irischen Regierungsbezirk Kilkenny, die 1710 von einem Braumeister namens John Smithwick übernommen wurde. Schließlich produziert die Murphy Brewery im irischen Regierungsbezirk Cork ein obergäriges Murphy's Irish Red mit 5 % Volumenalkohol. Diese Brauerei wurde 1856 von James Jeremiah Murphy gegründet. Seit 1983 gehört sie zum holländischen Braukonzern Heineken.

Authentische, klassische Irish Reds sind heute auch bei Craft-Brauern wieder weltweit beliebt. Ein irisches Beispiel der Wiederbelebung dieser Biersorte ist das 4,3-prozentige O'Hara's Irish Red aus der 1996 gegründeten Carlow Brewing Company im Regierungsbezirk Carlow.

***Irish Stout*** Siehe Stout.

***Jopenbier bzw. Joppenbier*** Es gibt zwei Grundarten des spätmittelalterlichen Jopenbiers: das Danziger, welches meist mit einem „p" geschrieben wird, und das Holländische mit zwei „p". Während das Joppenbier aus Holland in Bezug auf seine alkoholische Stärke und Mundigkeit ein recht normales obergäriges Bier war, so war das Danziger ein echter statistischer Ausreißer. Fast keine seiner Eigenarten erinnern an ein echtes Bier, denn die Würze dieses Bieres wurde im Sudhaus oft bis zu 10 Stunden oder länger gekocht – ein bis zwei Stunden Kochzeit ist normal. Das führte zu einer ungewöhnlich dickflüssigen, fast sirupartigen, dunklen Würze, deren Viskosität oft vier bis fünf Mal so hoch war wie die eines normalen Bieres. Auch war das Bier stark gehopft und manchmal mit Hagebutten geschmacklich abgerundet. Oft konnte eine Brauerei aus einer Jopenmaische sogar noch ein Nachgussbier separat abläutern und vergären (siehe Dünnbier).

Es ist möglich, dass der Name Jopen sich vom Mittelhochdeutschen Joppe für Jacke ableitet. Wahrscheinlicher ist jedoch, dass der Biername auf das Wort Jope bzw. Schope, oder Kope (oder vielleicht sogar Schoppen?) für eine hölzerne Schöpfkelle zurückgeht. Zum Beispiel heißt es im *Jahrbuch des Vereins für Niederdeutsche Sprachforschung*, Band 16-17 von 1891: „Flüssigkeiten, z.B. Bier und Wasser, werden in Kopen gefasst." Auf den Britischen Inseln, wo Danziger Jopenbier ebenfalls beliebt war, wurde es oft als Black Beer bezeichnet. Dort fand es oft als Beigemisch zu normalen Ales Verwendung. Ein anderer Name für Danziger Jopenbier ist Doppelbier, welches ein extra dickes und sehr nahrhaftes Jopenbier, auch Preußing oder Junkernbier genannt, ist. Auch findet man in der Literatur den lateinischen Begriff cerevisia dantiscana sowie in England den Begriff Prussian oder Danzovia tonic wine für Danziger Jopenbier.

Jopenbiere wurden vorzüglich bei kühlen Wintertemperaturen gebraut, denn die Temperatur der heißen Würze wurde nach dem Kochen so schnell wie möglich in flachen Kühlschiffen gedrosselt, bevor die dicke Würze in offene Gärbehälter transferiert wurde. Das Merkwürdige in den Jopenbier-Gärkellern war, dass ihre Wände, Decken und Böden mit Schimmelpilzbelägen überzogen waren, die jedoch nicht entfernt werden durften, denn der Schimmel galt – ähnlich wie die Mikroben in der Produktion von Lambic (siehe dort) in Belgien – als wichtiger

Agent in der Spontangärung dieser Biere. Die anderen Mikroben waren normale Bier- Wein- und Backhefen sowie Milchsäurebakterien. Es dauerte etwa ein Jahr, bis das Bier, welches zu dem Zeitpunkt bereits leicht oxidiert war und entfernt nach Portwein schmeckte, als ausreichend gereift betrachtet wurde. Dabei wurde die grünliche Schimmelschicht, die sich auf der Oberfläche des Bieres bildete, gelegentlich abgeschöpft (mit dem Jopen?). Vor dem Abfüllen, meistens in Fässer, wurde das Bier durch einen Sack filtriert, um den Rest der Schimmeldecke zu entfernen.

Es ist nicht ganz klar wie stark das Bier war, denn Hefen arbeiten nicht gerne in Flüssigkeiten mit hoher Dichte. Bei hohen Stammwürzewerten geben sie manchmal frühzeitig ihre Funktion als Umwandler von Zucker in Alkohol auf. Offenbar variierte daher der Alkoholgehalt von Jopenbier von etwa 2,5 % bis vielleicht 7 %. Einen kleinen Einblick in die Sensorik dieses Bieres gewährt uns ein anonymer Verfasser (wahrscheinlich mit dem Namen Johann Heinrich Kaven) eines 1784 in Frankfurt und Leipzig erschienenen Buches, mit dem Titel *Der Vollkommene Bierbrauer oder kurzer Unterricht all Arten Bier wie auch verdorbene Biere wieder gut zu machen*. Der Autor lässt uns wissen: „In Preußen hat man auch viele gute Bier, sonderlich aber das Danziger Bier, welches man, was seine Güte, Hitz und Stärke anlangt, nicht unbillig einem Wein vergleichem möchte; Dann eine Unze dieses Danziger Doppelbiers, ist stärker und Kräftiger, dann zwey Maas anderes gemeines Gerstenbier; so man aber solches Bier unmäßig und oft gebrauchet, oder sich darinnen betrinket, so kann es in den menschen viel Krankheiten erregen ... Es sollte das Danziger oder Danzker Bier, unter allen ausländischen Bieres, das vornehmnste, stärkste und beste Bier seyn, ... als welches einen guten Geschmack, gute Substanz, Nutriment, Temperament, und Nahrung dem menschlichen Leibe, wann es mäßig getrunken wird, bringe."

In englischsprachigen Quellen, wie zum Beispiel in der *Encyclopedia Britannica* von 1890, kann man nachlesen, dass Danziger Jopenbier oft mit Fichtenspitzen oder einem Tee aus diesen Sprossen kurz vor der Gärung geimpft wurde – was das Bier zu einem Sprossenbier machen würde – jedoch findet man in deutschsprachigen Quellen keinen Hinweis auf Fichtensprossen im Zusammenhang mit Jopenbier.

## K

***K Ale, KK Ale, KKK Ale, KKKK Ale*** Auf den Britischen Inseln benutzten Brauereien in der Vergangenheit gelegentlich den Buchstaben „K", um die Stärke und damit die Haltbarkeit eines Bieres zu deklarieren. Diese Sitte entstand in der traditionellen englischen Ale-Heimat Burton-upon-Trent (siehe zum Beispiel India Pale Ale). Je mehr Ks ein Bier in seinem Namen hatte, umso stärker gehopft und stärker gebraut war es. Es ist nicht sicher wofür K stand, aber es ist wahrscheinlich, dass es sich von Keeping Ale, also von einem alten Begriff für Biere mit langer Haltbarkeit, ableitet (siehe auch Old Ale und Barley Wine). Geschmacklich ähnelten diese K-Biere wahrschenlich einem modernen Black IPA (siehe dort).

***Kaimiškas alus*** Litauer Dorfbier. Siehe Bauernbier, litauer.

***Karamellbier bzw. Doppelkaramellbier*** Siehe Malzbier.

***Khorsan Bier bzw. Kamut® Bier***
Khorasan (Triticum turgidum) ist eine etwa 6000 Jahre alte Sommerweizensorte, die damals im Fruchtbaren Halbmond – etwa im heutigen Ägypten, Libanon, Israel, Syrien, Anatolien in der Türkei, Irak und Iran – sowie im Kaukasus – etwa im heutigen Armenien, Aserbaidschan, Usbekistan, Dagestan und Teilen von Russland – angebaut und dort zum Brotbacken und oft auch zum Bierbrauen eingesetzt wurde. Dieser Weizen wird heute oft als Kamut® bezeichnet, da Bauer im amerikanischen Bundesstaat Montana diesen Namen als Warenzeichen für Khorasan haben eintragen lassen. Sie benutzen die Marke Kamut®, um diesen Weizen als Bio-Produkt zu vermarkten. Kamut® findet heute in der Form von Weizenflocken gelegentlich in Craft-Bieren Verwendung, wo diese vielleicht 10 % der Maische ausmachen. Khorsan hat etwa ein Drittel mehr Eiweiß als unser moderner Weizen, sowie schwarze Grannen und längere Körner. Landwirtschaftlich ist diese Weizensorte sehr anspruchslos und recht resistent gegen

Krankheiten und Schädlingsbefall. Um gut zu gedeihen, benötigt sie jedoch ein wärmeres und trockeneres Klima als wir es in Deutschland finden. Auch bringt sie relativ niedrige Erträge.

**Kanne**® Ein in Deutschland markenrechtlich geschützter, bierähnlicher, säuerlich und über mehrere Monate vergorener Brottrunk, welcher sich in vielen Gegenden der Welt – u. a. in Saudi Arabien, Südkorea, den Vereinigten Staaten und Kanada – einer gewissen Beliebtheit erfreut. Das Getränk ist nach seinem Erfinder, einem Bäckermeister namens Kanne, benannt. Vergleiche auch Brotbier.

**Kartoffelbier** Seit das Reinheitsgebot 1906 als für ganz Deutschland gültig erklärt wurde – davor war das Gebot nur in Bayern und Baden-Württemberg Gesetz – ist der Gebrauch von Kartoffeln (Solanum tuberosum) als Malzersatz in Deutschland beim Bierbrauen natürlich streng verboten. Jedoch war die Situation in Nord- und Ostdeutschland etwa vor dem 20. Jahrhundert ganz anders. Die Kartoffel stammt ursprünglich aus Peru und Chile und wurde erst in der Mitte des 16. Jahrhunderts von spanischen Seefahrern nach Europa gebracht. Ihr Wert als Nahrungsmittel wurde erst zu Beginn des 18. Jahrhunderts erkannt. Ihre echte Popularität erreichte sie jedoch erst, nachdem König Friedrich der Große von Preußen 1756 einen staatlichen Befehl zum Kartoffelanbau erlassen hatte.

Obwohl die Verwendung von Kartoffeln in Bier heutzutage eher ein historisches Kuriosum ist, stellen einige kleine Brauereien dennoch gelegentlich ein Kartoffelbier her. Dieses dürfen sie jedoch nach den Regeln des Biergesetzes von 1993 – das ist der offizielle Name des heutigen Reinheitsgebots – nicht als „Bier" deklarieren. Ursprünglich wurden Kartoffelbiere wohl meist obergärig vergoren, jedoch können sie natürlich auch untergärig hergestellt werden.

Das Brauverfahren von Kartoffelbieren ist recht kompliziert, denn es ist notwendig, die Kartoffeln, bevor sie der Maische zugesetzt werden, von ihrem recht unangenehm schmeckenden Fruchtwasser zu befreien. Dazu werden die rohen Kartoffeln geschält, zerkleinert und dann mehrere Male „gewaschen". Dem Brauer geht es bei der Kartoffel nicht um Geschmackskomponenten, sondern um die Kartoffelstärke. Der Stärkegehalt (amylum solani) liegt in der Regel bei festkochenden Kartoffelsorten bei 9 % bis 12 % und bei sehr mehligen Sorten bei 15 % bis 18 %. Die restlichen Inhaltsstoffe der Kartoffel sind Wasser (etwa drei Viertel), Ballaststoffe und Eiweiß (etwa je 2 %) sowie Spurenelemente von Eisen, Kalzium, Phosphor und den Vitaminen B1, B2, C und E. Kartoffeln sind jedoch im Vergleich zur Gerste relativ enzymschwach. Deshalb bestehen Kartoffelbiermaischen normalerweise nur etwa zur Hälfte (oder weniger) aus Kartoffeln, der Rest ist Gerstenmalz, dessen Enzyme die Kartoffelstärke in Zucker umwandeln, der dann im Gärbehälter von der Hefe in Alkohol und Kohlensäure ($CO_2$) verarbeitet wird. Die meisten Kartoffelbiere sind hell, schmecken leicht herb-würzig und erdig, wie man es von einer Kombination von Hopfen und Kartoffeln erwartet. Die Biere besitzen einen mittleren Körper und haben, je nach den verwendeten Malzsorten, einen trockenen bis etwas süßlichen Abgang.

***Keeping Beer*** Siehe Old Ale.

***Kefir*** Dieses alkoholische Getränk wird gelegentlich in Veröffentlichungen über Bier erwähnt, obwohl es eigentlich kein Bier ist, da es nicht aus Getreide, sondern aus Kamelmilch hergestellt wird. Jedoch wird es wie Bier vergoren, wobei die Kohlenhydratquelle die in der Milch vorhandene Zuckerart Laktose ist. Diese kann nicht von Bierhefe (Saccharomyces cerevisiae), sondern nur von der Hefeart Kluyveromyces vergoren werden. Kefir stammt aus dem Kaukasusgebirge zwischen dem Kaspischen und dem Schwarzen Meer. Das Getränk kann bis zu 2,5 % Volumenalkohol haben. Koumiss ist ein ähnliches Getränk aus Stutenmilch (siehe dort).

***Kellerbier, hell*** Das traditionelle Kellerbier ist selbst heute noch ein beliebtes Biergartenbier im Frankenland. Es ist trüb, da unfiltriert, hell rötlich bis dunkel bernsteinfarben und relativ mild karbonisiert. Es ist entfernt mit den Sorten Zwickelbier und Zoiglbier (siehe dort) verwandt. Ein klassisches Kellerbier wurde immer in kühlen Kellern bei vielleicht 10 °C bis 13 °C monatelang fassgereift. In typisch bayerischer Manier ist es ein untergäriges Bier mit einem Märzenbier-ähnlichen Alkoholgehalt von etwa 5 % bis 5,5 % (selten weniger). Im Nachtrunk besticht das Bier durch ausgewogene Hopfen- und Malzaromen.

***Kellerbier, dunkel*** Dieses hefetrübe Untergärige wird wie das helle Kellerbier gebraut (siehe dort). Es ist ebenfalls trüb, da unfiltriert, kräftig bernsteinfarben bis fast schwarz und relativ mild karbonisiert. Es hat leichte schokoladen-, röst- oder biskuitartige Aromen sowie im Abgang einen milden Röst- und Karamellgeschmack. Der Alkoholgehalt liegt bei etwa 4,5 % bis 5,5 %.

***Kellerpils*** Dieses Bier wird am besten als ein hefetrübes, da unfiltriertes Pils (siehe Pilsner) beschrieben. Es ist hellgelb bis goldfarben, hat eine deutliche, aber feine Hopfenbittere, einen schlanken Körper, fast keine Restsüße und trägt im Glas einen sehr stabilen, dichten Schaum. Wie bei den hellen und dunklen Kellerbieren (siehe dort) ist der Alkoholgehalt etwa 4,5 % bis 5,5 %.

***Kelpie (Seaweed) Ale*** Dieses obergärige Bier basiert oft auf Rezepten für irische rote Ales (siehe Irish Red Ale), schottische Ales (siehe Scottish Ale) oder Porters (siehe dort). Dabei werden etwa 3,5 kg frisch geernteter Zuckertang (Saccharina latissima) für etwa eine halbe Stunde in der heißen Bierwürze in der Sudpfanne gekocht. Zuckertang ist eine Meeresbraunalge, die im luftgetrockneten Zustand eine süßliche, weißpulvrige Oberflächenschicht aufweist. Diese Schicht besteht aus Mannit, einer Hydrierung der Zuckerart Fructose. Die Herstellung von Kelpie Ale ist offenbar eine schottische Erfindung und wird heute auch gelegentlich von Craft-Brauern aufgegriffen. Meerespflanzen in der Tang-Algengruppe heißen auf English Kelp, jedoch ist das nicht notwendigerweise der Ursprung der Namensgebung dieses Bieres, denn Kelpie ist auch die schottische Bezeichnung für mythische, in wechselnden Formen erscheinende Wassergeister, die nach dem Volksmund in schottischen Seen, also in Lochs, hausen. Mit Zuckertang gewürzte Biere haben einen sowohl leicht süßlichen als auch salzigen Beigeschmack.

***Kentish Ale*** Dieses Obergärige wurde bereits im 12. Jahrhundert im englischen Regierungsbezirk Kent gebraut. Es wird heute vornehmlich mit der Brauerei Shepherd Neame in Verbindung gebracht, die 1698 in Faversham, Kent, gegründet wurde. Eines der bestimmenden Merkmale dieses Ales aus Kent ist der ebenfalls aus Kent stammende, historische, blumigwürzige und leicht zitrusartige Hopfen mit Sortenbezeichnungen wie Kentish Cobb oder East Kent Golding. Die EU hat dem Kentish Ale den Status einer Geschützten Geografischen Angabe verliehen. Nach dem europäischen Verleihungsdokument ist Kentish Ale goldbraun und hat ein einzigartiges, starkes Hopfenaroma, einen vollmundigen, bitteren Geschmack und einen Alkoholgehalt (Volumen) von 3,5 % bis 6 %.

***Kentucky Common*** Dieses dunkle, obergärige, im amerikanischen Bundesstaat Kentucky entstandene Bier war vom Anfang des 20. Jahrhunderts bis zur amerikanischen Prohibition im Jahr 1919 besonders in und um Louisville, der Hauptstadt von Kentucky, beliebt. Es machte damals etwa drei Viertel des Bierkonsums dieses Staates im mittleren Westen der Vereinigten Staaten aus. Heute wird Kentucky Common nur noch ganz selten – und dann nur von Craft-Brauern – hergestellt. Es bestand aus Gerstenmalz und bis zu 25 % bis 30 % Mais. Zusätzlich konnte es für die Farbe etwas dunklen Zucker, Karamellmalz und Röstmalz enthalten. Es war ein relativ billiges Arbeiterbier, welches sofort nach der Gärung in Fässer und Flaschen abgefüllt wurde. Das Kentucky Common war besonders bei deutschen und irischen Einwanderern beliebt. Die amerikanischen Bierexperten Robert Wahl und Max Henius beschreiben dieses Bier in ihrem klassischen Buch von 1901, *American Handy Book of the Brewing, Malting and Auxiliary Trades,* wie folgt: „Like the California steam bier (siehe California Common), Kentucky Common beer is mainly consumed by the laboring classes, and is chiefly brewed in Louisville, Ky. It is marketed while still in an early stage of fermentation." Siehe auch Common Beer.

**Keutebier** entstand wahrscheinlich in Holland im 14. Jahrhundert und war ursprünglich ein süßliches, ungehopftes Gruitbier (siehe dort) mit einer Schüttung aus Gerstenmalz, Hafermalz und ein wenig Weizenmehl, wobei die relativen Proportionen recht unklar sind. Diese Biersorte verbreitete sich schließlich im ganzen nordwesteuropäischen Tiefland, einschließlich im Rheinland und Münsterland. Nach Rezepturüberlieferungen aus dem 17. Jahrhundert darf man allerdings schließen, dass das Bier recht bald auch mit Hopfen gebraut wurde. Aufgrund seiner weiten Verbreitung und historischen Langlebigkeit wurde dieses Bier sehr unterschiedlich buchstabiert. Deshalb findet man in der Literatur Referenzen u. a. zu Koet, Coyt, Keut, Koit, Keuta (auf Latein) und Quente (auf Französisch). Es sind jedoch überraschend wenige handfeste Einzelheiten über die Brauverfahren dieses im Spätmittelalter und in der Renaissance so wichtigen Bieres bekannt. Eines der ältesten und relativ ausführlichsten Rezepte befindet sich im 70. Band der *Publikationen aus den K. Preußischen Staatsarchiven* mit dem Titel *Die Gewerbe der Stadt Münster bis zum Jahre 1661*. Dieses Buch wurde von einem Herrn Dr. Robert Krumbholz verfasst und enthält ein „Rezept für die Herstellung des Koite, der als Haustrunk diente". Diese von Dr. Krumbholz im Zuge seiner Recherchen entdeckte Rezeptur wurde nach seinen Angaben offenbar ursprünglich am 20. August 1591 niedergeschrieben.

Von diesem Autor lernen wir, dass eine Koet-Maische aus Malz (wahrscheinlich Gersten- und Weizenmalz), Wasser und einem kleinen Anteil Weizenmehl bestand. Diese Maische durfte einen Tag ruhen, was wahrscheinlich Milchsäurebakterien aktivierte, welche dem Bier einen leicht säuerlichen Geschmack gaben und es gleichzeitig länger haltbar machte. Danach wurde die gesamte Maische gekocht und über Stroh und ein Tuch abgeläutert. Die gleiche Maische wurde dann noch einmal mit frischem Wasser und einer Zugabe von Hopfen aufgebrüht und abgeläutert – ähnlich wie beim englischen parti-gyle Verfahren (siehe Old Ale). Schließlich wurden der kräftige Haupt- und der dünne Nachguss zusammengeführt, vergoren und manchmal mit etwas Zucker verstärkt und mit Nelken gewürzt.

Interessanterweise war dieses Bier auch dem Papst Alexander VII. bekannt, denn der verweilte von 1644 bis 1648 – damals noch als päpstlicher Nuntius unter seinem Zivilnamen Fabio Chigi – in Münster. Dort nahm er an den Verhandlungen zum Westfälischen Frieden teil, die den grausamen 30-jährigen Religionskrieg (1618-1648) in Europa beendete. Einige Jahre später finden wir Fabio dann in Paris, wo er 1656 ein Buch, *Philomathi Musae iuveniles* (Die jungen Musen eines Freunds des Lernens), verfasste. Offenbar war Keutebier eine seiner Musen, denn er schrieb in diesem Buch folgendes über die Herstellung von zwei Keutebieren, einem mit und einem ohne Hopfen: „Potum dant hordea putrida flammis / Cocta; lupi florem quod si miscebis amari, / Nectar erit: vulgi de nomine Keuta vokatur / Illa, sed hanc Biram dicunt. Gens Westphala Keutam / Sola bibit; sed Bira diffusa, Latine / Omnibus est nota Arctois Cervisia terris: / Unus enim prohibitur aquae (quis crederet?) usus; Et scelus est puris fauces perfundere lymphis. / Rari vina bibunt peregre magnoque coempta; / Queis undas miscere nefas, & sanguine veri / Teutonis indignum."

Übersetzung: „Sie [die westfälischen Stämme] übergeben den Trunk aus fauler [wohl gemälzter?], gekochter Gerste den Flammen [Dekotionskochen?]; sie lieben die Blüte des Hopfens, die sie beimischen, und es [das Bier] wird zum Nektar. Sie nennen jenes im Volksmunde Keute [wahrscheinlich mit Hopfen?], aber sie nennen dieses Bier [wahrscheinlich ohne Hopfen?]. Die Stämme Westfalens trinken nur Keute aber in allen lateinischen Gebieten [Italien?] ist das Bier als arktisches Bier bekannt. Ein Gebrauch von Wasser, nämlich sich den Gaumen mit reinem Wasser zu befeuchten, (wer hätte das gedacht?) ist sogar verboten. Selten trinken sie im Ausland erstandenen Wein, dessen verbrecherische Wellen sich nur schlecht mit dem wahren Blut der Teutonen mischen."

Obwohl Keutebier heute kaum noch hergestellt wird, ist es von ungeheurer historischer Bedeutung, da es der effektive Vorläufer vieler moderner obergäriger Biere in Deutschland, Holland und Belgien ist. So haben zum Beispiel das heutige Altbier, Kölsch, Wiess, Witbier/Bière blanche, Bière de garde, Bière de saison (siehe alle dort) und ähnliche Biersorten in der Nordwestecke Kontinentaleuropas oft auf Umwegen alle ihre Wurzeln im Keutebier! Eine Art von Keutebier wurde bis in die 20er Jahre des 20. Jahrhunderts noch in einigen Städten Westfalens, wie zum Beispiel in Hamm, gebraut.

***Kirschenbier*** Ein in der Vergangenheit, besonders in Norddeutschland, im Sommer beliebtes obergäriges Gebräu, welches aber heute in Vergessenheit geraten ist. Dieses Bier wurde mit Kirschen, die samt Kern zerquetscht wurden, angerichtet. Die Kirschen wurden dem Bier im kalten Gärbehälter statt in der heißen Sudpfanne zugegeben, damit der natürlich in der Frucht enthaltene Gelierstoff Pektin nicht koaguliert. Siehe auch Fruchtbier; vergleiche Kriek.

**Kiefernbier** Dieses obergärige Getränk ist ein sogenanntes Sprossenbier. Es ist auch unter dem englischen Namen Spruce Beer bekannt, wobei die Engländer fälschlicherwiese oft auch deutsches Fichtenbier als Spruce Beer bezeichnen. Ähnlich wie das Fichtenbier wird das Kiefernbier stark eingebraut und dann nicht nur mit Hopfen, sondern auch mit den vitaminhaltigen und Skorbut-bekämpfenden Spitzen der Kiefer (Pinus sylvestris) gewürzt. Siehe auch Fichtenbier und Sprossenbier.

**Klosterbier** Siehe Abteibier.

**Kofent** Siehe Braunbier, deutsch.

**Kölsch** Das Kölsch ist wie das Altbier (siehe dort) ein rheinisches, obergäriges Bier. Im Aussehen ist es strohblond – fast wie ein Münchner Helles. Die Parameter dieser Biersorte wurden 1985 in der sogenannten Kölsch-Konvention als filtriertes, obergäriges Vollbier verankert. Diese Konvention definiert, wer wo Kölsch brauen darf und diese Exklusivität wurde 1997 von der Europäischen Union als Geografisch Geschützte Angabe anerkannt. Europäische Brauer, die nicht dem Kölner Brauerei-Verband angehören und nicht in und um Köln ansässig sind, dürfen daher ihr nach Kölsch-Art gebrautes Bier nicht unter dem Namen Kölsch auf den Markt bringen.

Die meisten Kölsch-Ausführungen haben einen Alkoholgehalt von bis zu 5 % und eine dezente Bittere. Die Hopfung geschieht meistens mit mild-aromatischen Sorten. Obwohl Kölsch eine relativ junge Sortenentwicklung ist, hat es tiefe historische Wurzeln, denn es ist eine entfernte Ableitung des aus dem Spätmittelalter stammenden Keutebiers (siehe dort). Der direkte, lokale Vorläufer des Kölsch ist das obergärige Wiess (siehe dort), welches immer mit einem Teil Weizenmalz gebraut wird und welches bis zum Anfang des 20. Jahrhundert in der rheinischen Domstadt populär war und heute gelegentlich von einigen Brauereien wieder als Spezialbier hergestellt wird.

**Königsluttersches Bier**
Siehe Ducksteiner Bier.

**Kottbusser Bier.** Dieses altertümliche obergärige Bier aus Cottbus an der Spree, in Brandenburg, etwa 125 Kilometer südöstlich von Berlin, verstößt rein technisch gegen das Deutsche Reinheitsgebot, denn seine Maische enthält nicht nur Gerstenmalz, Weizenmalz, Hopfen und Wasser, sondern auch Hafer, Honig und Melasse. Sein Geschmack gleicht entfernt einem sehr süßlich und nussig schmeckenden Altbier (siehe dort). Das Bier hat ein blumiges Hopfenbouquet. Es wird mit einer sauber arbeitenden obergärigen Hefe vergoren, die jedoch, anders als beim bayerischen Weißbier (siehe dort), keine Noten von Gewürznelken und Bananen abgibt. Einige Literaturquellen beschreiben dieses Kottbusser Bier als ähnlich zum Broyhan Bier aus Hannover (siehe dort), aber mit wesentlich stärkeren Hopfenaromen. Auch hatte es nach einigen Quellen einen leicht säuerlichen Aspekt – wahrscheinlich von Milchsäurebakterien in offenen, hölzernen Gärbehältern. Traditionell wurde das Kottbusser Bier in zwei Stärken mit etwa 3 % and 6 % Volumenalkohol gebraut. Es verschwand jedoch um die Wende zum 20. Jahrhundert vollkommen von der Bildfläche, als das ehemalige bayerische und baden-württembergische Reinheitsgebot auf das gesamte damalige Deutsche Reich ausgeweitet wurde.

**Koumiss** Ein aus Stutenmilch hergestelltes alkoholisches Getränk und damit kein echtes Bier. Historisch ist es besonders populär in Kirgisien und der Mongolei sowie in Teilen Russlands. Siehe auch Kefir.

**Kraftbier** Siehe Malzbier.

**Krambambulya** Ein starkes russisches und weißrussisches Mischgetränk aus Wodka und Bier. Es gibt auch ein deutsches alkoholisches Getränk mit dem Namen Krambambuli, welches ursprünglich ein roter Kirschlikör aus Danzig war. Zusätzlich ist Krambambuli auch ein Synonym für Glühwein oder Feuerzangenbowle.

**Kräusenbier** In der Brauersprache ist Kräusen entweder der Zeitpunkt, zu dem das Bier die aktivste Phase der Hauptgärung durchläuft, welche oft von viel Schaum im Gärbehälter begleitet wird; oder es ist die Bezeichnung für das Bier selbst zum Höhepunkt der Hauptgärung. Ein komplett vergorenes Bier wird zu einem Kräusenbier, wenn es kurz vor dem Abfüllen eine gute Portion von frischer „kräusender" Würze für eine Nachgärung im Fass oder in der Flasche beigemischt bekommt. Da eine Kräusen-Dosage aktive Hefe enthält, die Zucker weiter in Alkohol und Kohlensäure umwandelt, entsteht im Bierbehälter Druck, weshalb ein Kräusenbier beim Einschenken immer recht spritzig und schaumbildend ist.

**Kriek** Eine Lambic-Sorte, welche mit frischen Sauerkirschen nachvergoren ist. Für eine Liste der Lambic-Zutaten und eine ausführliche Erläuterung des Lambic-Brauverfahrens, siehe unter dem Stichwort Lambic. Die traditionelle Kirschsorte für Kriek ist die saure Schaarbeek-Kirsche. Schaarbeek war früher ein landwirtschaftliches Dorf außerhalb Brüssels entlang der Senne, einem Fluss im Pajottenland (das Gebiet um Brüssel). Ursprünglich wuchs die Schaarbeek-Kirsche nur in und um dieses Dorf. Inzwischen ist aus Schaarbek jedoch ein industrieller Vorort Brüssels geworden, weshalb die Schaarbeek-Kirsche heute in anderen Gebieten Europas, besonders in Polen, angebaut wird. Einige Kriek-Brauer benutzen heute auch andere Sauerkirschsorten wie zum Beispiel Moreno oder Schattenmorelle. In einer modernen Brauerei werden die Kirschen dem Lambic kurz nach der Hauptgärung während der Reifeperiode zugegeben. Die Menge der Früchte steht vollkommen im Ermessen des Brauers, aber eine gute Faustregel ist etwa 20 kg Kirschen pro 1 hl fertiges Bier. Nach traditioneller Methode kommen die Kirschkerne ebenfalls mit in den Gärbehälter. Die im Lambic bereits anwesenden Hefen und Bakterien vergären dann den neuen Fruchtzucker. Andere klassische Frucht-Lambics-Sorten sind Framboise (mit Himbeeren), Pêche (mit Pfirsichen) und Cassis (mit schwarzen Johannisbeeren). Moderne, experimentelle Craft-Brauer haben auch Lambics mit Cranberries, Heidelbeeren und Weintrauben hergestellt.

**Kristallweizen** Siehe Weißbier.

**Kürbis Ale** Siehe Pumpkin Ale.

**Kwass** (auch Kvas, Kwas oder Quas geschrieben) ist ein slawisches, auf Brotbasis vergorenes, kohlensäurehaltiges und leicht säuerliches Bier, welches ursprünglich mehr als 10 % Volumenalkohol haben konnte, jedoch heute meistens als Leichtbier mit weniger als 1,5 % Volumenalkohol oder gar als alkoholfreies Getränk hergestellt wird. Der Name Kwass ist Russisch für Vergorenes. Das Getränk ist mindestens seit dem Jahre 988 urkundlich belegt. Es besteht aus einer sehr variablen Mischung von altem Roggenbrot, verschiedenen Malzen (einschließlich Hafer, Gerste und Roggen), Zucker und Wasser. Traditionell war die Gärung spontan, d.h. sie wurde von Hefen und Milchsäurebakterien geführt. Sie geschieht aber heute in der industriellen Produktion mit reinen Hefestämmen. Gelegentlich finden auch Kräuter wie Minze sowie Früchte wie Birnen oder Fruchtsäfte ihren Weg in das Getränk. Kwass wird heute in Russland im Straßenhandel aus Tankwagen – sogenannten Botschkas – ausgeschenkt oder in Supermärkten in Flaschen angeboten.

***Lager, amerikanisch*** Amerikanische Massenlagerbiere werden oft als Pilsner oder Pilsener vermarktet, obwohl sie nur entfernt mit dem originalen tschechischen Pilsner, welches der bayerische Braumeister Josef Groll 1842 für die Měšťanský Pivovar (Bürgerbrauerei) in der böhmischen Stadt Plzeň (Pilsen) entwickelte, verwandt sind. Die modernen, Neue-Welt-Adaptionen des Pilsners können aus 100 % Malz oder aus Malz mit einer Zugabe sogenannter Adjuncts wie Reis, Mais und anderer, oft billiger Cerealien gebraut werden. Der Malzersatz beläuft sich in Industrie-Lagerbieren oft auf 40 % bis 60 % und wird in der Form von rohem Getreide, Flocken, Gries, Sirup oder torrefizierten (thermisch behandelten) Cerealien der Maische zugeführt. Die Stärke in rohen Cerialien wie auch im Grieß – anders als in Flocken – ist für die in der Maische vorhandenen Enzyme nicht oder nur mangelhaft zugänglich. In der Brauerfachsprache heißt das, dass die Stärke nicht ausreichend „verkleistert" ist. Daher müssen manche Adjunct-Zugaben erst in einem sogenannten Cereal Cooker gekocht werden, bevor sie in die Maische kommen. Cerealien in Flockenform können dagegen direkt ungekocht in die Maische gemischt werden; und Cerealien-Sirupe aus Mais oder Reis können in die heiße Sudpfanne geschüttet werden.

Reis und Mais als Kohlenhydratquellen reduzieren natürlich die Malzigkeit des Endproduktes, weshalb die Hopfenbittere amerikanischer Massenlagerbiere ebenfalls recht niedrig gehalten wird. Bei typischen amerikanischen Lagerbieren ist die Bittere kaum wahrnehmbar und das Hopfenaroma ist fast überhaupt nicht vorhanden. Da Mais einen leicht süßlichen Nachgeschmack im fertigen Bier hinterlässt, werden sehr maishaltige Biere gerne sehr kalt serviert. Im Gegensatz dazu ist Reis neutral im Geschmack. Ein hoher Anteil an Reis führt daher zu sehr milden Bieren, welche in den USA oft auch als Lawn Mower Beers – also als Rasenmäherbiere – bezeichnet werden. Amerikanische Lagerbiere werden immer sehr scharf filtriert. Eiskalt serviert gelten sie besonders an heißen Sommertagen als ideale Durstlöscher. Maisflocken verschieben die Bierfarbe in Richtung Bernstein, während

Reisflocken kaum Farbe besitzen und daher die Bierfarbe in Richtung strohgelb verschieben.

Das qualitativ hochwertigste und teuerste Malz stammt aus zweizeiliger Sommergerste, die relativ große Körner hat und den besten Biergeschmack liefert. Viele Massenlagerbiere werden jedoch stattdessen – nicht nur in den Vereinigten Staaten – oft mit Malz aus vergleichsweise billigeren, sechszeiligen Winter- oder Sommergersten mit relativ kleineren Körnern hergestellt. Der wichtigste Unterschied zwischen zwei- und sechszeiligen Gersten ist das Volumenverhältnis zwischen dem stärkehaltigen Korninneren und den phenolisch-astringent schmeckenden Spelzen, die die Körner eindecken. Bei der sechszeiligen Gerste ist der Spelzengeschmack bei gleichen Malzmengen daher wesentlich stärker als bei zweizeiligen Gersten. Auf der anderen Seite haben sechszeilige Gersten relativ mehr stärkeabbauende Enzyme, weshalb eine Maische mit sechszeiliger Gerste besser fähig ist, die Stärke von enzymfreien Adjuncts abzubauen. Bei einem extrem hohen Anteil von sechszeiligem Malz unter Verwendung von viel Mais gleitet ein amerikanisches Lagerbier jedoch irgendwann in die Kategorie des Malt Liquors ab (siehe dort).

Amerikanische Lagerbiere entstanden in ihrer heutigen Ausprägung als Industriebier um die Zeit des Zweiten Weltkrieges, als viele regionale Brauereien fusionierten und nationale Marken die Bierbranche immer mehr dominierten. Was diesen amerikanischen Bieren im Vergleich zu deftigeren Bieren vielleicht an Geschmack fehlte, machten die Brauereien durch gezielte Werbung mit Lifestyle-Assoziationen wett. In den 70er Jahren des letzten Jahrhunderts waren die vereinheitlichten amerikanischen Lagerbiere – mit Ausnahme von wenigen Importbieren – praktisch die einzigen im amerikanischen Markt erhältlichen Biere, was dazu beitrug, den nicht immer positiven Weltruf der damaligen amerikanischen Braukultur zu untermauern. Es war gegen diese Massenbier-Langeweile gerichtet, dass die Craft-Brauer schließlich ihre Revolution starteten und damit bei vielen Leuten die Reputation der amerikanischen Braukultur retteten.

Die heute (Stichjahr 2017) am weitesten verbreiteten Lagermarken in Nordamerika sind Budweiser, Miller und Coors. In der Vergangenheit waren auch Schlitz, Stroh, Pabst und Heileman sehr beliebt; in Kanada gibt es Molson und Labatt als Massenlagerbiere; und in Mexiko Corona und Dos Equis. Zu den amerikanischen Lagerbieren gehören auch das sogenannte American Premium Lager, das American Light Lager und das American Ultra-Light Lager (siehe weiter unten). Selbst Ice Beer (siehe dort) sowie viele alkoholfreie Biere (siehe dort) sind in der Neuen Welt auf dem generischen amerikanischen Lager aufgebaut. Allerdings werden die Begriffe Premium, Light oder Ultra-Light in der Praxis selten konsequent angewandt. Selbst der Alkoholgehalt ist kaum ein sicherer Maßstab für die Unterscheidung dieser Biere. So enthält z. B. ein von einer bestimmten Großbrauerei als Light vermarktetes Bier 6 % Volumenalkohol, während das reguläre Lagerbier der gleichen Brauerei 5 % enthält.

Als grobe Unterscheidung der amerikanischen Lager Varianten gilt, dass die als Light bzw. Ultra-Light bezeichneten Biere oft kalorien- und alkoholärmere Versionen eines regulären amerikanischen Lagers sind. Sie sind durchweg farblich strohgelb, beruhen normalerweise auf Reis statt auf Mais als Malzersatz und weisen kaum Hopfenbittere oder Hopfenaroma auf. Ihr Körper ist dünn und der Geschmack ist mild bis kaum wahrnehmbar. Der Alkoholgehalt ist selten mehr als 4,5 % und ist selten weniger als 2,5 %.

Premium Lager oder Premium Pilsner Biere werden manchmal aus 100 % Malz (oft aus sechszeiliger Gerste) oder aus einer Kombination aus Gerstenmalz und geschmacksneutralem, aber Kohlenhydrate enthaltendem Reis (Flocken oder Sirup) hergestellt. In Aussehen, Geschmack und Körper sind sie dem regulären amerikanischen Lager bzw. Pilsner sehr ähnlich. Vielleicht sind die Hopfennoten ein wenig stärker. Die verwendeten Hefen arbeiten immer sehr kühl und sauber und produzieren relativ geringe Mengen an Gärnebenprodukten. Der Alkoholgehalt liegt meistens bei 4,5 % bis 5,5 %.

*Lagerbier* Dieser Begriff bezieht sich eher auf eine Biergattung als auf eine Biersorte, obwohl einige Brauereien Lagerbier auch als Sortenbezeichnung benutzen. Im Grunde sind nämlich alle untergärigen Biere Lagerbiere. Dabei ist der kritische Unterschied zwischen ober- und untergärigen Bieren – Ales und Lagers auf Englisch – die verwendete Hefeart (siehe auch unter Stichwort Ales).

Die wissenschaftliche Artbezeichnung von unter- und obergärigen Hefen ist Saccharomyces (wörtlich der lateinische Name für Zuckerpils). Der deutsche Biologe Theodor Schwann gab sie diesen Hefen im Jahre 1837, als er erkannte, dass die Hefen als Lebewesen Zucker metabolisieren und Alkohol und Kohlensäure ($CO_2$) als metabolische Produkte ausstoßen. Mit dieser Entdeckung war endlich das Rätsel der alkoholischen Gärung wissenschaftlich gelöst. Untergärig arbeitende, Lagerbier produzierende Hefen heißen heutzutage Saccharomyces pastorianus, so benannt nach Louis Pasteur, dem berühmten französischen Chemiker und Mikrobiologen aus dem 19. Jahrhundert. Obergärig arbeitende Hefen heißen dagegen Saccharomyces cerevisiae, so benannt nach dem lateinische Wort cerevisia für Bier. Biologisch-taxonomisch gehören Saccharomyces (Abkürzung S.) zur Gattung einzelliger Lebewesen in der Domäne der Eukaryoten. Eine benachbarte Domäne ist die der Prokaryoten, zu denen zum Beispiel viele der Bakterien gehören, die an der Gärung von sauren belgischen Lambics (siehe dort) beteiligt sind.

S. cerevisiae werden als obergärig bezeichnet, da sie während der turbulentesten Phase der Gärung als eine dicke, schaumige Schicht auf der Oberfläche des werdenden Bieres schwimmen. Diese Hefen arbeiten am besten bei einer Gärtemperatur von etwa 15 °C bis 22 °C, also in einer Umgebung, die wir Menschen als komfortable Zimmertemperatur ansehen würden. Hefen der Arteinteilung S. pastorianus steigen hingegen eher zögernd nach oben und setzen sich nach der Gärung am Boden des Behälters ab. Sie arbeiten am besten bei einer Gärtemperatur von etwa 4 °C bis 9 °C, also in einer Umgebung, die wir als unangenehm kühl empfinden würden. Historisch-chronologisch ist es wahrscheinlich, dass S. cerevisiae wesentlich früher als S. pastorianus in unseren Brauereien Fuß gefasst hat. Wir wissen nämlich aus archäologischen Untersuchungen, dass Varianten obergäriger Hefestämme (aber keine untergärigen Stämme!) schon seit der Antike nicht nur für die Gärung von Bier, sondern auch von Wein, Met, Apfelmost und ähnlichen alkoholischen Getränken verantwortlich waren. Alle Backhefen gehören ebenfalls zur Art der S. cerevisiae.

Die heutige Nomenklatur der Brauhefen ist verwirrend und nicht ohne Kontroverse, denn die Bezeichnung S. pastorianus ist relativ jungen Ursprungs. Sie entstand erst in Folge der Genom-Squenzierung von S. cerevisiae durch Genetikforscher im Jahre 1997. Davor hießen untergärige Hefen S. uvarum, wobei uvarum der Genetiv plural von uva, dem lateinischen Wort für Traube, ist. Auch war der Begriff S. carlsbergenses früher gebräuchlich, denn es gelang einem Laborleiter der Carlsberg Brauerei in Kopenhagen, Emil Christian Hansen, in den Jahren 1883 bis 1885 zum ersten Mal, reine Hefezellen zu isolieren.

Es gibt verschiedene wissenschaftliche Thesen über den Ursprung der untergärigen Hefe S. pastorianus. Die vielleicht interessanteste These postuliert, dass S. pastorianus ein genetisch hybrides Einzelzell-Lebewesen im Bereich der Pflanzen ist, welches aus der gut gezähmten Hefeart S. cerevisiae (also aus unserer obergärigen Hefe) und einer uralten, wilden und sehr temperaturtoleranten Hefeart, S. eubayanus, enstanden ist. Hybridisierung ist die Vereinigung von zwei genotypisch unterschiedlichen Zellen in eine einzige, „hybride" Zelle.

Der wahrscheinlichste Grund für die ursprüngliche Hybridisierung von S. cerevisia und S. eubayanus und die daraus resultierende heutige Lagerhefe S. pastorianus war eine plötzlich notwendige Anpassung von S. cerevisia an neue, kühle bis kalte Umgebungsverhältnisse. Um jedoch eine nachhaltige Wirkung zu haben, müssen solche neuen, die Hybridisierung verursachenden Verhältnisse über längere Zeit stabil bleiben. Ansonsten kann eine neue

Hefeart nämlich nicht gedeihen und sich genetisch stabilisieren. Das hängt damit zusammen, dass Hefen ungemein anpassungsfähige Organismen sind. Das ist auch der Grund, weshalb Brauer gerne über „ihre" Haushefen reden, die „ihren" Bieren einzigartige und nicht nachahmbare Geschmäcker verleihen.

Der Beweis für die Annahme einer Hybridisierung von S. cerevisia und S. eubayanus ist die Entdeckung im ersten Jahrzehnt des gegenwärtigen Millenniums von frei in der Natur existierenden Varianten von S. eubayanus in den Anden von Patagonien, also im Grenzgebiet zwischen Argentinien und Chile. Das führte zu einem internationalen wissenschaftlichen Projekt, die patagonischen Hefen auf DNA-Parallelen mit unseren heutigen, domestizierten Bierhefen zu untersuchen. Die Wissenschaftler stellten fest, dass ein großer Teil des Erbmaterials von S. pastorianus mit dem von S. cerevisiae identisch ist und im Rest des Erbmaterials von S. pastorianus die Abweichung vom Erbmaterial von S. eubayanus nur 0,5 % ist. Da uns keine andere Hefeart bekannt ist, die eine ähnlich deckungsgleiche genetische Struktur mit S. pastorianus aufweist, sehen diese Wissenschaftler sich in ihrer revolutionären These bestätigt, dass S. eubayanus tatsächlich ein evolutionärer Elternteil unserer modernen untergärigen Hefen ist.

Die Meinungen gehen auseinander, auf welchem Wege S. eubayanus nach Europa kam und wann sich S. cerevisia und S. eubayanus zum ersten Mal vereint haben. Jedoch gibt es hoch interessante und sogar plausible Spekulationen, nach denen S. eubayanus zu Anfang des Entdeckungszeitalters im 16. Jahrhundert wohl von Spaniern per Zufall nach Europa eingeschleppt wurde und dass die Entstehung von S. pastorianus daher vielleicht nur wenige Jahrhunderte alt ist. Wahrscheinlich geschah die ursprüngliche Hybridisierung in den bierbrauenden Teilen Mitteleuropas, in denen der Winter – wie zum Beispiel in Bayern – normalerweise recht kalt ist.

Diese These passt hervorragend zu dem, was wir aus historischen Quellen über die Entstehung von Lagerbieren, besonders in Bayern, wissen. Wie allgemein bekannt, war ja eine der Motivationen des Fürsten Wilhelm IV. für den ursprünglichen Erlass des Reinheitsgebots von 1516, dass die Brauer ihre oft bakteriell infizierten Sommerbiere nicht länger mit allen möglichen, manchmal sogar ungesunden Mitteln wie Ochsengalle, Ruß oder starken Kräutern geschmacklich „verfeinern" sollten. Nur Winterbiere schmeckten damals durchweg gut in Bayern, da – wie heutige, mikrobiologisch geschulte Brauer wissen – die kalte Winterluft alle Infektionskeime zerstört. Die Erwartungen des Reinheitsgebots-Fürsten bezüglich der Verbesserung der Sommerbierqualität nach seinem Erlass erfüllten sich jedoch kaum, denn viele bayerische Sommerbiere schmecken auch weiterhin noch recht übel. Darauf sprach Wilhelms Nachfolger, Fürst Albrecht V.,

**139**

im Jahre 1553 ein Machtwort: Von nun an durften bayerische Brauer zwischen dem 23. April und dem 29. September überhaupt nicht mehr brauen.

Mit diesem Sommerbrauverbot verbannte Albrecht das Bierbrauen ausschließlich auf die Wintermonate, wenn es in Bayern normalerweise so kalt ist, dass die Würze im Gärbehälter die Arbeitstemperatur von S. cerevisiae weit unterschreitet. Damit wird diese Hefe inaktiv und überlässt den gesamten zuckerigen Nahrungsvorrat im Gärbehälter dem hybridierten und kältetoleranten Trittbrettfahrer S. pastorianus. Im Klartext heißt das, dass S. pastorianus wahrscheinlich schon seit einiger Zeit in den mitteleuropäischen Bieren ein Zuhause gefunden hatte, jedoch dort besonders im Sommer nur selten gegen S. cerevisiae beim Kampf um Nahrung dominant war.

Jedoch änderten sich plötzlich mit der praktischen Eliminierung von S. cerevisiae durch Fürst Albrecht die Ernährungs- und Fortpflanzungsbedingungen für S. pastorianus – jedenfalls in Gerstenbieren! Ab 1553 brauten nämlich notgedrungen die bayerischen Brauer alle Reinheitsgebot-Gerstenbiere als Lagerbiere, denn die neue Hefeform S. pastorianus konnte sich nun durch natürliche Selektion unter konstanten Bedingungen in ein genetisch stabiles Arbeitstier für kalte Gärführungen entwickeln. Nur die Nelken- und Bananengeschmack produzierenden obergärigen Weißbierhefen (siehe Weißbier), die vom Sommerbrauverbot nicht betroffen waren, konnten sich als Mitglied der Hefeart S. cerevisiae nach 1553 in Bayern noch durchsetzen. Das gleiche gilt natürlich auch für die Stämme von S. cerevisiae, die in Gegenden Europas beheimatet waren, wo die bayerischen Fürsten nicht das Sagen hatten. Deshalb konnten zum Beispiel im heutigen Belgien und Holland, in Großbritannien, im Rheinland und in Westfalen obergärige Braumethoden bis in die Gegenwart hinein ihre Popularität bewahren.

Es steht fest, dass weder Fürst Albrecht noch die damaligen bayerischen Brauer einen blassen Schimmer von der mikrobischen Revolution hatten, die sich in ihren Gärbehältern ausbreitete. Der Übergang von S. cerevisiae zu S. pastorianus als dominanter Agent der Gärung im Winter hatte wichtige Konsequenzen für den Geschmack aller bayerischen Gerstenbiere, denn bei einer langen, kühlen Gärung und Reifung verlangsamt sich der Stoffwechsel der Hefe, was zu einer geringeren Anreicherung von Stoffwechsel-Nebenprodukten und damit zu sehr sauber vergorenen Bieren führt. Zusätzlich hat S. pastorianus die Fähigkeit, eine Zuckersorte mehr in Alkohol umzuwandeln als S. cerevisiae. Während beide Hefearten sowohl die einmolekularen Zucker Glukose und Fruktose und die zwei-molekularen Zucker Maltose und Sukrose metabolisieren können, kann S. pastorianus zusätzlich noch die zwei-molekulare Melibiose (eine Komibination aus Galaktose and Glukcose) aufspalten. Daher schmecken viele obergärige Biere oft süßer und fruchtiger als die meisten eher trockenen und spritzigen untergärigen Biere.

Da die im späten Winter bis im Frühjahr gebrauten Lagerbiere den ganzen Sommer halten mussten, wurden sie in Kellern aufbewahrt, die im Winter mit Eis gefüllt wurden, welches die Brauer entweder aus den Eisdecken gefrorener Seen schnitten oder von sogenannten Eisgalgen ernteten. Diese Galgen waren speziell gefertigte Holzgerüste, über die die Brauer bei Minustemperaturen wiederholt Wasser spritzten, bis sich lange Zapfen bildeten, die abgeschlagen und in die Keller gebracht werden konnten. Das Eis hielt sich in den tiefen Kellern bis zum Herbst, und das so gekühlte Bier konte den ganzen Sommer lang getrunken werden. Nach der Aufhebung des bayerischen Sommerbrauverbots im Jahre 1850 und vor der graduellen Einführung von mechanischen Kühlmaschinen ab 1870 wurden nicht nur die Lager- sondern auch die Gärkeller für den Sommer mit Eis versorgt, damit die erforderlichen niedrigen Temperaturen für die Herstellung untergäriger Biere auch in der warmen Jahreszeit gesichert war.

Besonders in Europa haben Lagerbiere heutzutage in der Regel einen Alkoholgehalt von 4,5 % bis 5,5 %, wobei die stärkeren Versionen oft als Export bezeichnet werden (siehe dort). Auch haben sie traditionell eine echt deutsche aromatische, manchmal leicht an Zitrus oder Heu erinnernde Hopfennote und einen ausgeprägten Malzanteil. In der Farbe können sie von strohgelb bis schwarz variieren (siehe zum Beispiel Helles, Pils, Dunkel und Schwarzbier). Stärkere Lagerbiere sind das eher bernsteinfarbene Märzen (siehe dort) und das in allen möglichen Farben gebraute Bockbier (siehe dort). Besonders die hellen Lagerbiere schmecken meist ausgeprägt würzig-süffig-herzhaft sowie mild prickelnd aufgrund ihres hohen Kohlensäuregehalts. Zusätzlich haben die starken Lagerbiere oft einen dezenten, malzig-süßen, weichen Abgang.

*Lambic* Ein belgisches, saures, lange gelagertes, nicht nur mit Bierhefen (normalerweise Saccharomyces cerevisae), sondern auch mit Mikroben wie Brettanomyces bruxellensis, Brettanomyces lambicus, Lactobacillus und Pediococcus spontan vergorenes und daher im Abgang sehr trockenes Bier mit meistens 5 % bis 6 %, aber manchmal sogar bis zu 12,5 % Alkohol. Eine Lambic-Maische besteht aus Gerstenmalz plus bis zu vielleicht 40 % Weizenrohfrucht (d. h. aus ungemälztem Weizen). Zusätzlich kann eine Lambic Würze typisch belgisch mit vollkommen vergärbaren hellen oder dunklen Kandiszuckerarten für extra Alkohol geimpft werden. Ein nach traditionellen Methoden gebrautes Lambic wird nach dem Würzekochen in einer offenen, flachen Wanne – einem sogenannten Kühlschiff – der mikrobenhaltigen frischen Luft ausgesetzt und dann ausschließlich in offenen, hölzernen Bottichen vergoren.

Alle klassischen Lambic-Gärungen geschehen daher spontan. Die Mikroben befinden sich als Sporen in der Luft bzw. in den Schmutzablagen und Spinnengeweben der Brauereigebäude. Selbst Spinnen gelten als Mikroben-verbreitende Vektoren und sind in manchen Lambic-Gärkellern durchaus willkommen. Da die Mikroflora an jedem Ort anders ist, haben die Lambics verschiedener Brauereien – ähnlich wie bei Weinen aus gleichen Traubensorten, aber verschiedenen Gegenden – einen gewissen Hauscharakter. Um diese Mikrobenindividualität zu schützen, widersetzen sich einige Brauer sogar, ihre Balken von Dreck und Geweben zu reinigen. Moderne Craft-Brauer haben sich jüngst ebenfalls für diese obskure belgische Bierspezialität interessiert und benutzen dazu oft Lambic-Mikrobenmischungen, die von von kommerziellen Hefelaboren beziehbar sind. Fertig vergorene Lambic-Biere werden für mindestens sechs Monate in Eichenfässern gereift. In einigen Brauereien kann die Reifung, je nach Lambic-Variante, sogar bis zu sechs Jahre dauern! Gebrauchte Fässer, die vorher Port, Sherry oder Wein enthielten, finden ebenfalls Verwendung.

Da alle Hopfenaromen bei der langen Lagerung und dem hohen Säuregrad der Lambic-Biere praktisch verloren gehen, werden Lambic-Würzen nur sehr leicht gehopft, wobei die Hopfung kaum zum Geschmack, sondern nur zur Konservierung des fertigen Bieres beiträgt. Manche Lambic Brauer benutzen nur Hopfen, der mindestens drei Jahre alt und deshalb bereits oxidiert ist. Ein gealterter Hopfen verleiht einem Bier immer eine leicht käseartige Note, die aber bei einem sauren Lambic kaum bemerkbar ist und sogar zur Komplexität des Geschmacks beiträgt. Auch sind andere Oxidationserscheinungen von Bierspurenelementen wie den großmolekülaren, fuselartigen Alkoholen und Aldehyden, welche bei allen anderen Bieren als schale Altersdefekte gelten, bei Lambics Teil des erwünschten Geschmacksprofils. Solche Oxidationsverbindungen geben dem Lambic Untertöne von Pappkarton, Sherry und gekochtem Mais.

Einige der an der ungewöhnlichen Lambicgärführung beteiligten wilden Mikroben geben den fertigen Lambic-Bieren oft auch sehr bizarre Geschmackskomponenten, die von erfahrenen Sommeliers als Noten von rohem Getreide, Pferdeschweiß, Katzenurin, Zitrus, Apfel, Rhabarber und Honig identifiziert werden. Da die Hefen und Bakterien praktisch den gesamten verfügbaren Zucker komplett vergären, haben diese Biere keine Restsüße und sind daher im Abgang immer extrem trocken. Einige Lambics werden auch auf Früchten wie Äpfeln, Erbeeren, Himbeeren, Johannisbeeren, Kirschen, Pfirsichen und sogar Pflaumen und Weintrauben nachvergoren. In den USA findet man auch Lambics mit Preiselbeeren.

Die Gruppe der Lambic-Biere entstand als regionale Spezialität entlang der Senne, einem Fluss in der Gegend um Brüssel –

Pajottenland geheißen – sowie in Brüssel selbst. Hier sind die vielleicht bekanntesten Lambic-Untersorten:

**Lambic** Ein reguläres Lambic wird aus dem durch Abläutern der Maische gewonnenen Hauptguss hergestellt und hat damit einen beachtlichen Alkoholgehalt.

**Bière de mars** Für dieses Sauerbier wird eine abgeläuterte Lambic-Maische ein zweites Mal mit heißem Wasser übergossen und abgeläutert. Dieser Nachguss wird dann separat vergoren. Damit ist Bière de mars quasi ein Lambic-Dünnbier. Siehe auch eine auführliche Betrachtung dieses Bieres unter dem separaten Stichwort Bière de mars, belgisch.

**Faro** ist ein normalerweise halbe-halbe Verschnitt aus Lambic und Bière de mars, welcher oft durch Zugabe von hellem oder dunklem belgischem Kandiszucker nachvergoren wird. Siehe auch das separate Stichwort Faro.

**Gueuze** ist ein Verschnitt aus frischem Lambic und mindestens sechs Monate altem Lambic, wobei das Verhältnis zwischen den beiden Lambics zwischen 15:85 und 70:30 schwanken kann. Siehe auch das separate Stichwort Gueuze.

**Cassis** ist ein mit schwarzen Johannisbeeren nachvergorenes Lambic. Vergleiche auch das separate Stichwort Kriek sowie Fruchtbier.

**Fraise** ist ein mit Erdbeeren nachvergorenes Lambic. Vergleiche auch das separate Stichwort Kriek sowie Fruchtbier.

**Framboise** ist ein mit Himbeeren nachvergorenes Lambic. Vergleiche auch das separate Stichwort Kriek sowie Fruchtbier.

**Kriek** ist ein mit Sauerkirschen nachvergorenes Lambic. Siehe auch das separate Stichwort Kriek sowie Fruchtbier.

**Pêche** ist ein mit Pfirsichen nachvergorenes Lambic. Vergleiche auch das separate Stichwort Kriek sowie Fruchtbier.

**Pomme** ist ein mit Äpfeln nachvergorenes Lambic. Vergleiche auch das separate Stichwort Kriek sowie Fruchtbier.

***Landbier*** Die Gruppe der Landbiere – gelegentlich auch als Bauernbiere bezeichnet – besteht aus simplen, süffigen Alltagsbieren. Meistens (aber nicht immer!) sind sie mit einem Alkoholgehalt von vielleicht 4,8 % bis 5,3 % weder zu stark noch zu schwach. Typischerweise haben sie relativ wenig Hopfenbittere und einen mittleren Körper. Je nach Brauerei können sie das gesamte Farbspektrum von hell bis dunkel belegen. Der Begriff Landbier wird heutzutage von vielen Brauereien eher als Marke statt als klar definierte Sorte verstanden. Als Beispiele von klassischen Land- bzw. Bauernbieren siehe u.a. Bière de Garde; Bière de Saison; Bauernbier, litauer; und Sahti.

***Latzenbier*** Ein starkes Altbier aus Düsseldorf. Siehe Altbier und Sticke.

***Leichtbier, amerkanisch***
Siehe Lager, amerikanisch.

***Leichtbier, europäisch*** Der Begriff Leichtbier (oder "light beer" auf Englisch) hat in verschiedenen Ländern oft unterschiedliche Bedeutungen und unterliegt unterschiedlichen gesetzlichen Bestimmungen. „Leicht" ist daher nur eine relative Größe, die im Vergleich zu einen „normalem" Bier gemessen wird. Ein Leichtbier kann weniger Kalorien, weniger Alkohol oder weniger Kohlenhydrate als ein Vergleichsbier aufweisen. Früher wurde Leichtbier in Deutschland oft mit Diätbier (siehe dort) verwechselt, welches streng genommen ein kohlenhydratreduziertes Bier ist. Leichtbiere haben durchweg wenige Gärnebenprodukte und sind damit sehr süffig. Siehe auch Dünnbier. Anders als das amerikanische Light Lager haben viele europäische leichte Lagerbiere, sofern sie nur aus Malz und nicht aus Ersatzcerealien gebraut werden, einen echten Biergeschmack, welcher im Wesentlichen eine ausgewogene aromatische Mischung aus Malzsüße und Hopfenbittere ist. Historisch und stilistisch sind Leichtbiere in Deutschland oft vom Pils oder vom Hellen abgeleitet. Auch gibt es leichte Weißbiere, Altbiere und Kölschbiere. Deutsche Leichtbiere haben oft zwischen 2,5 % und 3,5 % Volumenalkohol, wohingegen in den Vereinigten Staaten viele Light Biere zwischen 3,5 % and 4 % Volumenalkohol aufweisen. In jenem Land gibt es sogar eine Light Marke, die mehr als 6 % Volumenalkohol enthält. Jedoch unterscheiden sich alle Leichtbiere aufgrund ihres Alkoholgehaltes von allen sogenannten alkoholfreien Bieren (siehe dort), welche in vielen Ländern nicht mehr als 0,5 % Volumenalkohol enthalten dürfen.

Leichtbiere haben oft weniger Kohlenhydrate und damit weniger Brennwert als Vollbiere (siehe dort). Alkoholische Getränke mit niedrigen Kohlenhydratwerten haben nicht notwendigerweise auch niedrige Kalorienwerte, wie zum Beipiel eine Analyse von 35 Millilitern eines 40-prozentigen Wodkas beweist: Dieser Schnaps hat zwar 0 Kohlenhydrate, fügt dem Körper aber einen Brennwert von 72 Kalorien zu, also etwa genau so viele Kalorien wie ein halber Liter durchschnittliches Leichtbier! Kalorienbewusste Verbraucher können zur Errechnung des Brennwertes von Alkohol folgende Formel anwenden: 1 Gramm reiner Alkohol (Ethanol) hat 7 Kalorien und eine Dichte von 789 Gramm pro Liter (Wasser hat eine Dichte von 1000 Gramm pro Liter). Ein Liter 2,5 % Leichtbier wiegt ungefähr 1 Kilogramm und hat daher 0,025*789 = 19,725 Gramm Alkohol, was einen Brennwert von etwa 138 Kalorien darstellt. Umgerechnet auf Joule sind das etwa 577392 Joule, da 1 Kalorie gleich 4184 Joule ist.

***Leipziger Gose*** Siehe Gose, Leipziger.

***Lichtenhainer*** Dieses heute fast ausgestorbene, obergärige, rauchige Weizenbier aus dem kleinen Dorf Lichtenhain außerhalb von Jena in Thüringen, welches im Jahre 1913 in die Stadt Jena eingemeindet wurde, war im Hochmittelalter ein heimgebrautes Bauernbier. Spätestens gegen Ende des 18. Jahrhunderts entwickelte es sich jedoch zu einer von kommerziellen Brauern hergestellten Biersorte, die damals besonders bei den Studenten der Jenaer Universität beliebt war. Das passte den Jenaer Stadtvätern jedoch überhaupt nicht, denn in einer Jenaer Brauordnung von 1831 untersagten sie ihren Einwohnern komplett den Handel mit Lichtenhainer Bier. Der Zweck war, die eigenen Brauereien in Jena vor der Konkurrenz aus dem Vorort zu schützen.

Nach den meisten Quellen war das Malz im Lichtenhainer Bier wohl eine Mischung aus Gerste und Weizen. Jedoch gibt es über die Malzschüttung keine Einstimmigkeit. So steht zum Beispiel im *Handbuch der Fabrikation Obergäriger Biere* von Alwin Kulitscher aus dem Jahre 1904: „Zu Lichtenhainer wird bis zur Hälfte Weizen- und Gerstenmalz verwendet, eins von beiden soll Rauchmalz sein." Dagegegen behaupten W. Rommel und K. Fehrmann 1915 in ihrem Buch *Die Bierbrauerei*: „Auch das Lichtenhainer ist ein helles, aus schwach geräuchertem Malz hergestelltes Bier, jedoch verwendet man dafür ausschließlich Gerstenmalz. Die etwa achtprozentige Würze wird sehr schwach gehopft, nur kurz gekocht und einer entweder sich spontan entwickelnden oder durch Impfen mit Reinkulturen künstlich herbeigeführten Infektion mit Milchsäurebakterien ausgesetzt, die dem Biere einen schwach säuerlichen Geschmack verleiht."

Weiter zu dieser Unstimmigkeit trägt J. Ohlberg im Jahre 1927 in seinem Buch *Moderne Braumethoden* bei: „Zur Herstellung dieser Biersorte (Lichtenhainer) verwendet man ein Drittel Weizen- und zwei Drittel Gerstenmalz. Das Weizenmalz wird fein, das Gerstenmalz grob, einer besseren Abläuterung halber, geschrotet ... Die Biere sind stark vergoren (d.h. trocken im Abgang), kohlensäurereich, gut bekömmlich, und gelten als Spezialbiere." Letztlich können wir noch Max Delbrück zitieren, der 1910 in seinem Buch *Das Illustrierte Brauereilexicon* schrieb: „Das L.B. (Lichtenhainer Bier) ist nur aus geräuchertem Gerstenmalz hergestellt ..."

Aus all diesen Quellen dürfen wir wohl ableiten, dass das originale Lichtenhainer ein helles, leicht säuerliches, rauchiges, mild gehopftes, hefe-trübes, obergäriges Bier mit vielleicht 2,5 % bis 3 % Alkoholgehalt war. Für den Handel wurde das Bier damals, ähnlich wie Berliner Weiße (siehe dort), gelegentlich in Steingutflaschen abgefüllt; und in den Kneipen wurde es oft in hölzernen Bierkrügen serviert. Das

Lichtenhainer hielt sich regional bis in die Zeiten der DDR. Das letzte Lichtenhainer Bier wurde dort offenbar im Jahre 1983 gebraut. Erst im Jahre 1997 kam es zur Wiederbelebung dieses Bieres, als eine Gasthausbrauerei im Jenaer Stadtteil Wöllnitz ein neues Lichtenhainer unter der Markenbezeichnung Wöllnitzer Weißbier mit einem Alkoholgehalt von 2,5 % auf den Markt brachte.

**Liège Saison** Ein relativ leichtes, aber stark gehopftes, belgisches Bier mit einer kleinen Portion Dinkel in der Maische. Vergleiche dazu auch Wit Bier, wofür statt Dinkel roher Weizen in der Maische verwendet wird.

**Lobsenzer Bier** Ein dem Grätzer Bier ähnliches polnisches Weizenbier. Siehe Grätzer Bier.

**London Stout** Siehe Stout.

**Louvain Peeterman Wit Bier bzw. Bière blanche** Dieser historische Vorläufer des heutigen weißen Wit Bier/Bière blanche (siehe dort) stammt aus Louvain (französisch) bzw. Leuven (flämisch), der Hauptstadt der flämischen Provinz Brabant, etwa 25 Kilometer östlich von Brüssel. Das Bier starb in den 60er Jahren des letzten Jahrhunderts aus, wurde aber kurz danach in leicht abgewandelter Form von einer Brauerei in der kleinen Stadt Hoegaarden, östlich von Louvain, wiederbelebt. Genau wie bei vielen anderen alten Bieren, gibt es keine einheitliche Meinung über die Zusammensetzung der Maische für das Peeterman Bier. Auf jeden Fall bestand die Maische aus einer Mischung von rohem Weizen und Gerstenmalz, wobei der Weizen mindestens ein Viertel bis zur Hälfte der Maische ausmachte. Das Gerstenmalz war enweder grün (d. h. gekeimt, aber nicht gedarrt), luftgetrocknet oder gedarrt. Auch konnte die Maische bis zu einem Viertel aus ungemälztem Hafer bestehen. Die Maischerasten konnten bis zu 17 Stunden dauern, um den wenigen Gerstenenzymen ausreichend Zeit zu geben, die Weizen und Haferstärken in vergärbaren Zucker umzuwandeln. In der Würze erhielt das Bier oft eine gute Portion getrockneter Curaçao-Orangenschalen. Der Alkoholgehalt des fertigen Bieres war wohl mindestens 2,5 % und selten mehr als 5 %. Gelegentlich wurde das Bier im Gärbehälter für eine Nachgärung mit frischer, ungekochter Würze und Milchsäurebakterien (Lactobacillus) geimpft.

***Maguey*** Kein echtes Bier, sondern ein farbloses, bierähnlich vergorenes, mexikanisches Getränk aus dem Saft einer Kaktusart, der Agave. Destilliertes Maguey nennt man Mezcal oder Mescal. Tequila ist Mezcal sehr ähnlich, kommt aber nur aus der Gegend um die Stadt Tequila.

***Maibock*** Ein helles Bockbier. Siehe Bock.

***Majoran Bier*** Ein traditionelles, in vieler Hinsicht unspezifisches, deutsches Bier, welches statt mit Hopfen mit Majoran gewürzt wurde. Siehe Gruitbier

***Majority Ale*** Diese mittelalterliche Bierkuriosität aus Schottland besticht nicht durch ihre Bedeutung für die Entwicklung von Bier in der Menschheitsgeschichte, sondern dadurch, dass sie wahrscheinlich einen der beachtlichsten Superlative in der Biergeschichte für sich in Anspruch nehmen kann: Sie ist bestimmt das am längsten gelagerte und gereifte Bier der Welt. Historisch war es der vielleicht allerstärkste Vorläufer des Old Ale (siehe dort). Es wurde etwa dreimal so stark wie ein heutiges Vollbier (siehe dort) aus Anlass der Geburt eines männlichen Erben einer Adelsfamilie gebraut. Das fertig vergorene Bier wurde dann 21 Jahre lang in einem Fass aufbewahrt. Erst am Tag des Erwachsenwerdens des Nachwuchses – Majority ist das englische Wort nicht nur für Mehrheit, sondern auch für Reife – wurde das Fass angezapft. Majority Ales waren meist Double Ales (auch als Doble-Doble geschrieben). Double Ales erhalten ihren Namen vom sogenannten Doppelmaischen, wobei der erste Guss aus der Maische zum Überschwänzen für einen Nachguss aus der gleichen Maische oder – viel besser – als Brauwasser einer neuen Maische benutzt wurde. Es ist wahrscheinlich, dass Majority-Ale-Würzen zusätzlich extra lange gekocht wurden, um extra Wasser zu verdunsten und sie damit noch dickflüssiger zu machen. Danach hatten dann Hefen und Bakterien ewige Zeit im Fass, um gemächlich die Riesenmengen an Malzzucker in Alkohol und andere Geschmackskomponenten umzusetzen.

### Malt Liquor, amerikanisch

Dieses Lagerbier ist für europäische Verhältnisse ausgesprochen derb. Mit bis zu 8 % Alkohol ist es hemmungslos robust, kratzig-phenolisch und alkoholisch. Es hat fast überhaupt keinen Hopfengeschmack und besteht in der Malzschüttung ausschließlich aus sechszeiligem Malz (für eine Erklärung siehe Lager, amerikanisch) und bis zu 40 % Mais (manchmal sogar mehr). Besteht der Malzersatz aus Maisgrieß, was oft der Fall ist, so muss er separat in einem „cooker" gekocht werden oder die Gesamtmaische muss gekocht werden. Besteht er aus gelatinierten („verkleisterten") Maisflocken, braucht die Maische nicht gekocht zu werden. Die in der sechszeiligen Gerste reichlich vorhandenen Enzyme wandeln die Maisstärke in Zucker um, der von der Hefe in Alkohol vergärbar ist. Mais trägt auch zu einer gewissen Restsüße im fertigen Bier bei. Bitterhopfen wird in diesen Bieren nur sparsam verwendet und Aromahopfen sind unnötig. Auf den Einzelhandelsregalen rangiert Malt Liquor unter den billigeren Bieren.

### Malta

Ein besonders in Mexiko beliebter, aus Gerste, Hopfen und Wasser sowie oft auch aus Karamellfarbe und Mais hergestellter Malztrunk, der dem deutschen Malzbier ähnelt (siehe dort). Die Süßeempfindung dieses Malztrunks auf dem Gaumen wird oft durch eine hohe Karbonsierung des Getränks gemildert.

### Malzbier

Ein deutscher Malztrunk, der auch unter den Namen Kraftbier und Nährbier bekannt ist. Es ist eine alkoholfreie Biersorte (siehe Alkoholfreies Bier) mit einem Alkoholgehalt von 0,5 % oder weniger. Dieser normalerweise obergärige Trunk ist durchweg dunkel mit sehr wenig Hopfenaroma. In der Herstellung wird die Gärung, kurz nachdem sie angesprungen ist, durch Filtration der Hefe aus der Bierwürze und nachfolgender Pasteurisierung abgebrochen, weshalb der große Anteil an unvergorenem, energiereichem Restzucker diesem Bier einen sehr süßen Abgang gibt.

Malzbier wird normalerweise aus Gerstenmalz hergestellt. Wird es aus einer Kombination aus Gersten- und Weizenmalz hergestellt, so wird es auch als Weizenmalzbier vermarktet. Besonders süße Varianten von Malzbier sind das Karamellbier bzw. Doppelkaramellbier, welches mit viel Karamellmalz und oft zusätzlich mit Glukose- oder Sukrosesirup hergestellt wird. Man kann Malzbier kühl und pur servieren, wobei eine Zitronenscheibe dem süßen Bier ein wenig ausgleichende Säure geben kann. Auch kann man dieses Bier im Glas mit anderen Bieren, wie zum Beispiel einem herben Pils mischen.

### Märzen bzw. Märzenbier

Das erste Märzenbier wurde 1841 von der Spatenbrauerei in München entwickelt. Das war das gleiche Jahr, in dem die

Dreher Brauerei in Neuschwechat in der Nähe von Wien ihr Wiener Lager (siehe dort) freigab. Beide Biere waren etwas heller als das damals noch dominante dunkle Lager (siehe Dunkel). Zu dieser Zeit gab es noch keine künstliche Kühlung, weshalb das Bier Ende März kurz vor dem Temperaturanstieg gebraut wurde und dann bis zum Verbrauch in den heißen Sommermonaten in hölzernen Fässern unterirdisch in kühlen Kellern und Höhlen gelagert wurde. Das war notwendig, da die Produktion eines wohlschmeckenden untergärigen Bieres in Münchens Kontinentalklima damals im Sommer fast unmöglich war.

Im Jahre 1871 stellte die Spatenbrauerei ihr Märzenbier zum ersten Mal auf dem Oktoberfest vor. Damit ist das Oktoberfestbier nichts anderes als eine Version des Märzenbieres. Heute besitzen die sechs Münchner Brauereien Augustiner, Hacker-Pschorr, Hofbräuhaus, Löwenbräu, Paulaner und Spaten ein gesetzlich gestütztes Monopol auf den Namen Oktoberfestbier. Andere Brauereien dürfen die Sortenbezeichnung Oktoberfestbier daher nicht mehr benutzen. Ein Märzen ist aufgrund der Maischeschüttung sehr malzbetont. Die Hopfensorten sind recht mild und treten neben dem – statt gegen das – Malzaroma besonders im Abgang in Erscheinung. Dabei steht die Hopfenbittere im Hintergrund, während das Hopfenaroma im lang nachhallenden Nachtrunk zum Geschmackserlebnis beiträgt. Moderne, bernsteinfarbene Märzen und Oktoberfestbiere sind immer gut gelagert und gereift.

Normalerweise haben sie einen Alkoholgehalt von 5 % bis 6,2 %.

**Mead** Das ist der englische Begriff für ein Honigbier (siehe Met), welches aus mit Wasser verdünntem Honig als Kohlenhydratquelle gebraut wird. Wenn Mead keinen Getreidemalzextrakt enthält, ist es eigentlich kein Bier, sondern gehört in eine eigene alkoholische Getränkekategorie. Viele Meads werden jedoch auch aus einer Mischung von Honig und Malz gebraut, wie zum Beispiel das Braggot (siehe dort).

**Melassebier** Genau wie zum Beispiel Pulque (siehe dort) ist Melassebier, sofern es nur aus Melasse als Kohlenhydratquelle für die Hefe hergestellt wird, eigentlich kein Bier. Wird es jedoch zum Teil auch mit Getreidemalz hergestellt, so nähert es sich der Definition von Bier als vergorener Getreideextrakt. Die Erhöhung der Mächtigkeit von Bieren aus Getreidemalz mit diversen Kohlenhydratquellen wie Honig, Kandiszucker, Datteln oder sogar Kartoffeln ist eine uralte Tradition, die schon in der Antike von den Sumerern und Ägyptern praktiziert wurde.

Melasse is der eingedickte Extrakt der Zuckerrohrpflanze. Er ist gut vergärbar und wurde seit Anfang der Kolonisierung der Neuen Welt als Malzersatz in Bier verwendet. Das gleiche gilt für verschiedene Baum- und Kaktussäfte wie zu Beispiel Ahornsaft. So braute unter anderem der erste Präsident der Vereinigten Staaten, George Washington, ein Melasse Bier, welches er Small Beer nannte, obwohl es stattliche 11 % Alkohol auf die Waage brachte. Das Rezept für dieses Bier in Washingtons Handschrift ist heute im Precious Book Department der New York Public Library.

**Met** Der deutsche Name für ein Honigbier (siehe auch Mead). Met, auch Honigwein genannt, wird aus mit Wasser verdünntem Honig als Kohlenhydratquelle gebraut. Statt Wasser können auch Fruchtsäfte verwendet werden, wie zum Beispiel Apfelsaft oder Kirschsaft. Auch Gewürze finden manchmal ihren Weg in ein Met. Wird Met mit Kirschen oder deren Saft vergoren, bezeichnet man es auch gelegentlich als Wikingerblut oder Odinsblut. Wird Met zusätzlich stark gewürzt, nennt man es auch Drachenblut. Met kann bis zu 20 % Volumenalkohol aufweisen, sofern die Hefe ausreichend alkoholtolerant ist und allen verfügbaren Zucker vergärt. Da reines Met keinen Getreidemalzextrakt enthält, ist es eigentlich kein Bier. Es wird nur bierähnlich, wenn es auch eine Portion Bierwürze enthält. Siehe auch Braggot.

**Mild Ale** Trotz der Übersetzung von Mild Ale als mildes Obergäriges, hatte dieses Bier bis zum frühen 19. Jahrhundert oft bis zu 8 % Volumenalkohol! Früher hieß nämlich ein Bier auf den Britischen Inseln unabhängig von seiner Stärke Mild, wenn es ein frisches Ale war. Damit stand es im Gegensatz zu einem Old bzw. Stock Ale (siehe Old Ale). Frische Biere schmeckten eben milder, nicht weil sie leichter waren, sondern weil sie (noch) nicht säuerlich waren, denn, sobald Biere in den guten alten Zeiten in Fässern reiften, wurden sie aufgrund der damaligen miserablen hygienischen Verhältnisse meistens nicht nur reifer, sondern aufgrund von Milchsäurebakterien auch sauer.

Ursprünglich war das Mild Ale rötlich-braun bis sehr dunkel mit fruchtigen Esternoten. Es wurde meist in rauen Arbeiterkneipen um die Zechen und Hütten in den britischen Midlands und in Wales serviert, wohingegen in vornehmeren Bars vorzugsweise das englische Bitter (siehe dort) angeboten wurde. Erst mit dem Aufkommen der Porter- und Stout-Biere (siehe besonders Porter, London) gegen Ende des 18. und Anfang des 19. Jahrhunderts verlor das Mild seine bedeutende Marktposition.

Heute ist ein englisches Mild Ale meistens malzbetont, mit einem mittleren Körper. Auch hat es heute oft nur noch 3,4 % bis 4,4 % Alkohol. Jedenfalls wird es so in vielen internationalen Bierwettbewerben spezifiziert. Delikate englische Hopfensorten sind einmalig für diese leichteren Biere. Wir unterscheiden heutzutage zwischen einem englischen Pale Mild und einem englischen Dark Mild. Das Pale Mild kommt in vielen Schattierungen von Bernsteinfarben vor. Es ist nur mild gehopft und ist im Abgang malzbetont. Das Dark Mild ist dagegen rötlich bis dunkelbraun und hat leichte Lakritz- und Röstnoten.

Über die Jahrhunderte durchlief also das Mild eine Metamorphose von einem starken Frischbier zu einem relativ leichten, regulären Ale. In den 60er Jahren des letzten Jahrhunderts verschwand es in seinem Heimatland fast vollkommen vom Markt, wird aber heute wieder, besonders von nordamerikanischen Craft-Brauern, in seiner klassischen wie auch in seiner modernen Ausprägung aufgegriffen.

***

**Milk Stout** Siehe Stout.

***

**Millet Beer** Siehe Hirsebier.

***

**Mittelamerikanisches Bier, traditionell** Vor der Kolonialisierung des heutigen lateinamerikanischen Raumes durch die Spanier und Portugiesen um die Wende zum 16. Jahrhundert brauten dortige einheimische Stämme eine große Anzahl von Bieren, meist auf der Basis von Mais (also einem Getreide) sowie Pflanzensäften und stärkehaltigen Wurzeln. Keines dieser Biere konnte sich jedoch sich im heutigen, von Gersten- und Weizenbieren bestimmten, internationalen Brauwesen durchsetzen. Siehe zum Beispiel Pulque und Chicha sowie Südamerikanisches Bier, traditionell.

**Mumme, Braunschweiger** Mumme ist ein höchst merkwürdiges Bier. Es ist ein altes Braunschweiger Seefahrerbier, welches zur Zeit der Hanse über Land oder in Flusskähnen zu den Hafen- und Bierstädten Bremen und Hamburg transportiert und von dort auf den Koggen der Hanse in die ganze Welt verfrachtet wurde. Mumme war nach einigen Quellen ein sehr sirupartiges und damit sehr haltbares Bier mit riesigen Restsüßewerten, welches auch als Schiffsmumme oder Segelschiffmumme bezeichnet wurde. Offenbar gab es auch ein lokales, weniger dickflüssiges Mumme, welches als Stadtmumme bekannt war. Ein deftig eingebrautes Mumme war nicht nur als Handelsbier begehrt, sondern es wurde von Matrosen auch als nahrhafter Proviant auf langen Seewegen konsumiert.

Die Dickflüssgkeit der Schiffsmummewürze wurde offenbar durch extrem langes Kochen in der Sudpfanne erreicht. Jedoch ergaben diese sehr zuckerhaltigen Würzen oft nur Biere mit kaum mehr als 2,5 % bis maximal 4,5 % Volumenalkohol. Jüngste wissenschaftliche Erkenntnisse bezüglich des Hefemetabolismus scheinen diese Unterbrechung der Alkoholproduktion, trotz einem im Überschuss vorhandenen Angebot an Zucker, zu erklären. Hefen geben oft selbst in Würzen mit hohem Zuckergehalt den Gärprozess frühzeitig auf, wenn diese nicht genug Stickstoffquellen wie sogenannten freien Amino-

Stickstoff (FAN) besitzen. Es besteht bei sehr schweren Würzen nämlich die Möglichkeit, dass die Hefe während der turbulenten Hauptgärung den gesamten verfügbaren Stickstoff aufbraucht. Sobald sie keine weiteren Stickstoffquellen für ihren Stoffwechsel abrufen kann, bleibt nämlich die Gärung bereits bei niedrigen Alkoholwerten stecken.

Mumme war in seiner Blütezeit im 17. Jahrhundert offenbar ganz besonders in Großbritannien beliebt. So zitiert John Bickerdyke in seinem Buch *The Curiosities of Ale & Beer – An Entertaining History* (London 1886) eine Quelle aus dem Jahre 1682, wonach Mumme (oder Mum-Ale) aus Weizenmalz, Hafermalz und Bohnenmehl (!) eingemaischt wurde. Dazu kamen noch weitere ganz verrückte Zutaten, wie zum Beispiel Tannenrinde, Birken- und Tannenspitzen, Sonnentaublüten, Majoran, wilder Thymian, Holunderblüten und Hagebutten. Dazu äußert sich ein Mumme-Experte, Johann Georg Krünitz, aber etwa ein Jahrhundert später ganz kategorisch. In seinem in Berlin veröffentlichten Buch von 1775, *Oekonomische Encyclopädie, oder allgemeines System der Land- Haus- und Staatswirtschaft in alphabetischer Ordnung. Fünfter Theil von Bier bis Blume*, deklariert Herr Krünitz unmisverständlich: „Dieser Bericht [die Rezeptur von 1682] ist aber… sehr falsch, indem ordentlicher Weise gar kein Bohnenmehl und Kräuter mit dazu genommen werden."

Stattdessen beschreibt er die Braunschweiger Mumme (altertümliche Schreibweise beibehalten) als „ein starkes Hopfenbier welches zuerst von einen, Nahmens Mumme, davon es nachgehends auch den Nahmen bekommen, in einem nahe an dem alten Peterthor in Braunschweig gelegenen Hause gebrauet worden…Es wird dieses Bier wegen seines vortrefflichen, lieblichen Geschmacks, und dick-braunen schönen Farbe sehr hoch gehalten. Die sogenannte Schiff-Mumme ist die beßte, maßen sie sich vor der Stadt-Mumme auf dem Wasser wohl hält, und weit und lange, ohne Anstoß oder Verderben, führen läßt."

**Molle** Ein Begriff aus der Berliner Mundartart für Bier bzw. für ein Radlermaß-ähnliches Getränk. Siehe Radlermaß.

**Münchner Helles** Siehe Helles.

**Münsteraner Altbier** Siehe Altbier.

***Nachbier*** Die Herstellung von Würze im Sudhaus umfasst im Grunde drei Schritte: Maischen, Abläutern und Kochen. Im Maischebottich wird geschrotetes Malz angefeuchtet, um Getreideenzyme zu aktivieren und die Getreidestärke in Zuckersorten umzuwandeln, die von der Hefe vergoren werden können. Dann wird die Maische ausgelaugt, indem man das nun mit Zucker gesättigte Wasser als sogenannte Würze abläutert. Die so erhaltene Würze – auch Hauptguss genannt – wird nun in der Sudpfanne gekocht, um sie zu sterilisieren. Auch wird sie dort mit Hopfen aromatisiert. Nach dem Abkühlen geht die nun fertige Würze in den kühlen Gärbehälter, wo sie von der Hefe in Bier vergoren wird. Ein Nachbier durchläuft genau denselben Prozess. Nur wird dabei die Maische ein zweites Mal mit einem Nachguss abgeläutert, was einen dünneren Malzextrakt mit weniger vergärbarem Zucker produziert. Damit wird das Nachbier auch weniger alkoholhaltig. Die Engländer nennen ein solches zweistufiges Abläutern ein Parti-Gyle-Verfahren (siehe zum Beispiel die Stichwörter Ale, Barley Wine und Old Ale), wobei die Hauptgussbiere oft als Strong Ale und die Nachgussbiere als Small Ale bezeichnet wurden. Siehe auch Dünnbier.

***Nährbier*** Dieses fast alkoholfreie Bier mit etwa 0,5 % Alkohol war besonders in Bayern in den 50er und 60er Jahren des letzten Jahrhunderts populär. Es war recht süß und dunkel. Siehe auch Malzbier.

***Near Beer*** Die wörtliche Übersetzung dieses amerikanischen Konzepts ist Nahebier. Dieser Begriff gilt für ein normalerweise untergäriges, dealkoholisiertes Bier, welches mit weniger als 0,5 % Volumenalkohol fast alkoholfrei ist (siehe auch Alkoholfreies Bier). Near Beer ist eine Erfindung aus der Zeit der amerikanischen Prohibition zwischen 1919 und 1933, als die Produktion, die Einfuhr, der Vertrieb und der Genuss von Alkohol total verboten war. Aufgrund des niedrigen oder nicht vorhandenen Alkoholgehalts durfte es damals in den Saloons, in denen vor der Prohibition lustig gezecht wurde, serviert werden. Near Beer wurde auch als Cereal

Beer oder Cereal Beverage (Getreidebier oder Getreidetrunk) bezeichnet.

***

***Nihonshu*** Eine andere Bezeichnung für das japanische Reisbier Saké (siehe dort).

***

***Needle Beer*** Die wörtliche Übersetzung für Needle Beer ist Nadelbier. Der Begriff ist ein Scherzname für Near Beer (siehe dort). Er stammt aus der Zeit der amerikanischen Prohibition zwischen 1919 und 1933. Near Beer kam auf den Namen Needle Beer dadurch, dass ein Bartender in einem Saloon ein alkoholfreies Near Beer heimlich und verstohlen nach dem Zapfen mit Hilfe einer Spritze mit einem Schuss reinem Ethylalkohol – dessen Destillation für industrielle Zwecke trotz Prohibition offiziell erlaubt war – illegal verstärkte. Spritzen für Needle-Beer-Zwecke wurden oft aus dem Veterinärbereich abgezweigt.

***

***New England IPA bzw. North Eastern IPA*** Diese Version des amerikanischen India Pale Ale (siehe dort) stammt aus den Bundesstaaten entlang der Nordostküste der USA. Es wird sehr hefetrüb abgefüllt. IPAs in dieser Gruppe haben oft weniger Bittere als reguläre amerikanische IPAs oder sogar fast gar keine. Stattdessen haben sie ausgeprägte Hopfenaromanoten von Hopfenzugaben durch sogenanntes Hopfenstopfen – auch Dry-Hopping genannt – im kalten Gärbehälter. Um dieses unfiltrierte IPA besonders trübe zu machen, fügen Brauer beim Einmaischen oft noch eine gute Portion Weizenmalz hinzu.

***

***Ninkasi Bier*** Ninkasi ist die sumerische Göttin des Bieres und der Fruchtbarkeit. Einige Altertumsforscher nennen sumerisches Bier auch Ninkasi Bier (siehe Sumerisches Bier).

***

***Northern English Brown Ale***
Eine Version des englische Brown Ale (siehe Brown Ale, nordenglisch). Es ist etwas trockener und stärker als das Brown Ale aus London (siehe Brown Ale, südenglisch).

***

***Nut Brown Ale*** Nussig-Braune Ales sind eine Untergruppe des normalerweise nordenglischen Brown Ale (siehe Brown Ale, nordenglisch). Der nussige Charakter dieser Biere stammt im Wesentlichen vom verwendeten Malz. Zum Beispiel haben die Malze der britischen zweizeiligen Wintergerste Maris Otter wie auch der zweizeiligen deutschen Sommergerste Barke® recht nussige Noten. Das Gleiche gilt für Malze, die als biskuitartig beschrieben werden. Viele handwerklich hergestellte Tennenmalze sind ebenfalls für ihren nussigen Charakter bekannt.

**Oatmeal Stout** Siehe Stout.

**Obergäriges Bier** Dieser Begriff umfasst alle Biersorten, die mit Stämmen obergäriger Hefe (Saccharomyces cerevisiae) vergoren werden. Die englische Bezeichnung für diese Biergruppe ist Ale (siehe dort). Obergärige Hefen schwimmen während der Gärung in einer dicken, schaumigen Schicht auf der Oberfläche des Jungbieres, wohingegen untergärige Hefen (Saccharomyces pastorianus) wesentlich weniger schäumen (siehe Untergäriges Bier und Lagerbier). Obergärige Hefen arbeiten am besten bei einer Bierwürzetemperatur von etwa 15 °C bis 22 °C, wohingehen untergärige Hefen am besten bei etwa 4 °C bis 9 °C arbeiten. Typische obergärige Biere sind zum Beispiel (siehe alle dort) Altbier, Berliner Weiße, Dampfbier, Gose, Kölsch, Weißbier/Hefeweizen sowie alle Ales. Für eine Abhandlung über die genetische Verwandtschaft von ober- und untergärigen Hefen siehe Lagerbier.

**October Beer** Ein altenglisches Starkbier. Siehe India Pale Ale (IPA), englisch.

**Ökobier** Einer von zwei deutschen Begriffen für ein aus zertifizierten Naturrohstoffen gebrautes Bier. Der andere Begriff ist Biobier (siehe dort). Der englische Begriff ist Organic Beer.

**Oktoberfestbier** Formal-legal darf der Begriff Oktoberfestbier heutzutage nur von sechs Brauereien innerhalb der Münchener Stadtgrenzen auf Bieretiketten benutzt werden. Diese sechs sind auch die einzigen Brauereien, die sich am jährlichen Münchner Oktoberfest beteiligen dürfen. Damit ist das Oktoberfestbrauen heute eine Art wirtschaftliches Kartell. Oktoberfestbiere sind rein brautechnisch Märzenbiere (siehe dort). Sie werden oft Wochen, wenn nicht Monate, vor dem Oktoberfest gebraut. Der Name dieser Biergruppe bezieht sich also nicht auf deren Brau-, sondern auf deren Konsummonat. Ähnlich wie die meisten Märzenbiere sind Oktoberfestbiere tief bernsteinfarben und haben einen Alkoholgehalt von 5 % bis 6,2 %.

Interessanterweise begann das heutige, bierige Münchner Oktoberfest nicht als Bier-Event. Stattdessen wurde das erste Oktoberfest am 12. Oktober 1810 als eine öffentliche Veranstaltung aus Anlass der Hochzeit des damaligen bayerischen Kronprinzen und späteren Königs Ludwig I. und seiner Braut Kronprinzessin Therese von Sachsen-Hildburghausen organisiert. Das erlauchte Paar wollte den Untertanen die Gelegenheit geben, sich an den Festivitäten zu beteiligen. Die Gaudi fand auf einer Weidewiese außerhalb der Münchner Stadtmauern statt und die Hauptattraktion war damals nicht die Anzahl der Bierzelte, sondern Pferderennen. Mehr als 40000 Zuschauer stellten sich dazu ein. Die Veranstaltung war so erfolgreich, dass man sich entschloss, sie im folgenden Jahr – und in den Jahren darauf – zum königlichen Hochzeitstag zu wiederholen. Die Festwiese wurde bald auf Theresienwiese umbenannt und sie hat diesen Namen bis heute behalten, nur dass sie inzwischen in der Mitte und nicht mehr vor den Toren der seitdem kolossal gewachsenen Stadt liegt.

Gab es in den ersten Jahren des Festes noch kein Bier, so berichtet der Dichter Achim von Arnim bereits im Jahre 1814 von den ersten Bierständen auf der Wiese. Die Pferderennen gab man schließlich auf und ersetzte sie stattdessen zum Vergnügen des Volkes mit immer mehr Bierzelten. Auch weitete man die Festivitäten auf mehrere Tage aus, bis sich das heutige Oktoberfest über mehr als zwei Wochen hinzieht. Auf der einst pastoralen Wies'n stehen nun alljährlich mehr als ein Dutzend Bierzelte brechend voll mit lärmendem Publikum und ununterbrochener „Humba"-Musik. In machen Jahren finden sich mehr als sechs Millionen Menschen aus aller Welt zum Fest ein, wo sie sich mehr als sieben Millionen Liter Bier hinter die Binsen kippen – was etwa 30 % der gesamten Münchener Bierjahresproduktion ausmacht! Sie verzehren die ungeheure Summe von 400000 Würsten, mehr als 120 Ochsen und mehr als 50 Kälber. Damit gilt das Münchner Oktoberfest heute unangefochten als das größte Bierfest der Welt.

### Old Ale, englisch

Old Ale (wörtlich: altes Obergäriges) ist ein mindestens ein Jahrtausend altes, starkes, britisches Traditonsgebräu. Aus ihm sind wohl über Umwege viele moderne britische und amerikanische Biersorten hervorgegangen. So ist der Barley Wine (siehe dort) zweifellos ein direkter Abkömmling des Old Ale. Selbst Sorten wie IPA, Mild Ale, Porter und Stout (siehe alle dort) haben ihre Wurzeln in den britischen Ales des Mittelalters. Der Begriff Old Ale wird oft als Synonym für Strong Ale (starkes Ale), Stale Ale (gelagertes Ale), Stock Ale (Lager Ale), Keeping Beer (haltbares Bier) oder Winter Warmer (Winterwärmer) benutzt. Eine Zeit lang hießen Old Ales auch Twopenny

Ales (Zweipfennig-Ales). Jedoch gibt es auch Experten, welche diese Begriffe – mit vielleicht zu pedantischer und damit verfehlter Präzision – als unterschiedliche Biersorten interpretieren.

Historisch sind Starkbiere wie das Old Ale auf den Britischen Inseln schon sehr früh belegt. Zum Beispiel wissen wir aus einem Passus im „Domesday Book" – das ist die Niederschrift einer Land- und Volkserhebung in England und Wales, die König Wilhelm I. der Eroberer im Jahre 1086 angeordnet hat – dass es damals üblich war, etwa dreimal so viel Malz für einen Sud zu verwenden als wir das heute bei einem Durchschnittsbier tun. Selbst wenn wir davon ausgehen, dass die damaligen Rohstoffe weniger ergiebig waren als unsere heutigen hoch-gezüchteten Gerstensorten, gab besonders der Vorlauf bzw. Hauptguss („first runnings") einer solchen Maische dem Old Ale trotzdem die beabsichtigte Stärke und damit natürlich auch die lange Haltbarkeit, denn der Konservierungswert des Alkohols war den damaligen Brauern bestimmt bereits bekannt.

In der Farbe kann ein Old Ale stark variieren – von bernsteinfarben, über kupferrot und dunkelbraun, bis sepia. Manche Old Ale Versionen weisen auch eine leichte Trübung auf. Jedoch sollten diese Unterschiede nicht überraschen, da Old Ales über die Jahrhunderte einfach aufgrund des Wandels der Rohstoffe, Sudhaustechnologien und Brauverfahren kaum konstant gebraut wurden. Als typische britische Ales haben Old Ales meist einen leicht esterigen, fruchtigen Geschmack, wobei die Hopfung immer mild ist. Das gilt besonders für Rekonstruktionen mittelalterlicher Old Ales, da der Hopfen als Biergewürz erst im 16. Jahrhundert anfing, sich ganz allmählich auf den Britischen Inseln durchzusetzen. Auch ist die Trübung bei diesen Bieren stilkonform, da der Bierfilter erst im Jahre 1878 von dem deutschen Unternehmer Lorenz Adalbert Enzinger erfunden wurde.

Old Ales wurden in den alten Zeiten immer lange in Holzfässern gelagert. Die Fässer vermittelten diesen Bieren daher oft einen leichten Vanillegeschmack. Auch befanden sich in den Fässern oft Kolonien von Milchsäurebakterien, wilden Hefen und anderen Mikroben, die ebenfalls ihre individuellen Geschmackskomponenten zum Bier beitrugen. Heutzutage lagern Craft-Brauer Old Ales oft in gebrauchten Portwein-, Whiskey-, oder Rotweinfässern. Besonders Bourbon-Fässer sind sehr beliebt. Gibt die Hefe ihren Geist auf, bevor sie den gesamten Zuckergehalt eines starken Old Ale vergärt hat, so verbleibt im Bier auch eine gewisse Restsüße, die sich besonders im Abgang bemerkbar macht. Die Volumenalkoholwerte dieses Bieres liegen oft zwischen etwa 6 % und 11 % und geben dem Nachtrunk einen wärmenden Aspekt, weshalb auch der Name Winter Warmer für dieses Bier sehr passend ist. Aus all diesen Gründen ist ein Old Ale immer ein sehr komplexes Geschmackserlebnis.

***Ordinary Bitter*** Siehe Bitter.

***Organic Beer*** Der englische Begriff für Biobier (siehe dort). In den Vereinigten Staaten muss Organic Beer nach den Vorschriften des National Organic Program (NOP) gebraut werden.

***L'Orge d'Anvers*** Ein dunkles, auf Gerstenbasis gebrautes, belgisches Starkbier. Orge ist Gerste auf Französisch; und Anvers ist der französische Name der Stadt Antwerpen.

***Oud Bruin, ostflämisch und westflämisch*** Oud Bruin ist das obergärige „Alte Braune" der belgischen Region Flandern (Vlaanderen auf Flämisch und Flandre auf Französisch). Dieses wird oft auch als Flämisches Rotbier (Flanders Red Ale auf Englisch) oder als Flämisches Sauerbier (Flanders Sour Ale auf Englisch) bezeichnet. Es gab Oud Bruin in zwei Orientierungen als ostflämisches und westflämisches Bier. Die östlichen Versionen sind normalerweise tiefbraun und werden vornehmlich in den Brauzentren von Gent und Oudenaarde gebraut, während die westlichen Versionen eher burgunderrot sind und vornehmlich im Brauzentrum von Roeselare gebraut werden. Der große englische Bierschriftsteller Michael Jackson erachtete diese beiden Oud Bruins sogar als zwei ganz separate Sorten, wobei er nur das ostflämische Bier als das echte Oud Bruin ansah und das westflämische sehr saure Bier nur als Belgian Red Ale bezeichnete. Beide Oud-Bruin-Interpretationen haben einen Alkoholgehalt von 5 % bis 6 %, wobei die östlichen Versionen generell stärker sind als die westlichen.

Die wesentlichen Unterschiede zwischen den beiden Oud-Bruin-Ausrichtungen liegen in den verwendeten Gärungsmikroben und in den Reifungsmethoden. Das östliche Oud Bruin wird mit einer Kombination von Bierhefe (Saccharomyces cerevisiae) und Milchsäurebakterien (Lactobacillus) vergoren und dann (heutzutage) in Metallbehältern gereift. Dagegen wird das westliche Oud Bruin zusätzlich auch mit der wilden Hefe Saccharomyces Bettanomyces vergoren und dann bis zu 18 Monate lang oder sogar bis zu zwei Jahren in riesigen Eichenholzbottichen oder -fässern gereift, welche natürlich ebenfalls mit Bakterien infiziert sind. Das fertige westliche Oud Bruin wird oft als Foederbier (Flämisch für Fassbier) bezeichnet. Aufgrund der unterschiedlichen Herstellungsweisen ist das östliche Oud Bruin oft nur leicht bis sehr leicht säuerlich, wohingegen das westliche Oud Bruin meist dominant-sauer ist. Alte und junge Oud Bruins werden vor dem Abfüllen oft verschnitten. Auch werden einige Oud Bruins vor dem Abfüllen mit Zucker für eine Flaschengärung geimpft.

***Oyster Stout*** Siehe Stout.

**Pale Ale** Diese obergärige, ursprünglich aus England stammende Biersorte wird, wie der Name andeutet – die Übersetzung von „pale" ist blass, bleich oder hell – natürlich vorwiegend aus „pale" Malz gebraut. Dieser Tatbestand ordnet das Bier historisch als ein relativ junges Bier ein, denn helles Malz war vor dem 18. Jahrhundert auf den Britischen Inseln nur schwer erhältlich und immer sehr teuer. In der vorindustriellen Zeit konnte helles Malz nur in mühsamer Handarbeit als sogenanntes Luft-, Welk- oder Spitzmalz hergestellt werden, welches ohne künstliche Wärmeeinwirkung langwierig auf dem Boden eines gut belüfteten Raumes, welcher oft ein Dachgeschoss mit Lattenfenstern oder eine Tenne war, oder im Freien in Wind und Sonne getrocknet wurde.

Alle anderen Malze waren immer eine Schattierung von braun und hatten einen rauchigen Geschmack, da sie in direkt befeuerten Darren über Holzscheite, Torf, Stroh oder Kohle getrocknet wurden. Auch waren diese Malze manchmal teilweise leicht geröstet, da das Feuer unter der Darre nicht immer vollkommen kontrollierbar war. Dabei nahmen die Malze unabänderlich den Geschmack des Brennstoffes an, mit dem sie gedarrt wurden. Besonders Kohle gibt bei der Verbrennung viel übel schmeckenden Schwefel und Ruß ab, wohingegen Torfrauch dem Malz einen starken Phenolgeschmack gibt und Koksrauch fast geschmacksneutral ist. Auch produzieren trockene, gut gelagerte Hartholzscheite wesentlich weniger Rauchgeschmack als feuchte, frische Weichholzscheite.

Koks gab es auf den Britischen Inseln jedoch erst nach 1713, als Abraham Darby das Verfahren für die Herstellung von Koks entwickelte und patentierte. Kohle wird zu Koks, wenn sie unter Ausschluss von Luft sehr stark erhitzt wird. Dabei verliert sie ihre flüchtigen Bestandteile als Gas. Was verbleibt, ist fast reiner Kohlenstoff, der bestens zur Herstellung von Stahl geeignet ist. Nebenbei stellte sich heraus, dass Koks auch blendend als Darrheizmittel brauchbar ist, da dieses Brennmittel relativ sauber verglüht und dabei eben auch relativ sauberes, helles Malz für die Herstellung relativ sauber schmeckender heller Biere produzieren kann. Erst im Jahre 1842 wurde es möglich, vollkommen rauchfreies, helles Malz zuverlässig und preiswert auf industrieller Basis herzustellen, denn in diesem Jahr patentierte der schottische Mälzer Patrick Steade ein sogenanntes pneumatisches Verfahren, in dem das gekeimte Malz mit geblasener Heißluft getrocknet wird. Dabei werden gleichzeitig auch alle Rauchnoten vermieden. Aufgrund dieser allmählichen Veränderungen der Technologie der hellen Malzbereitung hat die Biersorte Pale Ale eigentlich keinen Geburtstag, sondern ist das Ergebnis einer mehrere Jahrhunderte langen Entwicklung. Heutige Pale Ales fallen grundsätzlich in zwei breit gestreute Orientierungen: in klassisch-englisch und modern-amerikanisch gehopfte Interpretationen.

**Pale Ale, amerikanisch** Pale Ale ist neben dem IPA (siehe India Pale Ale) das bei weitem beliebteste Bier der amerikanischen Craft-Bier-Szene. Amerikanische Craft-Brauer benutzen eine riesige Vielfalt von Malzen aus der ganzen Welt, einschließlich aus den Britischen Inseln und dem kontinentalen Europa, um diese Biere zu erzeugen. Eines der wichtigsten Unterscheidungskriterien zwischen britischen und amerikanischen Pale Ales ist jedoch die Wahl der Hopfensorten für die Bittere und das Aroma. Amerikaner benutzen normalerweise nicht nur mehr Hopfen als die Briten, sondern auch kräftigere Sorten mit oft aggressiven, an Zitrus und Fichten oder Kiefern erinnernden Noten. Im britischen Pale Ale sind die Traditionshopfensorten stattdessen eher fruchtig und blumig. In der Praxis sind manche amerikanische Pale Ales so stark gehopft, dass sie effektiv in die Gruppe der IPAs übergehen.

Amerikanische Pale Ales sind golden bis kupferfarben, haben oft eine leichte Trübung und werden mit einem Alkoholgehalt von mindestens 5 % und leichten Esternoten gebraut. Der Körper dieser Biere hält sich im mittleren Bereich, wobei die Malznoten normalerweise den Hopfennoten untergeordnet sind. Amerikanische Craft-Brewer benutzten ihre Pale Ales oft als Plattform für Experimente. Dabei variieren sie die Malzschüttung, die Hopfenkombination, den Alkoholgehalt oder alle diese Faktoren gleichzeitig. Viele amerikanische, saisonale Spezialbiere sowie gewürzte Biere und Fruchtbiere sind deshalb modifizierte Pale Ales.

**Pale Ale, englisch** Genau wie das untergärige Pils in Deutschland gilt das obergärige Pale Ale in England als das klassische Bier schlechthin. Obwohl es heute – wie die meisten obergärigen Biere in den meisten Bierkulturen der Welt – von hellen untergärigen Bieren in der Popularität der Verbraucher verdrängt wurde, stellt das Pale Ale trotzdem unangefochten das traditionelle Symbol der britischen Braukultur dar. Dem Pale Ale verwandte britische Ale-Klassiker sind das Bitter bzw. Ordinary Bitter, das Best Bitter und das Extra Special Bitter (ESB). Siehe alle dort. Das Pale Ale entstand vor etwa 200 Jahren, als Brauer anfingen, ihre Biere mit sauber schmeckenden, hellen Malzen zu brauen (siehe auch unter Pale Ale weiter oben). Ursprünglich kosteten diese Malze etwas mehr, weshalb auch die daraus gebrauten Biere etwas teurer waren, was schließlich zu einer sozialen Schichtung des Bierkonsums führte. Die besser verdienenden Schichten konnten sich helle Biere leisten, wohingegen einfache Arbeiter den traditionellen dunklen Ales wie Porter und Stout (siehe dort) treu blieben.

Heute würden wir die damaligen hellen britischen Ales kaum als echt helle Biere bezeichnen, da sie wesentlich dunkler waren als zum Beispiel der strohblonde Glanz eines bayerischen Hellen oder norddeutschen Pils. Im Vergleich zu den zeitgleichen dunklen Ales war das tiefgoldene bis dunkelbernsteinfarbene Pale Ale jedoch in der Tat eine leuchtende Neuigkeit. Das Malzrückgrat authentischer britischer Ale-Sorten, einschließlich der hellen Biere, stammt von klassischen britischen Gerstensorten, die einen leichten Biskuit-Geschmack haben. Im Vergleich zu kontinentaleuropäischen und nordamerikanischen Sorten enthalten sie auch weniger Eiweiß. Einer der Gründe dafür ist die unterschiedliche Witterung im ausgeglichenen maritimen Klima der Britischen Inseln gegenüber dem kontinentalen Klima mit heißen Sommern und kalten Wintern, welches zum Beispiel in Bayern oder Tschechien dominant ist. Während deutsche Braugersten in normalen Erntejahren etwa 10 % bis 11,5 % Eiweiß aufweisen, liegt der Eiweißgehalt typischer britischer Braugersten bei etwa 9 % bis 10,5 %. Da der Körper und der Schaum eines Bieres zum größten Teil aus Eiweiß bestehen, hat ein niedriger Eiweißgehalt Auswirkungen auf die Vollmundigkeit des Bieres und auf die Höhe und Stabilität der Schaumkrone. Deshalb werden Biere aus den Britischen Inseln oft in Pint-Gläsern serviert, die bis an den Rand gefüllt werden und daher keine Schaumkrone haben können (1 britisches Pint = 0,568261 Liter).

Ein klassisches britisches Pale Ale ist natürlich ohne klassische englische Hopfensorten kaum denkbar. Diese Hopfen sind fruchtig-würzig und erinnern ein wenig an grünen Tee und vielleicht sogar an einen Hauch von Cognac. Englische Ales – pale oder auch nicht – waren jedoch nicht immer markant gehopft. Bis vor etwa sechs Jahrhunderten waren sie sogar überhaupt nicht gehopft, denn der Hopfenanbau wurde erst im 15. Jahrhundert von flämischen Einwanderern nach England gebracht. Diese Bauern hatten sich damals während der Verwüstungen ihrer Heimat im Hundertjährigen Krieg zwischen England und Frankreich (1337-1453) über den Ärmelkanal abgesetzt und ließen sich im südost-englischen Regierungsbezirk Kent nieder. Rein zufällig waren – und sind – die Wachstumsbedingungen für Hopfen in Kent einfach perfekt; und noch heute heißt einer der berühmtesten britischen Hopfensorten East Kent Golding.

Der älteste uns bekannte, aber sehr knappe Vermerk über Hopfen in der englischen

Sprache ist eine winzige Eintragung in einer Art Wörterbuch, dem *Promptorium Parmdorum* aus dem Jahre 1440. Dort steht in spätmittelalterlicher Schreibweise: „Hoppe: sede for beyre" (Hopfen: Sieden für Biere). Der chronologisch nächste Hinweis stammt aus dem Jahre 1502. Den finden wir in dem Buch *Chronicle of London* von Richard Arnold. Dieses Werk gibt uns schon ein ganzes Rezept für ein gehopftes Bier: „To brewe Beer, x quarters malte, ij quarters wheet, ij quarters ootes. xl ll' weight of hoppys. To make Ix barells of sengyll beer." Die moderne Übersetzung dieses kleinen Rezepts aus der Chronik von London lautet: Zum Bierbrauen. 10 Quarter Malz (etwa 2000 kg), 2 Quarter Weizen (400 kg), 2 Quarter Hafer (400 kg), 40 Pfund-Gewicht Hopfen (etwa 20 kg), um 60 Fässer (etwa 80 hl) Einfachbier herzustellen.

Vor der Einführung von Hopfen in England waren frühmittelalterliche Biere dort – genau wie anderswo – entweder gar nicht gewürzt oder sie wurden als Gruitbier (siehe dort) mit Kräutern wie Schafgarbe, Gagelstrauch oder Myrte gewürzt. Nach der Einführung von Hopfen auf den britischen Inseln bezeichnete man ein althergebrachtes Beer ohne Hopfen als Ale, wohingegen die neuen, mit Hopfen gebrauten Biere den Namen Beer bekamen. Selbst im Jahre 1775 definiert Samuel Johnson, der Autor des *Dictionary of the English Language*, also des ersten Wörterbuchs der englischen Sprache, ein Ale noch als „liquor made by infusing malt in hot water and fermenting the liquor" (als eine Flüssigkeit, die aus mit Wasser infusioniertem Malz und durch Gären der Flüssigkeit hergestellt wird; also ohne Hopfen) und ein Beer als „liquor made from malt and hops" (als aus Malz und Hopfen hergestellte Flüssigkeit). Heutzutage haben sich diese englischen Begriffe natürlich grundsätzlich geändert, denn im englischen Sprachraum gilt nun weltweit jedes auf Getreidebasis vergorene alkoholische Getränk als Beer, wobei obergärige Biere Ales und untergärige Biere Lager heißen.

***Patersvaatje*** Siehe Abteibier.

***Pêche*** Ein Frucht-Lambic mit Pfirsichen. Siehe Lambic und Fruchtbier.

***Pennsylvania Swankey*** Dieses Bier war gegen Ende des 19. Jahrhunderts besonders in Teilen des Bundesstaates Pennsylvania recht populär. Das war die Zeit, als die Prohibitionsbewegung in den USA, die schließlich 1919 bis 1933 in der totalen Prohibition endete, ihre ersten politischen Erfolge erzielte und viele Regionen der Vereinigten Staaten „dry" (trocken) wurden. Das Swankey wurde bevorzugt, da es einen relativ niedrigen Alhoholgehalt von vielleicht 3 %-4 % hatte. Andere Biere jener Zeit, die sich an deutsche Bockbiere anlehnten, hatten dagegen mindestens 6 % Alkoholgehalt.

Nach den amerikanischen Bierexperten Robert Wahl und Max Henius, die 1901 ihr klassisches Buch *American Handy Book of the Brewing, Malting and Auxiliary Trades* herausbrachten, war Pennsylvania Swankey ein „temperance beverage", (ein Enthaltsamkeitsgetränk) dessen Name wahrscheinlich eine Korruption des deutschen Worts Schwenke ist. Es war ein untergäriges Bier, so Wahl und Henius, obwohl andere Experten behaupten, dass es ein Ale (also ein Obergäriges) war. Es wurde ausschließlich aus Malz, ohne Cerealienzusätze, mit nur wenig Hopfen gebraut. Gelegentlich hatte es offenbar auch einen leichten Lakritzgeschmack, der von Aniskörnern stammte, die in die Sudpfanne gingen.

***Phrygisches Bier, antik*** Das sagenumwobene Reich der Phrygier erlebte seine Blütezeit im 8. Jahrhundert v. Chr., als König Midas von seiner Hauptstadt Gordion, etwa 80 km vom heutigen Ankara, ein Gebiet, das einem Großteil der heutigen Türkei entspricht, regierte. Nach einer uns von Ovid und Aristoteles überlieferten Geschichte soll dieser mythische König sogar die Fähigkeit gehabt haben, alles, was er berührte zu Gold werden zu lassen. Es ist vergleichsweise wenig über die Gesellschaft der Phrygier bekannt, aber eines ist gewiss: Sie waren Biertrinker. Wir können das mit Sicherheit behaupten, denn im Jahre 1939 entdeckte eine Gruppe von Archäologen in der Nähe von Gordion, dem heutigen Yassihöyük, ein Hügelgrab mit dem Leichnam eines etwa 60 Jahre alten Mannes, der dort um etwa 740 v. Chr. begraben wurde. Die Forscher waren von der University of Pennsylvania Museum of Archaeology and Anthropology in Philadelphia und sie entdeckten in diesem hermetisch versiegelten Grab nicht nur die Überbleibsel des alten Herrn – war er der legendäre König Midas? – sondern auch 157 Kannen, Schalen und Becher aus Bronze. Die Gefäße waren die Überbleibsel eines Trinkgelages zu Ehren des Toten und sie wurden in seinem Grab belassen, bevor es geschlossen wurde.

Die definitive Auswertung der Rückstände in diesen Gefäßen musste auf die Entwicklung solch moderner analytischer Mittel wie die Spektrometrie und Chromatografie warten. Kurz vor der jüngsten Jahrtausendwende stand es jedoch fest: Die Rückstände setzten sich aus Bienenwachs (ein Met-Rückstand); aus Tartratsäure (ein auch Weinstein genannter Weinrückstand); und aus Kalziumoxalat (ein auch Bierstein genannter Bierrückstand) zusammen. Damit war das phrygische alkoholische Getränk eindeutig identifiziert. Es war eine vergorene Mischung aus Bienenhonig, Traubenmost, Malzextrakt! In der Fachliteratur wird dieses phrygische Mischgetränk aus Met, Wein und Bier heute oft mit dem englischen Begriff Phrygian Grog bezeichnet.

Dieser phrygische Fund aus dem 8. Jahrhundert v. Chr. lässt ganz interessante Spekulationen zu: Wir wissen von Ausgrabungen und Keilschriftfragmenten, dass die Sumerer im Zweistromland (heute Teil des Iraks) im Fruchtbaren Halbmond vielleicht schon vor etwa 10000 Jahren Bier gebraut haben. Gleichfalls wissen wir, dass die chronologisch nächsten Brauer die alten Ägypter waren, die spätestens zur Zeit der ersten Pharaonen vor etwa 5000 anfingen, Bier herzustellen (siehe Sumerisches Bier und Ägyptisches Bier). Auch wissen wir von den Rückständen in einer Amphore, die 1934 in einem keltischen Hügelgrab im Pfarrholz von Kasendorf im Nordosten Bayerns gefunden wurde und heute im Kulmbacher Biermuseum ist, dass die alten Kelten vor etwa 3000 Jahren bereits Bier brauten. Letztlich wissen wir aus Aufzeichnungen römischer Historiker, dass die alten Germanen sich spätestens im 1. Jahrhundert n. Chr. ebenfalls mit dem Bierbrauen beschäftigten. Jedoch ist nicht klar, wie das Bierbrauen aus dem Nahen Osten nach Europa kam. War der Phrygische Grog die geografische und chronologische Brücke für die Ausbreitung des Bieres von den antiken zu den neuzeitlichen Hochburgen der Braukunst?

### Pils bzw. Pilsener bzw. Pilsner

Bis exakt am 11. November 1842 waren praktisch alle Biere der Welt eine Schattierung von Dunkel – mit Ausnahme der ein Jahr früher freigegebenen Biersorten Märzen und Wiener Lager sowie den in England sich entwickelnden Pale Ales (siehe alle dort). An jenem, für die Biergeschichte so entscheidenden Tag servierte der bayerische Braumeister Josef Groll aus Vilshofen, zu jener Zeit ein Beschäftigter der Měšťanský Pivovar (Bürgerbrauerei auf Deutsch) in Plzeň (Pilsen), zum ersten Mal sein Plzeňský Prazdroj (Pilsner Urquell), welches er 44 Tage zuvor, am 5. Oktober eingemaischt hatte. Groll schenkte sein neues, untergäriges, helles, gut gehopftes Pilsner Bier an jenem Tag den Kunden der Gasthöfe Zum Goldenen Adler, Zur weißen Rose und Hanes aus – und es fand sofort begeisterte Zustimmung. Das Revolutionäre an diesem Bier war nicht nur die leuchtend, tief-goldene Farbe, die heller war als die des Märzens und des Wiener Lagers und von einem nur mild gedarrten und daher sehr hellen Malz aus der Gerstensorte Haná aus der tschechischen Provinz Mähren stammte. Auch einmalig war der blumig-aromatische Hopfengeschmack, für den eine Sorte aus Žatec (Saaz) verantwortlich war. Schließlich machte das unglaublich weiche Wasser aus einem tiefen artesischen Brunnen auf dem Gelände der Měšťanský Pivovar sowie die von Groll eingesetzte, sauber arbeitende, untergärige, bayerische Hefe das Bier ungeheuer süffig.

Trotz der heute anzutreffenden globalen Vielfalt der Pilsner Biere, kann man drei Grundsorten unterscheiden: Das dem Original ähnelnde böhmische Pilsner, das deutsche Pilsener oder Pils, und das internationale (einschließlich amerikanische) Industrie-Massenpilsner.

**Pilsener bzw. Pilsner, amerikanisch oder international** Heute firmieren viele Industriebiere in den USA unter dem Namen (American) Pilsner, obwohl sie selten geschmacklich etwas mit dem tschechischen Original oder mit dem deutschen Pils gemein haben. Manchmal werden sie sogar mit Malzersatz aus Mais bzw. Reis gebraut. Einige amerikanische Craft-Brauer produzieren jedoch heutzutage Pilsnerbiere, die ausschließlich aus Gerstenmalz hergestellt werden und daher ähnlich wie ein böhmisches Pilsner oder ein deutsches Pils schmecken. Mehr über die amerikanischen Massenbier-Pilsner-Interpretationen steht unter dem Stichwort Lager, amerikanisch.

**Pilsner, böhmisches** Im Jahre 1842 war Josef Groll gerade 29 Jahre alt, als Martin Stelzer, der Geschäftsführer der Měšťanský Pivovar in Plzeň, im bayerischen Vilshofen an der Donau erschien. Herr Stelzer war auf der Suche nach einem Braumeister und Josef hatte das Brauhandwerk von der Pike auf von seinem Vater gelernt, der in Vilshofen eine Brauerei besaß. Die beiden einigten sich auf einen Zweijahresvertrag und Josef zog in die böhmische Stadt, die damals noch zum königlich-kaiserlichen, österreich-ungarischen Reich gehörte. Grolls Aufgabe war es, das wahrscheinlich wegen Infektionen in schlechten Ruf geratene, dunkle, obergärige Bier der Stadt Pilsen zu retten. Mit Ausnahme eines bayerischen Hefestamms setzte Groll für sein neues Bier ausschließlich tschechische Rohstoffe ein. Das erstaunliche Ergebnis war ein gut gelagertes, goldblondes, sowohl hopfenaromatisches als auch malzbetontes, sehr vollmundiges, untergäriges Bier mit einer ansprechenden, stabilen Schaumkrone.

Dieses Bier sollte sich im Rückblick als die vielleicht größte Revolution der Biergeschichte herausstellen! Das neue tschechische Bierwunder aus Pilsen wurde nämlich damals sofort in ganz Europa zu einer Sensation. Besonders hilfreich war dabei das zu jener Zeit rapide expandierende europäische Eisenbahnnetz. Biertrinker von Italien bis Skandinavien und von Belgien bis Polen konnten bald Grolls Bier kaufen; und in nur wenigen Jahrzehnten wurde dieses Pilsner Bier in vielen Ländern der Erde in Abwandlung nachgebraut. Damit verdrängte es in kürzester Zeit die damals noch fast überall dominanten obergärigen Biere. Pilsner gilt heute unbestritten als die erfolgreichste Biersorte aller Zeiten. Selbst das amerikanische Light Lager Massenbier ist ein entfernter Verwandter des Pilsner Originals von 1842! Auch das deutsche Pils, welches heutzutage mehr als die Hälfte des deutschen Bierkonsums ausmacht, ist eine Ableitung des böhmischen Pilsners.

Es ist kaum wahrscheinlich, dass jemand, der damals bei der ersten Verkostung des ersten Pilsner Urquells dabei war, ahnte, welche Sensation er gerade miterlebte. Selbst Josef Groll war sich wohl kaum der Enormität seiner Innovation bewusst, denn er schied nach Ablauf seines Zweijahresvertrages am 30. April 1845, aus dem Arbeitsverhältnis mit der Měšťanský Pivovar aus und kehrte nach Vilshofen zurück, wo er später die väterliche Brauerei übernahm. Am 22. Oktober 1887 starb Josef Groll im Alter von 74 Jahren. Der Tod ereilte ihn an seinem Stammtisch im Wolferstetter Keller in Vilshofen mit einem Glas Bier in der Hand.

**Pilsener bzw. Pils, deutsch** Ein deutsches Pils ist meist wesentlich heller als ein böhmisches Pilsner. Während das Original ausschließlich mit Gerstensorten aus Mähren und mit Hopfen aus Žatec (Saaz) gebraut wurde, hatte die deutsche Interpretation lange Jahre – bis etwa kurz nach dem Zweiten Weltkrieg – mehr wahrnehmbare Hopfenbittere. Der Grund dafür lag zum Teil an einer wesentlich größeren Hopfengabe wie auch an den deutschen Hopfensorten, die weniger aromatisch als die tschechischen Sorten sind. Auch das ungeheuer weiche Brauwasser in Pilsen spielt eine Rolle, denn, wie Brauer wissen, unterdrückt weiches, karbonatarmes Wasser die Hopfenbittere auf dem Gaumen. Wie eine alte Brauerweisheit sagt: „Weiches Wasser frisst Hopfen." Im Vergleich dazu sind die Brauwässer in den meisten deutschen Regionen eher mittelhart bis sogar sehr hart, was die Bittere hervorhebt.

Erst in den letzten Jahrzehnten des vergangenen Jahrhunderts ist das deutsche Massenpils einer allmählichen Reduzierung der Hopfenbittere zum Opfer gefallen, was am besten an der Bezeichnung „Fernsehbier" für diese Getränke ablesbar ist. Die moderne Craft-Bier-Bewegung versucht jedoch, diesen Trend wieder rückgängig zu machen und findet dabei in einem wachsenden Marktsegment gute Resonanz. Ein typisches, deutsches Pils, besonders wenn es klassisch gebraut ist, bietet dem Verbraucher ein erfrischendes Trinkerlebnis mit einem angenehm herben Antrunk, einem mittleren Körper und einem recht trockenen Abgang. Pils ist spritzig und wird immer mit einer stabilen Schaumkrone präsentiert. Fruchtige Noten, wie man sie in manchen obergärigen Bieren, besonders auf den Britischen Inseln, findet, sind in einem Pils total unangebracht.

Im 19. Jahrhundert war die Aktienbrauerei Zum Bierkeller in Radeberg in der Nähe von Dresden im Wettlauf um den sich auftuenden deutschen Markt für helle, untergärige Biere als erste am Start. Zum Bierkeller ist die sächsische Vorläuferin der heutigen Radeberger Gruppe. Das Pilsner dieser Brauerei erschien 1872. Seitdem wird in der deutschen Sprache ein blondes Untergäriges aus Pilsen oft ‚Pilsner' geschrieben, wohingegen ein deutsches Bier, gebraut nach Pilsner Art, oft mit einem extra „e", ‚Pilsener' oder abgekürzt ‚Pils' geschrieben wird. Allerdings halten sich nicht alle Brauereien an diese terminologische Feinheit.

**Pilsner, leicht bzw. extra leicht, amerikanisch** Siehe Lager, amerikanisch.

**Pilsner, prämium, amerikanisch**
Siehe Lager, amerikanisch.

**Pilsenkrautbier** Siehe Bilsenkrautbier

**Piwo Grodziskie** Siehe Grätzer Bier

**Pomeranzenbier** Dieses Bier erinnert entfernt an ein belgisches Witbier (siehe dort). Es ist eine Abwandlung eines Weizenbieres oder eines alten Broyhan Bieres (siehe dort) mit Orangennoten, die von dünn geschnittenen oder geraspelten, mit etwas Zimt vermischten Schalen der Pomeranze (Bitterorange) stammen, die in einem porösen Sack in das gärende Bier gehängt werden. Vergleiche auch Zitronenbier.

**Pomme** Ein Frucht-Lambic mit Äpfeln. Siehe Lambic und Fruchtbier.

**Porter** Obwohl es heute viele verschiedene Porter-Kategorien gibt (siehe weiter unten), war das ursprüngliche Porter eine relativ einheitliche Biersorte, die im vorindustriellen London in den 20er Jahren des 18. Jahrhunderts entstand. Es gibt eine Legende, nach der ein gewisser Ralph Harwood, seines Zeichens Inhaber der Brauerei The Bell Brew House im Stadtteil Shoreditch in East London, im Jahre 1722 Porter „erfunden" haben soll (obwohl andere Quellen 1721 als Stichjahr nennen). Harwood soll diesen ersten Porter-Sud an die Arbeiterkneipe The Old Blue Last (Der Alte Blaue Leisten) verkauft haben, wo Porter dann – Tommelwirbel bitte! – zum ersten Mal in der Welt eingeschenkt wurde. Die Stammkundschaft im Leisten bestand offenbar zum großen Teil aus Tagelöhnern – Porters genannt – die sich als Lastenträger verdingten und gerne abends ein „three thread" (drei Fäden) Bier tranken. Dieses Bier war ein Gemisch, welches aus drei verschiedenen Fässern (drei Butts auf Englisch) hinter der Theke in ein Glas gezapft wurde. Die Fässer enthielten, so geht die Geschichte, ein Pale Ale (siehe dort), ein Mild Ale (siehe dort) und ein Twopenny Ale (siehe Old Ale). Diese Geschichte wurde in verschiedenen Versionen in den Jahren 1760, 1788 und 1802 veröffentlicht. Sie ist aber historisch fraglich, da sie nicht nachweisbar ist.

Ralph Harwoods „Erfindung" soll wohl darin bestanden haben, dass es ihm gelang, ein einziges dunkelbraunes Bier zu brauen, welches die Eigenschaften aller drei „Fäden" in einem einzigen „entire butt" (einem vollkommenen Fass) vereinigte und der Wirt daher die Gläser seiner Porter-Kundschaft bequemerweise aus nur einem Fass füllen konnte. Obwohl die Harwood Geschichte wahrscheinlich Hokuspokus ist, war das ursprüngliche Porter dennoch ein neues Bier, welches irgendwie in Stärke und Geschmack zwischen dem regulären, braunen Ale und dem Twopenny Ale jener Zeit lag. Statt eine Erfindung des Braumeisters Harwood ist es allerdings eher eine Entwicklung der Londoner Großbrauereien, die dieses Ale im frühen 18. Jahrhundert als Standardbier auf den Markt brachten, einfach weil sie es effizient und in großen Mengen aus den damals verfügbaren Rohstoffen brauen konnten. Es ist auch wahrscheinlich, dass die damaligen Porter-Maischen aus mehreren Malzsorten wie Röstmalz, braunem Malz und hellem Malz bestanden. Da das starke Darren oder gar Rösten dunkler Malze die im Getreidekorn enthaltenen Enzyme zerstört, waren die Enzyme im hellen Malz nötig, um die Getreidestärke in der Maische in von der Hefe vergärbaren Zucker umzuwandeln.

Das Porter hatte zur Zeit seiner Enstehung viele attraktive Eigenschaften. Es hatte einen beachtlichen Alkoholgehalt von damals wohl 7 %, konnte gut gelagert werden und war daher lange haltbar. Auch war es für die breite Masse erschwinglich. Während der Lagerung in Holzbottichen vermehrten sich die dort immer vorhandenen Bakterien und wilden Hefen und gaben dem Porter komplexe, oft leicht säuerliche Geschmackskomponenten, die beim Publikum gut ankamen.

Bald verbreitete sich Porter über das gesamte Königreich sowie nach Irland, wo viele Brauereien ebenfalls anfingen, attraktive Porter und sogenannte „Stout" Porter Biere zu brauen (siehe Stout). Stout ist der englische Begriff für korpulent oder mächtig. Im Verlauf des 18. Jahrhunderts wuchs nicht nur die Nachfrage nach Porter gewaltig, sondern mit fortschreitender Industrialisierung verbesserte sich auch die Kapazität und Leistung der Sudhausgeräte und Gärkellerbehälter, mit denen die Brauer die steigende Nachfrage nach Porter zu befriedigen versuchten. Zusätzlich machte im 19. Jahrhundert ein wachsendes System von Kanälen für Frachtkähne und die ersten Eisenbahnen den Transport von Bierfässern auch über weite Strecken wirtschaftlich rentabel, weshalb sich Porter auf den Britischen Inseln zu einer echt nationalen Biersorte mauserte.

Besonders die Neuerungen in der Malztechnologie im 19. Jahrhundert, wie die Rösttrommel und die mit Heißluft betriebene Darre, machten es möglich, Malze ganz verschiedener Farben und unterschiedlicher Eigenschaften, vom Röstmalz bis zum Karamellmalz, gezielt und zuverlässig herzustellen, was auch zu einer großen Differenzierung des Porters als Sorte in verschiedene Untersorten führte. Wenn man zusätzlich noch Zucker, Melasse, ungemälztes Getreide oder Weizen und Hafer und sogar Lakritz im Porter-Brauprozess einsetzt, so wird die Permutation möglicher Porter-Varianten praktisch unendlich. Es gab starke (stout) und weniger starke Porter-Versionen. Jedoch kristallisierten sich über die Zeit einige Porter-Typen als Standards heraus.

Das irische Porter mit seinem trockenen Abgang entwickelte sich zum irischen Stout (siehe dort); das Porter der Londoner

Gentlemen wurde zum „robusten" Porter (siehe weiter unten). Schließlich brachten Segelschiffe stark eingebraute Fässer mit Porter zu Exportmärkten entlang der Nord- und Ostsee und zu den britischen Kolonialmärkten in der Karibik, in Indien und in China. Brauereien in anderen Ländern, wie zum Beispiel in Schweden, Estland, Finnland, Litauen, Polen und sogar Deutschland, nahmen ebenfalls das Porter-Brauen auf (siehe Porter, baltisch und Porter, deutsch weiter unten). Jedoch wurde Porter auf dem europäischen Festland oft mit unter-, statt obergärigen Hefen vergoren. Zu dieser Porter-Vielfalt muss man wohl heute auch die verschiedenen Porter-Interpretationen der amerikanischen Craft-Brauer hinzurechnen, die super-gehopfte, hoch-alkoholische dunkle Ales unter Namen wie Double Porter, American Porter oder Imperial Porter im Markt anbieten. Ein heutiges Porter kann daher trocken, süß oder leicht säuerlich sowie mit gemäßigten bis hochkarätigen Alkoholwerten von vielleicht 5 % bis 10 % auftreten.

Die Porterherstellung entwickelte sich in seiner Blütezeit im 19. Jahrhundert auf den Britischen Inseln zu einem Bombengeschäft, weshalb auch mehr und mehr Brauereien in das Portergeschäft einstiegen. Einige Londoner Porter-Hersteller gehörten damals zu den größten Brauereien der Welt … und deren hölzerne Gärbehälter wurden immer größer. Der Drang zum Großen und immer Größeren wurde jedoch einer englischen Porter-Brauerei, der Meux Brewery in London, zum Verhängnis. Diese Brauerei wurde 1764 im Zentrum Londons, dort, wo sich heute die Tottenham Court Road und die Oxford Street kreuzen, gegründet. Meux besaß damals den größten Gärbehälter der Welt, einen Riesenholzbottich, der mit Metallbändern zusammengehalten wurde. Er hatte das unglaubliche Fassungsvermögen von 32500 Hektolitern. Der Bottich war so riesig, dass die Brauerei ihn manchmal zwischen Suden dazu benutzte, ihren Stammkunden darin als Werbegag ein Abendessen zu servieren … und am 16. Oktober 1814 passierte das Unvermeidbare.

Die Metallbänder eines der kleineren Meux-Bottiche mit „nur" etwa 4200 Hektolitern, mit einem Inhalt von 10 Monate altem Porter, schnappten auseinander und das herausströmende Bier sowie die darin schwimmenden, zersplitterten Latten brachen in kurzer Folge die Außenwände der benachbarten, ebenfalls riesigen Behälter. Das Ergebnis war eine echte Flut von Porter, die sich, um Goethes Zauberlehrling zu zitieren, „mit reichem, vollem Schwalle" in die Straßen der Nachbarschaft ergoss. Die Bierwoge zerschmetterte alles in ihrem Weg … Häuser, Pferde, Wagen und Menschen. Am Ende waren acht Menschen tot. Sieben davon waren im Bier ertrunken, während einer an Alkoholvergiftung starb, weil er dem Strom von Freibier einfach nicht widerstehen konnte. Die Meux Brauerei wurde nach der Katastrophe wieder aufgebaut und braute noch für ein weiteres Jahrhundert Bier, bevor sie 1922, als die Popularität von Porter drastisch zurückging, abgerissen wurde. Heute steht auf dem Gelände ein Theater.

Porter blieb das populärste Bier des Vereinigten Königreiches bis etwa zum Ersten Weltkrieg, als hellere Biere, besonders das Pale Ale und das Bitter (siehe beide dort), anfingen, dem Porter den Rang in der Gunst der Verbraucher abzulaufen. Diese Abkehr der Geschmäcker weg von dunklen Bieren war damals ein weltweiter Trend, welcher im Wesentlichen vom böhmischen Pilsner, später auch vom deutschen Pils, ausgelöst wurde. In den 30er Jahren des 20. Jahrhunderts war das Porter daher so gut wie ganz vom Markt verschwunden. Die Whitbread Chiswell Street Brauerei maischte den letzten Porter-Sud in England am 9. September 1940 ein. Damit blieb nur noch das Porter der Dubliner Brauerei Guinness, die noch bis 1974 eine irische Porter-Ausführung produzierte. Erst im späten 20. Jahrhundert erfuhr das Porter eine Renaissance, als es von vielen Brauereien wiederbelebt wurde – aber diesmal nicht nur in seiner britischen Heimat, sondern besonders jenseits des Atlantiks von den Craft-Brauern der Vereinigten Staaten. Die erste Brauerei, die dort Porter wieder aufnahm, war Anchor Brewing in San Francisco, die ihr erstes Porter 1972 – also vier Jahre vor dem Ende des Porters auf den Britischen Inseln – in der Neuen Welt auf den Markt brachte. Heute hat fast jede amerikanische Craft-Brauerei ein Porter in ihrem Sortiment. In seinem Aufstieg, Fall und Wiederaufstieg durch fast drei turbulente Jahrhunderte hat sich der Charakter des Porters im Zuge der dramatischen Fortschritte in der Züchtung und Kultivierung der Braurohstoffe sowie in den Erkenntnissen der Brauwissenschaft und deren technologische Anwendung in Mälzereien und Brauereien sehr verändert. Hier sind einige Porterkategorien, die man auch heute noch finden kann:

**Porter, baltisches** Das nach dem Baltikum südlich des Finnischen Meerbusens benannte Baltic Porter war, wie der Name besagt, ursprünglich ein Handelsbier, welches die britischen Porter-Brauereien speziell für die der Ostsee angrenzenden Märkte herstellten. In vielen dieser Gebiete wurde Baltic Porter schließlich sogar lokal gebraut. Da das Klima in diesen Ländern jedoch für die typischen britischen obergärigen Ale-Hefen meist viel zu kalt ist, wurde das Baltic Porter damals dort oft – wie auch heute noch – mit untergäriger Hefe vergoren. Da das Baltic Porter als Handelsbier länger haltbar sein musste, wurde es generell auch stärker – bis zu einen Alkoholgehalt von 7,5 % bis 9 % – eingebraut. Zusätzlich hatten einige Baltic Porters mehr Bittere und mehr Restsüße als zum Beispiel das London Porter. Aufgrund der langen Seereise in den damaligen Handelskuttern erreichte das Bier seine Zielhäfen wahrscheinlich immer in einem sehr gut gereiften und süffigen Zustand.

**Porter, deutsches** Das deutsche Porter entstand als dunkle, obergärige Biersorte ursprünglich um 1900 als Nachahmung der damals auf den Britischen Inseln höchstpopulären Porter-Biere, welche selbst in einigen deutschen Märkten aufkreuzten. Brautechnisch gibt es für diese Sorte kaum verbindliche Regeln, jedoch ist es für den deutschen Verbrauchergeschmack ein vielleicht ungewöhnliches Bier, denn im Aussehen kommt es dem Schwarzbier am nächsten, schmeckt aber viel markanter. Es hat einen leicht bräunlichen, cremigen Schaum und einen intensiven, brotkrusteartigen Malzgeschmack mit leicht röstigen, kaffeeähnlichen Hintergrundnoten. Das deutsche Porter ist ein sehr vollmundiges Vollbier, welches eher lecker und bekömmlich als süffig schmeckt. Nach dem Zweiten Weltkrieg hielt sich das deutsche Porter besonders in der damaligen DDR. Dabei ist nicht ganz klar, ob das Bier in Anlehnung an das Londoner Original immer obergärig oder, eher deutsch-konform, untergärig gebraut wurde. Das deutsche Porter Bier wird auch heute noch gelegentlich von einigen deutschen Brauereien im Sortiment geführt.

**Porter, dry (trocken) bzw. irisch**
Diese frühe irische Adaption des Londoner Porters im 18. Jahrhundert war weniger stark als das ursprüngliche englische Bier und hatte auch einen trockeneren Abgang. Im Laufe der Zeit machten die Brauer auf der Grünen Insel ihr Dry Porter „stouter" (kräftiger), bis es sich zum Stout Porter und schließlich einfach zum Stout entwickelte (siehe Stout, irisch). Das originale Irish Stout ist daher eine heftiger schmeckende, aber nicht notwendigerweise alkoholischere Version des trockenen, irischen Porters. Mit dem Rückgang der Popularität von Porter allgemein im 20. Jahrhundert verschwand jedoch auch das irische Porter. Die Saint James's Gate Brewery (Guinness) in Dublin braute ihr letztes Bier unter dem Namen Porter im Jahre 1974. Irisches Porter-Brauen ist seitdem Sache der internationalen Craft-Brauer.

**Porter, London bzw. Porter, brown**
Das ist der direkteste Abkömmling des originalen, in der ersten Hälfte des 18. Jahrhunderts in London entstandenen Porters. Es wird auch gelegentlich als Brown Porter gehandelt. Es ist ein dunkles, oft sehr trockenes Ale. Mit den heute verfügbaren Zutaten besteht die Maische durchweg aus einem hellen Grundmalz, wobei die dunkelbraune Farbe oft von einer kleinen Menge ungemälzter, gerösteter Gerste (roasted barley) und etwas stark geröstetem Karamellmalz (black malt) stammt. Ein heutiges London Porter hat normalerweise etwas mehr als 5 % Volumenalkohol. Es ist gut ausbalanciert und aromatisch mit starken Noten von Schokolade, Kaffee, Karamell und Nüssen. Im Abgang ist es, je nach dem Anteil von Röstmalz bzw. Röstgerste in der Maische, ein wenig bis stark brenzlig.

**Porter, robust** Das Porter fing zwar ganz klein in London als Arbeiterbier an, wuchs jedoch in Popularität, bis es gegen Ende des 19. Jahrhunderts, als das Britische Empire seinen weltweiten Zenith erreichte, zu einem der am meisten verkauften und bei praktisch allen Bevölkerungsschichten beliebtesten Biere des Königreichs avancierte. Aber natürlich ging es im klassenbewussten Viktorianischen Zeitalter nicht, dass die feinen Gentlemen das gleiche Bier nippten wie die Proletarier! Für die Oberschicht stellten die Brauer daher ein gehobeneres, eleganteres Porter her. Waren deftige Röstnoten in der ersten Hälfte des 18. Jahrhunderts noch das typische Merkmal des Eckkneipengesöffs in den Arbeitervierteln Londons, so war das Robust Porter eher malzbetont. Als upscale Porter wurde der robuste Gerstensaft recht stark eingebraut. Es kostete auch ein wenig mehr als das ordinäre Porter. Es hatte einen angenehmen, vollmundigen, nuss- und kaffeeähnlichen Geschmackshintergrund mit Noten von dunkler, bitterer Schokolade und einem wahrnehmbaren Hopfenaroma. Die Farbe war tief Mahagoni. Im Abgang hatte das Bier etwas Restsüße und schmeckte kaum brenzlig.

**Porter, smoked, amerikanisch** Ein amerikanisches Rauch-Porter ist dunkelbraun bis schwarz. Es hat fast kein Hopfenaroma. Stattdessen hat es markante Rauchnoten von hellen Malzen, die vorzüglich über Erlenholz geräuchert werden. Diese amerikanischen Porter-Interpretationen haben oft einen Alkoholgehalt von zwischen 5 % und 9 %.

*Potsdamer Stangenbier* Die Potsdamer Stange ist in fast jeder Hinsicht ein ungewöhnliches Bier. Ursprüglich war sie vor etwa 400 Jahren ein obergäriges, überwiegend aus Gerste, aber auch aus ein wenig Weizen hergestelltes, unfiltriertes Bier, welches jedoch etwa ab der Wende zum 20. Jahrhundert meistens als ein Untergäriges in der Berliner Gegend gebraut wurde. Es ist gold bis bernsteinfarben und sehr rezent. Die Potsdamer Stange ist unorthodox, da die damaligen, für ihre Sparsamkeit bekannten, preußischen Brauer die Bierrückstände in den von den Kneipen zurückgegebenen Fässern, welche oft nur dickflüssige Hefeablagerungen mit wenig Bier enthielten, in ihre Gärbehälter mit frischem Bier schütteten. Die Menge des damit zurückgewonnen Bieres war wohl sehr gering, jedoch sorgte diese Praxis immer für einen schnellen Start der Gärung eines frischen Sudes. Die erste Hälfte des Namens dieser Biersorte geht auf dessen Ursprungsort, Potsdam, zurück, von wo der deutsche Kaiser in seiner Residenz Schloss Sanssouci bis 1918 seine Welt regierte. Die zweite Namenshälfte des Bieres, Stange, kommt von dem zylindrischen, einem Kölschglas ähnlichen Glas, in dem dieses Potsdamer Bier ursprünglich serviert wurde. Das Postdamer Stangenbier war im alten Preußen bis zum Ersten Weltkrieg sehr populär, verlor danach jedoch an Beliebtheit und verschwand gänzlich in den 70er Jahren des letzten Jahrhunderts. Jedoch kann man es heute gelegentlich wieder als Craft-Bier in und um Berlin finden.

***Pre-Prohibition Lager, amerikanisch*** Die nordamerikanische Braukultur fing mit der Besiedlung und Kolonisierung des Kontinents durch die Briten gegen Ende des 16. Jahrhunderts an. Daher waren die ersten amerikanischen Biere natürlich obergärig (siehe Colonial Ale, amerikansch). Obwohl keiner der Kolonisten der ersten dauerhaften, 1607 gegründeten englischen Siedlung in Amerika, Jamestown in Virginia, ein Brauer war, bestellten die Siedler schon zwei Jahre später ein Feld mit Gerste und stellten ein Inserat in eine Londoner Zeitung, in dem sie nach zwei Brauern suchten. Als die beiden Brauer 1609 in Jamestown ankamen, fanden sie bereits einen guten Vorrat an Gerste, um ihre Arbeit aufzunehmen. Daher darf man davon ausgehen, dass das allererste Bier in Nordamerika in jenem Jahr gebraut wurde. Als die nächste Gruppe von Engländern 1620 in Amerika eine Kolonie im heutigen Massachusetts, die „Plimouth Plantation", einrichteten, bauten sie als Erstes eine Kirche und eine Brauerei, um ihre dringlichsten Bedürfnisse, nämlich das Beten und das Trinken, zu befriedigen.

Im gleichen Jahr begann auch das Brauen im damaligen Nouvelle France. Samuel de Champlain hatte 1608 Quebec als die erste französische Kolonie in Nordamerika gegründet. Der ursprüngliche Ansporn der Franzosen, sich am Sankt Lorenz Strom niederzulassen, war das Pelzgeschäft mit den dortigen Indianern. Im Jahre 1615 schickte der Sonnenkönig Ludwig XIV. zusätzlich die erste Gruppe von Jesuiten in die Wildnis, um jene Indianer zum Christentum zu bekehren. Es stellte sich jedoch heraus, dass die Planer in Frankreich vergessen hatten, den Missionaren einen ausreichenden Vorrat an Cognac mitzugeben, weshalb die Jesuiten bereits im Jahre 1620 die erste Brauerei im zukünftigen Kanada errichteten.

Es ist sehr wahrscheinlich, dass alle frühen Biere in Nordamerika obergärig waren. Erst mehr als zwei Jahrhunderte später tauchten die ersten untergärigen Biere dort auf. Das hatte etwas mit der riesigen Welle deutscher Einwanderer zu tun, unter denen sich auch viele Brauer befanden, die um die Mitte des 19. Jahrhunderts, besonders nach dem Fehlschlag der liberalen Revolution von 1848, in die Neue Welt strömten. In den 50 Jahren zwischen 1820 und 1870 fanden mehr als siebeneinhalb Millionen deutsche Auswanderer in den Vereinigten Staaten eine neue Heimat ... wodurch die Geamtbevölkerung des Landes mehr als verdoppelt wurde. Der erste nachweisliche Versuch, ein untergäriges Bier in Amerika zu brauen, geht auf John Wagner, einen eingewanderten Braumeister aus Bayern, zurück. Er kam 1840 per Segelschiff mit einem heimatlichen, untergärigen Hefestamm in seinem Gepäck in Philadelphia an, wo er sich sofort in einem Hinterhaus auf der St. John Street eine Brauerei baute, in der er seine mitgebrachten Gärungsmikroben zur Arbeit antrieb.

Es stellte sich heraus, dass Braumeister Wagner der Pionier eines radikalen Umschwungs in der amerikanischen Bierkultur war, denn es dauerte nicht lange, bis der Ale-Konsum in den Vereinigten Staaten zurückging. Einer der Gründe war, dass die meisten Brauereien bald fest in den Händen deutscher Einwandererbrauer waren; ein anderer Grund war, dass die deutschen Einwanderer einen rasch expandierenden Markt für diese Brauereien ausmachten, welche noch heute bekannte Namen wie Anheuser, Busch, Heilemann, Miller, Pabst, Schlitz, Stroh, Trommer und Weinhard trugen. Die deutschen Bierbarone veränderten die amerikanische Bierszene von Grund auf, genau zu der Zeit, als sich auch in Europa untergärige Sorten wie Märzen, Pilsner und Wiener Lager (siehe alle dort) fest etablierten.

Die Biere, die die deutschamerikanischen Brauer damals herstellten, nannten sie oft Bockbiere und vermarkteten sie als Malt Tonic (Malztonikum) oder, wenn sie im Frühjahr gebraut wurden, als Spring Tonic (Frühlingstonikum). Amerikanische Bockbiere hatten damals etwa 5,5 % bis 6,5 % Volumenalkohol und galten als sehr nahrhaft. Man schrieb ihnen sogar medizinische Qualitäten zu. Heute bezeichnen wir diese Biere im historischen Rückspiegel als Pre-Prohibition Lager – also als untergärige Biere, die in den USA bis vor dem Inkrafttreten der totalen Prohibition am 30. Juni 1919, gebraut wurden. Das Malz für diese frühen amerikanischen Untergärigen wurde oft aus lokaler, sechszeiliger Gerste hergestellt. Aufgrund des relativ hohen Eiweißgehalts dieses Rohstoffes waren die daraus gebrauten Biere allerdings auch recht trübe, was in hellen Bieren eigentlich nicht gefragt ist … und den Bierfilter gab es damals noch nicht! Der wurde erst im Jahre 1878 von Lorenz Enzinger in Worms erfunden. Die Lösung des Trübungsproblems der neuen, amerikanischen Lagerbrauer war daher der Zusatz von Mais und Reis in der Gerstenmalzmaische, was den Bieren nun eine hellere Farbe, eine bessere Klärung und eine sanfte Restsüße gab.

Zudem erlaubten diese Zutaten den Brauern, die Kosten der Bierproduktion zu senken, was nach dem Ende der Prohibition im Jahre 1933 einer der treibenden Faktoren in der Umgestaltung des Pre-Prohibition Lagers in das moderne, amerikanische (Light) Einheits-Massen-Lager wurde. Aufgrund seiner bedeutenden Rolle als Übergangsbier von der dominanten amerikanischen Ale-Produktion seit der Gründerzeit des Landes zur Lager-Produktion nach der Prohibition, gilt das Pre-Prohibition Lager heute in Nordamerika neben dem Cream Ale (siehe dort) und dem California Common (siehe dort) als eine der wenigen indigenen, authentisch-amerikanischen Biersorten – abgesehen von der heutigen Sortenvielfalt im Craft-Bier-Bereich. Das Pre-Prohibition Lager hat vielleicht überraschend deutsche Wurzeln. Obwohl komplett ausgestorben im 20. Jahrhundert, ist es heute wieder eine beliebte Sorte in den Sortimenten der amerikanischen Craft-Brauer. Allerdings stellen diese modernen Brauer ihre Interpretationen des Pre-Prohibition Lager meistens ausschließlich mit Malzen aus zweizeiliger Sommerbraugerste von höchster Qualität her.

## Pub Wheat, amerikanisch

Das Deutsche Reinheitsgebot, welches vorschreibt, dass ein Weißbier aus wenigstens 50 % Weizenmalz bestehen muss, hat natürlich in Nordamerika keine Geltung. Besonders amerikanische Gasthausbrauereien (sogenannte Brewpubs) brauen daher gerne eine Weißbierinterpretation mit vielleicht nur 10 % bis 40 % Weizenmalz oder sogar mit etwas geschrotetem rohem Weizen (ähnlich wie ein Witbier; siehe dort), was in Deutschland gegen das Gesetz verstoßen würde. Auch müssen in Deutschland alle Weizenbiere obergärig vergoren werden. Amerikanische Craft-Brauer sind dagegen frei, ihre Pub Wheat Biere in allen möglichen ober- und untergärigen Varianten zu brauen. Es gibt sogar amerikanische Weizenbiere mit Mandarinen-, Himbeer- oder Cranberry-Geschmack! Das Hopfenprofil von Pub Wheat Bieren ist normalerweise recht mild. Oft werden sie als unfiltrierte, erfrischende, spritzige Sommerbiere gebraut und ornamental mit einer auf den Glasrand gesteckten Zitronenscheibe serviert.

## Pulque

Dieses milchig-weiße, dickflüssige, alkoholische Getränk mexikanischen Ursprungs ist kein echtes Bier, da es nicht aus Getreide, sondern aus dem zuckerhaltigen Saft der Agave vergoren wird. Wird Pulque destilliert, so entsteht daraus eine Spirituose, die als Tequila oder Mezcal vermarktet wird.

## Pumpkin Ale amerikanisch/englisch

Das obergärige Pumpkin Ale (Kürbisbier) ist wahrscheinlich eine amerikanische Erfindung, die sich im 18. Jahrhundert auch in England breit machte. Historisch konnte Kürbisbier erst nach der Entdeckung Amerikas entstehen, denn Kürbis ist eine Frucht, die aus Zentralamerika stammt. Sie gehört zur Famlie der Gurken und Melonen (Cucurbitaceae). Kürbisse sind ein idealer Rohstoff für Bier, da sie reich an Stärke und vergärbarem Zucker sind. Pumpkin Ale wurde offenbar im 16. Jahrhundert von englischen Kolonisten in Amerika entwickelt, wohl als Antwort auf die damals häufige Knappheit von Braumalz. Wie viele andere Pflanzen der Neuen Welt – unter anderem Kartoffeln, Jerusalem-Artischocken, Mais und Tomaten – fand schließlich auch der Kürbis seinen Weg nach Europa. Auf den britischen Inseln wurde Kürbis damals als Pumpion oder Pompion bezeichnet, wobei Pompion eine Ableitung aus dem Griechischen für Melone ist.

Die älteste schriftliche Erwähnung von Pompion in England stammt aus dem Jahre 1547, aber nicht im Zusammenhang mit Bier. Die älteste Pumpkin Ale Rezeptur kommt hingegen aus der Neuen Welt kurz vor der Gründung der Vereinigten Staaten. Ein „Receipt for Pompion Ale" wurde anomym im Februar 1771 in Philadelphia in der Zeitschrift der American Philosophical Society veröffentlicht. Der Redakteur dieses Journals war der Staatsman, Philosoph, Wissenschaftler und Erfinder Benjamin Franklin. Das dort beschriebene Bier wurde offenbar ganz ohne Malz hergestellt: „Let the Pompion be beaten in a Trough and pressed as Apples. The expressed Juice is to be boiled in a Copper a considerable Time and carefully skimmed that there may be no Remains of the fibrous Part of the Pulp. After that Intention is answered let the Liquor be hopped cooled fermented &c. as Malt Beer." Übersetzung: Sorg dafür, dass der Kürbis in einem Trog gestampft wird und dann wie Äpfel gepresst wird. Der ausgepresste Saft wird in einem Kessel eine ganze Zeit gekocht, wobei der Schaum sorgfältig abgeschöpft wird, so dass kein Teil des Faserstoffes zurückbleibt. Nachdem diese Absicht beantwortet ist, wird die Flüssigkeit gehopft und gekühlt usw. wie ein Malzbier.

Heutzutage ist jedoch Kürbis nicht mehr die alleinige Zuckerquelle in Pumpkin Ales. Stattdessen dient der Kürbis primär als Geschmacks- und Farbquelle; und der Hauptrohstoff ist Malz. Moderne Interpretationen von Pumpkin Ales und deren Brauverfahren sind von einer Brauerei zur anderen sehr verschieden. Die meisten Brauer backen den rohen Kürbis im Ofen, bevor er in den Sud gelangt. Andere Brauer benutzen den Kürbis jedoch roh. Einige benutzen den Kürbis mit, andere ohne Kerne. Einige pressen den Kürbis wie Äpfel und geben nur den Kürbismost in die Pfanne oder in den Gärbehälter. Wieder andere pürieren den Kürbis wie Kartoffelbrei. Einige geben den Kürbis in die Maische, wo die Malzenzyme bereits die Kürbisstärke neben der Getreidestärke in Zucker umwandeln können, während andere Brauer den Kürbis in die Sudpfanne geben, wo die Malzenzyme von der Hitze sofort deanturiert werden. Pumpkin Ales werden selten filtriert, weshalb sie meistens trübe sind. Auch ist es Tradition, neben Hopfen Gewürze wie Gewürznelken, Ingwer, Piment und Zimt in Pumpkin Ales zu geben. Einige Brauer geben diese Zutaten in die heiße Sudpfanne, andere in den kalten Gärbehälter.

Amerikanische Brauereien bringen ihre Pumpkin Ales oft als saisonale Spezialbiere im Herbst heraus, wenn ganz Amerika Thanksgiving feiert. Dieses Fest ist ein Andenken an ein Freundschaftsmahl zwischen englischen Kolonisten und einheimischen Indianern, welches im Oktober 1621 in Plymouth, Massachusetts, stattfand. Zu den Speisen bei einem klassischen, amerikanischen Thanksgiving Dinner gehören gebackener Truthahn, Mais, Süßkartoffelbrei, Preiselbeeren und eben Pumpkin Pie (Kürbistorte). Ein würziges

Pumpkin Ale ist ein idealer Trunk, mit dem man nach einem sättigenden Mahl die mit Schlagsahne beladene Kürbistorte hinunterspülen kann.

**Purl** ist ein englisches obergäriges Bier, welches statt mit Hopfen mit den Sprossen des Wermutkrauts (Artemisia absinthium) gewürzt wurde. Da diese Pflanze auf Englisch Wormwood heißt, wurde das mit ihr gewürzte Bier auch Wormwood Ale genannt. Damit ist Purl im Grunde ein Gruitbier (siehe dort). Während der Industrialisierung in England war es besonders bei Arbeitern als Frühstücksbier beliebt, verschwand aber ungefähr um die Mitte des 19. Jahrhunderts ganz von der Bildfläche, als es vom Bitter (siehe dort) ersetzt wurde.

***Quinoa Beer*** Quinoa ist ein glutenfreies, sogenanntes Pseudogetreide. Statt echte Samenkörner hat diese Pflanze nussartige Früchte. Botanisch gehört Quinoa, genau wie Mangold, Rote Bete und Spinat, zur Gattung der Gänsefußgewächse (Chenopodium). Die Quinoafrüchte haben mehr Eiweiß- und Fettgehalt als Gerste oder Weizen und machen daher nur selten mehr als 20 % einer Biermaische aus. Aufgrund ihrer Inhaltsstoffe vermitteln Quinoafrüchte einem Bier einen samtweichen und leicht öligen Abgang. Die Pflanze stammt aus den Anden Südamerikas, wo ihre Früchte schon seit über 5000 Jahren als Nahrungsmittel bekannt sind. Die Schalen der Quinoafrüchte enthalten das für Menschen giftige Glykosid Saponin. Daher dürfen Quinoafrüchte nur geschält in der menschlichen Ernährung benutzt werden.

........................................

***Rauchbier*** Brautechnisch ist Rauchbier ein Märzenbier (siehe dort). Dieses Bier ist meist bernstein- bis mahagonifarben. Der Geschmack eines klassischen Rauchbiers wird oft als speckähnlich beschrieben. Rauch gibt dem Malz auch eine leicht säuerliche Note. Rauchbier benötigt keine Aromahopfengaben, da diese im Geschmacksprofil des Bieres einfach untergehen würden. Der Rauchgeschmack kommt von der Verwendung eines besonderen Gerstenmalzes in der Maische, welches über gut gelagerten Buchenscheiten gedarrt wird. Der Anteil von Rauchmalz an einer Rauchbiermaische kann, je nach der kulinarischen Ausrichtung des Brauers, von ganz wenig bis zu 100 % variieren. Bis zur Mitte des 19. Jahrhunderts – also bis zur Erfindung der pneumatischen, mit sauberer Heißluft, statt mit mehr oder weniger unsauberen Verbrennungsgasen arbeitenden Malzbereitung – waren praktisch alle Biere rauchig. Heutzutage gilt Rauchbier jedoch als eine Bierrarität, die nur noch selten gebraut, und wenn schon, dann vorwiegend nur von Spezialbrauereien wie der berühmten Schlenkerla Brauerei in Bamberg.

........................................

***Radler oder Radlermaß*** Dieses bayerische Biermischgetränk besteht zur Hälfte aus einem hellen Lagerbier (siehe zum Beispiel Helles). Der Rest ist Zitronenlimonade. In Norddeutschland heißt ein ähnliches Getränk Alster oder Alsterwasser, so benannt nach dem gleichnamigen Fluss, der bei Hamburg in die Elbe fließt. Das nördliche Alsterwasser ist oft eine Mischung aus Pilsner, statt Hellem mit Limonade. Die bayerische Version wurde in den 20er Jahren des letzten Jahrhunderts von einem Kneipenwirt namens Franz Xaver Kugler an einem schönen sonnigen Samstag, am 3. Juni 1922 erfunden. Herrn Kuglers Kneipe, die Kugleralm, lag in einem Waldgebiet in Deisenhofen außerhalb von München am Ende eines etwa 20 Kilometer langen Wander- und Radwegs. Fahrradausflüge waren in der Zeit nach dem Ersten Weltkrieg ein beliebter Wochenend-Zeitvertreib, weshalb Herr Kugler immer viel Bier auf Lager hatte, um die durstigen Radler für ihre Rückkehr nach München zu stärken. Das ging solange gut, bis an jenem ersten Samstag im Juni 1922 etwa 13000 Radfahrer in der Kugleralm aufkreuzten, der Kugleralm-Biervorrat jedoch diesem kollektivem Durst nicht gewachsen war. Da verfiel der geistesgegenwärtige und einfallsreiche Kneipenwirt aus dem Stegreif auf einen cleveren Trick. Er erinnerte sich daran, dass er noch ein großes Inventar an Limonade im Keller hatte, deren Absatz sehr zu wünschen übrig ließ. So füllte er beim Zapfen jeden Maßkrug halbe-halbe mit dem knappen Bier und der reichlichen, aber nur schwer verkäuflichen Limonade. Als Grund gab er vor, er sei besorgt, dass die Radler, sollten sie zuviel trinken, auf dem Heimweg vom Rad fallen und sich verletzen könnten. Zu Herr Kuglers Überraschung sprach sich das neue „Radlermaß" unter Münchens Radfahrerkreisen schnell herum und die Kunden verlangten fortan, dass er das neue Getränk jedes Wochenende serviere … und so entstand, da Herr Kugler aus seiner Not eine Tugend zu machen wusste, ein heute kaum noch aus den Biergärten wegzudenkendes Sommererfrischungsgetränk!

### Red Ale, amerikanisch
Siehe Amber Ale, amerikanisch.

### Red Ale, Double American
Siehe Amber Ale, amerikanisch.

***Red Ale, Imperial*** Siehe Amber Ale, amerikanisch.

***Red Ale, Irish*** Obergäriges Irisches Rotbier. Siehe Siehe Irish Red Ale.

***Reiswein, chinesisch*** Siehe Asiatisches Bier, traditionell. Vergleiche auch Saki.

***Roedbier*** Das flämische Wort für Rotbier (siehe Oud Bruin).

***Roggenbier*** Als Biersorte hat Roggenbier relativ vage brautechnische Spezifikationen. Der Roggenmalzanteil in der Maische für diese Biersorte kann sehr weit variieren, ist aber selten weniger als 25 % (siehe zum Beispiel Rye Ale, amerikanisch) und selten mehr als 60 %. Der Rest ist Gerstenmalz, Weizenmalz oder eine Mischung der beiden. Roggenbier kann hell oder dunkel sein, sowie mehr oder weniger alkoholisch. Gemälzter Roggen (Secale cereale) war bis ins Spätmittelalter als Bierrohstoff wesentlich beliebter als heute (siehe zum Beispiel Celia und Conventus unter Abteibier), wahrscheinlich weil Roggen agronomisch eine sehr anspruchslose Getreideart ist, die selbst unter schwierigen Verhältnissen in Gegenden angebaut werden kann, wo Gersten- oder Weizenanbau kaum wirtschaftlich ist. Wir wissen aus archäologischen Funden aus dem Fruchtbaren Halbmond im Mittleren Osten, dass Roggen schon vor mehr als 7000 Jahren, also in der Steinzeit, als Nahrungsquelle bekannt war.

Roggen ist ein spelzenloses Getreide, dessen Körner viel härter als die der Gerste sind. Auch haben sie einen geringeren Durchmesser. Roggenmalz ist eiweißhaltiger als Gerstenmalz, hat aber weniger Eiweiß als Weizenmalz. Es gibt dem Bier eine spritzige, würzige Komponente. Ein typisches Roggenbier hat einen leicht fruchtigen Antrunk, eine brotkrustige Vollmundigkeit und einen fast rauchigen, leicht weinsäuerlichen Abgang, der vom Verbraucher meist als recht trocken empfunden wird. Das Bier wird normalerweise hefetrüb serviert. Theoretisch kann dieses Bier (genau wie amerikanisches Cream Ale; siehe dort) sowohl unter- als auch obergärig gebraut werden, jedoch wird es heutzutage in Deutschland aufgrund des Reinheitsgebotes ausschließlich mit obergärigen Hefen vergoren, welche normalerweise Weißbierhefen sind. Deshalb können Roggenbiere oft genau wie Weißbiere (siehe dort) den gleichen Anflug von Gewürznelken, Bananen und fruchtigen Ester aufweisen.

***Roggen IPA*** Dieses Rye IPA aus der Craft-Brau-Szene ist, wie der Name sagt, eine Art Zwitter zwischen einem stark gehopften IPA und einem Rye Ale bzw. einem Roggenbier (siehe alle dort). Der Anteil des Roggenmalzes an der Maische ist typisch amerikanisch variabel, ist aber selten größer als 20 %. Viele Versionen dieses Bieres sind auch aufgrund von Zugaben von Hopfen im kühlen Gärbehälter (in der Brauersprache auf Deutsch Hopfenstopfen; bzw. Dry-Hopping auf Englisch) sehr aromatisch. Das Roggenmalz trägt eine gewisse würzig-pfefferige Note zum Gesamtgeschmack des Bieres bei. Wie fast alle Roggenbiere hat das Rye IPA eine sanfte Vollmundigkeit und einen recht trockenen Abgang. Die Farbe ist normalerweise gold mit einem rötlichen Schimmer; und der Alkohol variiert zwischen 5,5 % und 8 %. Manche Brauer fügen Zucker oder Zuckersirup der kochenden Würze zu, um einen höheren Alkoholgehalt im fertigen Bier zu erzielen.

## Rotbier, ober- und untergärig
Siehe Irish Red Ale.

## Rotbier, flämisch bzw. Bière rouges flamande
Siehe Oud Bruin.

## Russ bzw. Russ'n
Ähnlich wie das bayerische Radler (siehe dort) besteht dieses Biermischgetränk aus je einer Hälfte Limonade und Bier, wobei der Bieranteil beim Russ kein Helles, sondern ein Weißbier ist. Der ungewöhnliche Name dieses Getränks stammt offenbar, genau wie der der Radlermaß, aus den 20er Jahren des vorigen Jahrhunderts. Nach einer Theorie stellten bayerische Brauer in den Jahren 1919 bis 1923, als Bierrohstoffe knapp waren, relativ dünne Weißbiere her, die sie dann, um ihnen mehr Fülle zu geben, mit gezuckerter Zitronenlimonade mischten. Aufgrund des nun leicht süßlichen Abgangs wurde dieser Mix besonders bei russischen Immigranten und Landarbeitern, die von zuhause an süßen Tee gewohnt waren, beliebt. Die Bayern nannten das Getränk daher in ihrem Dialekt Russ'n-Maß. Nach einer anderen Legende hieß Russ ursprünglich Riesen-Maß, da die Limonade das Weißbier stark zum Schäumen brachte und es daher so aussah, als ob mehr Bier im Maß war als wirklich eingeschüttet wurde. Nach einer Variante dieser Erklährung erhielt das „mehr-Schein-als-Sein" Riesen-Maß erst während des Dritten Reiches, als es Mode geworden war, Russen zu verunglimpfen, den abfälligen Spitznamen Russ'n-Maß.

Die wahrscheinlichste Erklärung für den Namen ist jedoch, dass er während der linken revolutionären Bewegung in München im Jahre 1918 entstand. Das erste Russ'n-Maß wurde wahrscheinlich im Münchener Mathäser-Bräu, dem Versammlungsbierkeller der Kommunisten, serviert. Offenbar redeten sich diese linken Propagandisten damals die Köpfe so heiß und die Kehlen so trocken, dass viel kühles Nass notwendig war, um die Gemüter zu beruhigen. Dabei ging dem Mathäser gelegentlich das Bier und den kommunistischen Brüdern das Geld aus. Abgesehen davon sind egalitäre Kameraden weniger effektive Revolutionäre, wenn sie morgens mit einen Kater im Kopf aufwachen. Um dieser Malaise vorzubeugen, trafen die Parteibonzen die drastische Entscheidung, das so beliebte, aber potentiell spießbürgerlich-petit-bourgeois und reaktionäre Weißbier mit billigerer, alkoholfreier Limonade zu entschärfen. Da die Münchner Bevölkerung damals ihre kommunistischen Mitbürger aufgrund deren Enthusiasmus für Lenins aufsteigende Sowjetunion als Russ'n beschimpften, war es nur ein kleiner Schritt, bevor das von den Bolschewiken erfundene Getränk im Volksmund den Namen Russ'n-Maß bekam.

***Russian Imperial Stout*** Siehe Stout.

***Rutland Bitter*** Ein bodenständiges Bitter Ale (siehe Bitter), welches ursprünglich aus der Stadt Rutland im Regierungsbezirk Leicestershire in den englischen Midlands stammt. Es ist braunes bis bernsteinfarbenes Obergäriges mit etwa 3,5 % Alkohol, fruchtigen Noten, sehr hopfenbetonten Aromen und etwas Restsüße im Abgang. Aufgrund seiner Einzigartigkeit hat die Europäische Union diesem Bier die Auszeichnung einer Geografisch Geschützten Angabe verliehen.

***Rye Ale, amerikanisch*** Diese amerikanische Interpretation eines Roggenbieres (siehe dort) hat normalerweise wesentlich weniger Roggen in der Maische als deutsche Roggenbiere, wobei der Roggenmalzanteil selten weniger als 15 % und mehr als 25 % beträgt. In den Vereinigten Staaten gibt es viele Varianten dieser Biersorte. So existiert dort zum Beispiel ein in Whiskey-Fässern gereiftes braunes Rye Ale, wie auch ein sehr dunkles Black Rye IPA (also ein schwarzes Roggen-India-Pale-Ale). Manchmal enthält eine Rye-Ale-Maische auch eine kleine Portion Weizenmalz.

***Rye IPA*** Siehe Roggen IPA.

**Sahti** Dieses obergärige Gebräu ist ein uraltes, finnisches Bauernbier. Sahti wurde bereits im finnischen Nationalepos, dem Kalevala erwähnt, welches vor etwa 2000 entstand. Damals wurden wandernde ugrische Stämme aus dem nördlichen Uralgebiet im heutigen Finnland, Lappland und Karelien sesshaft. Das Kalevala wurde seitdem mündlich überliefert, bis es 1836 zum ersten Mal von einem finnischen Arzt, Elias Lönnrot, niedergeschrieben wurde. Die Hauptthemen der Kalevala-Mythologie sind die Schöpfung der Erde, der Ursprung der Menschheit und die Verfahren des Bierbrauens, wobei die Entstehungsgeschichte des Bieres mehr Strophen einnimmt als die Schöpfung der Erde!

In der mythischen Vergangenheit dieser nordischen Kultur wurde Bier immer von Frauen zubereitet. Die Stammesbrauerinnen stellten zwei Bierversionen her, ein Starkbier aus dem Hauptguss der Maische, genannt Tapulisahti, und ein Dünnbier aus einem Nachguss, genannt Jälkijuoma. Die wörtliche Übersetzung dieser Begriffe ist Glocken-Sahti und Baum-Sahti, wobei das Starkbier für den Genuss der Männer reserviert war, während die Frauen, obwohl sie die schwere Brauarbeit verrichteten, nur das dünne Gebräu trinken durften. Der Maischebottich war ein ausgehöhlter Baumstamm, Kuurna genannt. Darin wurde die Maische mit heißem Wasser aufgebrüht. Danach wurde die Temperatur mit erhitzten Steinen aus einer Sauna mehrere Stunden lang gehalten. Manchmal wurde die Maische sogar gekocht.

Hier sind Auszüge aus der Sahti Brauanleitung im Kalevala in einer Übersetzung ins Deutsche von Lore und Hans Fromm aus dem Jahre 1967:

„Hopfen … schlang sich um den schmalen Baumstamm, wuchs hervor zur Wipfelhöhe. Gerste sät der Greis des Glückes auf dem neuen Felde Osomos … aus Kalevas Quell das Wasser … Osmotar, die Bier [Tupulisahti] bereitet; Kapo, die das Dünnbier [Jälkijuoma] herstellt; nahm sich ein paar Gerstenkörner; griff sogleich sechs Gerstenkörner; fasste sieben Hopfenfrüchte; kippt dazu acht Kellen Wasser; tat den Topf dann auf das Feuer; brachte ihren

Sud zum Kochen. Braute Bier … in die Kimme neuer Kufe, in den großen Birkenbottich … Zapfen … von der Fichte, von der Föhre frische Triebe … Kapo warf sie in ihr Dünnbier, Osmotar in ihren Biertrank … Schaum entschoss dem Maul des Bären, Geifergischt dem Hals des Scheusals. Osmotar goss ihn [Bärenspeichel als magisches Gärmittel] zum Biere, Kapo schüttet ihn ins Dünnbier … An dem Rand des Honigackers … netzt ihr Haarkleid in dem Honig … Osmotar gab ihn zum Biere, Kapo gab ihn in das Dünnbier. Da begann das Bier zu gären … Brodelt hoch bis zu den Henkeln, schäumte über alle Ränder … In ein Fass hineinzufüllen, in den Keller einzulagern, in dem Eichenholzbehälter, rings versehn mit Kupferreifen. Dies war des Dünnbiers Ursprung, des Kalevabiers Entstehung … Weiber bracht es bald zum Lachen, Männer schenkt es muntre Laune, tüchtige Männer macht es fröhlich, Toren brachte es zur Tollheit."

Das Malz für Sahti besteht mehrheitlich aus Gerste und oft auch aus etwas Roggen, wobei die gekeimten Getreidekörner über einem Wacholderholzfeuer in einer Sauna gedarrt werden. Dieses Malz gibt dem Sahti einen leicht rauchig-phenolischen Geschmack. Der frische Wacholdergeschmack im Sahti stammt aus Wacholderzweigen und Wacholderbeeren, die in die Maische gegeben werden. Genau wie beim schwedischen Gotlandsdricka (siehe dort) wird eine abgeläuterte Sahti-Würze offenbar nicht gekocht. Das grüne Bier wird stattdessen direkt von der Maische in den Gärbehälter überführt und dort, wie bereits im Kalevala beschrieben, oft mit Honig für einen höheren Alkoholgehalt verstärkt. In der Vergangenheit wurde das fertige Bier unterirdisch in Fässern aus Birken- oder Eichenholz gereift und dann rasch aus einer sogenannten Haarikka, einem traditonellen, aus Wacholderholzplanken gefertigten Kübel mit zwei Griffen, getrunken. Heute wird Sahti jedoch in temperaturkontrollierten Stahlbehältern kurz gelagert und dann in Flaschen abgefüllt. Letztlich benutzen Sahti-Brauer heute Backhefen, statt sich wie früher auf eine spontane Gärung zu verlassen.

Sahti ist ein trübes, kupferfarbenes Obergäriges mit vielleicht 8 % (Tapulisahti) bzw. 3 % (Jälkijuoma) Alkohol, einem leicht buttrigen und schwefeligen Geschmack, einem herben Aroma und einem würzig-frischen, Retsina-Wein ähnlichen Abgang. Im letzten Jahrhundert war Sahti in Finnland fast ausgestorben. Jedoch wird dieses Bier heute wieder kommerziell von eingen Craft-Brauern hergestellt. Diese modernen Sahtis haben meist einen Alkoholgehalt von etwa 5 % bis 6,5 %.

**Saison** Kurzform für Biére de saison. Siehe dort.

**Saké bzw. Nihonshu bzw. Ginjo Beer** Obwohl Saké oft als Schnaps angesehen wird, ist er genau wie chinesischer Reiswein (siehe Reiswein) ein echtes Bier, sofern wir akzeptieren, dass der Begriff Bier alle vergorenen Getreideextrakte umfasst. Saké ist ein japanisches alkoholisches Getränk, welches offenbar bereits im 3. Jahrhundert v. Chr. dort gebraut wurde. Saké bedeutet Alkohol auf Japanisch. Er wird aus einer besonderen Reisart mit einem hohen Stärkegehalt hergestellt, wobei die Stärke zunächst von Enzymen eines Spezialschimmelpilzes mit dem Namen Koji bzw. Kopi-Kin (Aspergillus oryzae) in vergärbaren Zucker (Glukose) umgewandelt wird und der Zucker dann von Bierhefen in Alkohol und Kohlendioxyd ($CO_2$) umgesetzt wird. Beim Sahti-Brauverfahren finden daher das Maischen und die Gärung – zwei Prozesse, die beim normalen Bierbrauen hintereinander ablaufen – gleichzeitig statt. Ein fertig vergorener Saké hat etwa 15 % bis 20 % Volumenalkohol. Der Koji-Schimmelpilz ist übrigens auch an der Produktion von Sojasoße und Reisessig beteiligt, wobei beim Letzteren das Bakterium Acetobacter unter Lufteinfluss den von Hefen bzw. Schimmelpilzen produzierten Ethanol (eine Alkoholart) in Essigsäure umwandelt.

***Sauerbier*** Eine breit gestreute Gruppe von Bieren, die nicht nur mit Hefen, sondern auch mit säureproduzierenden Bakterien wie dem Milchsäurebakterium *Laktobacillus* vergoren werden. Die Brauhefen können ober- oder untergärig sein. Der Säurecharakter geht meistens in Richtung Milch- und Zitronensäure und soll auf keinen Fall in Richtung Essigsäure gehen, welches ein Indiz für eine Infektion mit dem Bakterium Acetobacter wäre. Auch haben diese Biere gelegentlich einen Pferdegeruch von einer wilden Hefeart mit dem Namen Brettanomyces. Manche Brauereien unterziehen ihre sauren Biere einer Holzfassreifung, die von einigen Wochen bis zu einigen Jahren dauern kann. Nach einer kurzfristigen Lagerung auf Holz haben diese Biere ein leichtes, aber nicht dominantes Barrique-Aroma. Bei einen längeren Kontakt mit Holz nehmen sie erkennbare, vorwiegend von den Gerbstoffen im Holz stammende, sensorische Charaktereigenschaften an, die wir zum Beispiel als Aromen von Vanille, Kokosnuss, Tabak, Karamell, Honig oder schwarzem Tee empfinden. Die Hopfenbittere ist bei diesen Bieren immer sehr gering. Holzgereifte saure Biere haben generell auch einen nur geringen Kohlensäuregehalt und bilden daher auch kaum Schaum im Glas. Besonders die belgische Braukultur ist für ihre sauren Biere bekannt. Für Beispiele von Sauerbieren siehe unter anderem Berliner Weiße, Gose, Lambic, Oud Bruin und Wild Ale.

***Schankbier*** Eine deutsche Biersteuerkategorie mit einem Stammwürzewert (der Gesamtanteil in der Bierwürze gelöster Stoffe wie Malzzucker, Eiweiß, Aromen und Spurenelemente) von 7 % bis zu 10,9 %. In einer älteren, 1993 verabschiedeten Gesetzgebung, galt als Schankbier ein Bier mit einem Stammwürzegehalt von 7 % bis 8 %. Andere heutige Biersteuerkategorien sind das Einfachbier mit bis zu 6,9 % Stammwürze (früher 2 % bis 5,5 %); das Vollbier (11 % bis 15,9 %; früher 11 % bis 14 %); und das Starkbier (heute und früher ab 16 %).

***Schlehenbier*** Eine alte, heute selten gebraute deutsche Sommerbiersorte, die mit den Beeren des Schlehenbusches aromatisiert wird. Siehe auch Fruchtbier.

***Schokoladenbier*** Siehe Chocolate Ale/Lager.

***Schöps, Breslauer*** Diese Biersorte wird in alten Dokumenten auch als Scheps bzw. Breslauer Bier bezeichnet. Schöps ist ein heute fast ausgestorbenes obergäriges Weizenbier aus Schlesien, welches vornehmlich in Breslau (heute Wrocław) in zwei Farbvarianten, weiß und schwarz, mit bis zu 80 % Weizenmalz gebraut wurde. Das grammatische Geschlecht dieses Bieres ist unklar, da man in der Literatur Hinweise sowohl auf die Schöps, den Schöps, wie auch das Schöps findet. Das Weiße Schöps war offenbar selbst Dr. Heinrich Knaust, dem Autor des im Jahre 1575 veröffentlichten ersten Biersortenlexikons der Welt, bekannt. Sein Buch hat den Titel *Fünff Bücher. Von der Göttlichen und Edlen Gabe / der Philosophischen / hochthewren und wunderbaren Kunst / Bier zu brawen*. Dort schreibt der gute Doktor: „Breslaw in der Schlesie / brawet auch ein Weitzen Weiß Bier / das nennen sie Scheps / Ist ein süsses lieblichs Bier zutrincken / das weit und breit bekandt ist / Doch haben sie noch darüber ein Gersten Bier / davon an seinem ort." Ein „Gersten Bier davon" heißt wohl soviel wie ein Weißbier ohne Weizen?

Zusätzlich lernen wir von Knaust, dass diese „führtreffliche / grosse löbliche Stadt [Breslau] / brawet auch en Rot Bier neben ihrem Scheps / ... [und] das sie beide / Weiß und Rot Bier brawen kann..." Ob nun Knausts Rotbier ein mit dem Schwarzen Schöps – auch Urschöps genannt – verwandt ist, sei dahingestellt. Jedoch beruhte die blonde Farbe des Weißen Schöps wahrscheinlich auf dem in jener Zeit üblichen Verfahren, gekeimtes Malz für helle Biere in der Luft, statt in einer Darre zu trocknen. Brauer nennen solche Malzsorten Luft-, Welk- oder Spitzmalz. Im Gegensatz dazu kam die dunkle Farbe des Schwarzen Schöps wahrscheinlich von über einem offenen Feuer gedarrten, leicht gerösteten Malz. Daher darf man davon ausgehen, dass das Schwarze Schöps im Gegensatz zu Knausts „süsses lieblichs Bier" bestimmt ein wenig brenzlich schmeckte. Aufgrund des hohen Anteils an eiweißreichem Weizenmalz darf man zusätzlich vermuten, dass die beiden Schöps stabile Schaumkronen besaßen.

***Schwarzbier, fränkisch*** Im Frankenland gebraute Schwarzbiere weisen heutzutage in typisch bayerischer

Manier meist ein wenig mehr Restsüße im Abgang auf als die in Thüringen, der anderen traditionellen Schwarzbiergegend Deutschlands, gebrauten Schwarzbiere (siehe Schwarzbier, thüringisch). In den fränkischen Interpretationen findet man kaum schokoladen- oder toastartige Röstnoten, obwohl die dunkle Mahagoni-Farbe dieses Bieres von einer kleinen Portion Röstmalz stammt. Dieser Imperativ diktiert daher ein sehr vorsichtiges Dosieren des Röstmalzanteils in der Maische. Die Hopfenbittere und das Hopfenaroma sind in diesem Bier dem Malzcharakter untergeordnet; und der Alkoholgehalt liegt bei etwa 5 %.

Der Anfang des fränkischen Schwarzbieres ist historisch nicht sicher belegt, jedoch wissen wir, dass Augustinermönche in Kulmbach, dem heutigen bayerischen Schwarzbierzentrum, bereits im Jahre 1174 vom Bischof von Bamberg in einer Urkunde das Braurecht gewährt bekamen. Ein weiteres Dokument aus dem Jahre 1349 belegt, dass die Pater des Klosters zu dem Zeitpunkt ein komplett ausgestattetes Sudhaus betrieben. Aufgrund der damals üblichen, direkt befeuerten Malzdarren darf man wohl annehmen, dass die Kulmbacher Biere jener Zeit dunkle Vorläufer des heutigen bayerischen Schwarzbiers waren. Das Kloster in Kulmbach wurde 1791 säkularisiert, und die Brauerei ist seitdem ein weltliches Unternehmen.

*Schwarzbier, thüringisch* Im Gegensatz zum fränkischen Schwarzbier (siehe dort) hat die farbähnliche, thüringische Schwarzbierversion normalerweise ein wenig mehr Röstgeschmack, sowie leichte kaffeeartige Aromen und Lakritznoten im Bouquet. Jedoch liegt der Alkoholgehalt generell ein paar Zehntelprozente unter dem der bayerischen Versionen. Das Schwarzbierzentrum in Thüringen ist Bad Köstritz. Schwarzbierbrauen geht in dieser Stadt möglicherweise auf das Jahr 1543 zurück, als dort die Brauerei Köstritzer Erbschenke in einem Dokument erwähnt wird. Diese Brauerei wurde 1696 vom gräflichen Haus Reuß übernommen und erhielt den Namen Ritterschaftliche Gutsbrauerei. Als das Haus Reuß im Jahre 1806 zu einem Fürstengeschlecht erhoben wurde, wurde aus der Ritterschaftlichen offiziell eine Fürstliche Brauerei. Zu Zeiten der DDR wurde die Brauerei enteignet und in VEB Köstritzer Schwarzbierbrauerei umgetauft. Heute ist die Köstritzer Schwarzbierbrauerei eine GmbH. Ihr Bier hat einen leicht röstigen Geschmack sowie ein Aroma, das an dunkle Brotkruste und dunkle Früchte erinnert. Die Hopfennoten sind zurückhaltend.

*Scotch bzw. Scottish Ale* Schottische obergärige Biere kommen in vielen verschiedenen Stärken vor, die im 18. Jahrhundert in Schillingwerten ausgedrückt wurden. Da gab es zum Beispiel 60/-, 70/-,

80/-, 90/-, 100/-, 110/-, 120/-, 140/-, 150/- und 160/- Ales, wobei die mächtigsten Biere – die in der 160-Schilling-Kategorie – auch als Wee Heavy oder Scottish Heavy Ale bezeichnet wurden. Entsprechend schwankten auch die Alkoholwerte von etwa 6 % bis 12 %. Ein besonderes Scotch Ale ist das Scotch Export Ale bzw. Scottish-Style Export Ale. Es ist bernsteinfarben bis dunkel und hat einen dominaten Geschmack von Karamellmalz mit fruchtigen Hintergrundnoten. Dabei hat es nur wenige Hopfenaromen. Der Alkoholgehalt liegt bei etwa 4 % bis 5,5 %.

Scotch Ales passen irgendwie zur Vision von nebelumschweiften Torfmooren in den Scottish Highlands. Obwohl die schottischen Hefen obergärig sind, geschieht die Gärung langsam in kühlen Gärkellern, denn es wird aus der Perspektive einer obergärigen Hefe in diesem Nordzipfel des Vereinigten Königreichs nie richtig warm. Die Brauverfahren in Schottland sind im Wesentlichen mit denen in England identisch. Nur werden Scotch Ales oft in der Sudpfanne besonders lange gekocht, damit ein Teil des in der Würze gelösten Zuckers karamellisiert. Das gibt dem Bier eine tief kupferne bis braune Farbe. Da karamellisierter Zucker nicht von der Hefe verarbeitet werden kann, tritt die malzige Karamellsüße im Abgang wieder in Erscheinung. Hopfen wächst im kühlen Kilma von Schottland überhaupt nicht und musste daher schon immer aus den südlichen Teilen des Königreichs eingeführt werden. Auch belegte das britische Parlament von Zeit zu Zeit Hopfen mit hohen Steuern, was diese Bierzutat während einiger Perioden der britischen Braugeschichte recht teuer machte. Das ist wohl einer der Gründe, weshalb die für ihre Sparsamkeit berühmten Schotten selbst ihre stärksten Biere durchweg nur recht milde hopften.

Klassische schottische Malze wurden – wie das heute oft noch bei einigen Whiskey-Brennereien üblich ist – in torfbefeuerten Darren getrocknet, weshalb das sogenannte Peat-Smoked Malt (torfgeräuchertes Malz) einen phenolischen Rauchcharakter hatte, welcher heute noch einigen Scotch Wiskeys ihren individuellen Charakter gibt. Jedoch sind rauchige Komponenten nicht mehr Teil des Geschmackprofils eines modernen Scotch Ales, denn moderne Braumalze werden selbst in Schottland in pneumatischen Darren mit geblasener Heißluft getrocknet. Wenn überhaupt, so benutzen moderne Brauer – meistens amerikanische Craft-Brauer – heutzutage in ihren Maischeschüttungen selten mehr als 3 % bis 5 % in der Form von Torfmalz. Der Körper eines Scotch Ale ist immer vollmundig und manche Interpretationen haben einen leichten Röstmalzbeigeschmack. Man serviert Scotch Ales am besten nach traditioneller Manier in einem distelförmigen 0,5-Liter-Glas. Die Distel ist das schottische Nationalemblem, welches in stilisierter Form auch im schottischen Wappen erscheint.

***Scurvy Grass Ale*** Dieses englische Bier ist auf dem Brauverfahren für Welsh Ale (siehe dort) aufgebaut. Es ist ein Starkbier (vergleiche Old Ale) aus Gersten- und Weizenmalz, oft mit einer Zugabe von Honig. Es war besonders in der Mitte des 19. Jahrhunderts in England als medizinische Tinktur beliebt. Statt Hopfen kamen in die Sudpfanne etwas Wermutkraut, Orangenschalen, Zucker oder Zuckersirup, Enzianwurzeln und eben die Blätter und Blüten des Vitamin-C-reichen, sehr bitteren Löffelkrauts (Cochlearia officinalis), welches auf Englisch Scurvy Grass heißt. Dieses Ale wurde besonders im Frühjahr zur Bekämpfung der Vitaminmangelkrankheit Skorbut gebraut. Scurvy Grass hat auch den Ruf, Gicht und Rheuma zu lindern.

***Seefbier*** Ein fruchtiges, leicht nach Brotkruste schmeckendes, obergäriges Bier aus Antwerpen, welches dort im 18. und 19. Jahrhundert populär war. Es bestand aus Gerste, Weizen, Hafer und Buchweizen. Wie viele andere europäische Biersorten jener Zeit geriet auch das Seef im frühen 20. Jahrhundert mit dem Aufkommen untergäriger Biere in Vergessenheit.

***Session India Pale Ale*** (Sessio IPA) Ein „Session" IPA ist ein kontroverser Begriff. Seiner Konzeption nach ist das „Sitzungs-IPA" ein Stammtischbier, von dem man sich viele Becher an einem Abend hinter die Binsen gießen kann, ohne dass man sich berauscht oder seinen Gaumen ermüdet. Viele IPAs sind ja bekanntlich in vielen brautechnischen Parametern wie Alkohol und Bittere eine so drastische Steigerung eines normalen Pale Ales (siehe dort), dass man selten mehr als ein oder zwei Gläser von ihnen hintereinander in einer Sitzung schafft. Reduziert man jedoch den „India"-Aspekt eines IPA auf ein „sessionable" Niveau, so kommt man irgendwann wieder beim Ausgangspunkt, also bei einem süffigen Pale Ale mit vielleicht 4 % bis 5 % Volumenalkohol, an. Session IPAs kamen im zweiten Jahrzehnt dieses Jahrtausends auf, als die Welle der Extremen Biere (siehe Extreme Ale) im Craft-Bier-Bereich abzuebben begann. Extreme Ales entpuppten sich nämlich als ein schlechtes Geschäft für viele Craft-Brauereien, denn viele Verbraucher, die gerne mehrere Biere in einer Sitzung trinken wollten, bestreikten diese Biere wegen der aggressiven Bittere und beachtlichen alkoholischen Stärke. Indem diese Brauer ihre IPAs „sitzungsfähig" machten, konnten sie an die Marketing-Aura ihrer IPAs anknüpfen und die Kunden trotzdem bei der Stange halten. Siehe auch India Pale Ale (IPA), amerikanisch.

***Shandy*** Dieses klassische englische Biermischgetränk besteht aus einem hellen Bier (meistens Pale Ale oder blondes Lagerbier) und Ginger Beer, einer Ingwerlimonade aus Jamaica (siehe Ginger Beer).

**Small Beer** Dieser generische englische Begriff steht für eine Gruppe von Dünnbieren, die ursprünglich mit Hilfe eines Nachgusses im sogenannten Parti-Gyle-Brauverfahren aus einer Starkbiermaische gewonnen wurden. Gelegentlich erhielten solche Biere auch die Bezeichnungen „X" oder „XX". Für eine ausführliche Erklärung des britischen Parti-Gyle-Brauens für starke (strong) und dünne (small) Biere, siehe auch Barley Wine, Old Ale und Dünnbier.

**Smoked Ale, American** Obergärige, amerikanische Rauchbiere werden entweder mit Bamberger Rauchmalz (siehe Rauchbier), mit Grätzer Rauchmalz (siehe Grätzer Bier) oder mit heimgeräuchertem Malz gebraut. Beim Heimräuchern wird normalerweise reguläres Pilsner oder Pale Ale Malz angefeuchtet und in einem Räucherofen wieder getrocknet. Die Rauchquelle für diese Prozedur ist oft Erlenholz, welches besonders in Nordamerika zum Räuchern von Lachs, Schinken oder Truthahn verwendet wird. Das Bier „unter" dem Rauch kann eigentlich jede Biersorte sein. Das bekannteste und auch in bedeutenden Bierwettbewerben meist-prämierte amerikanische Erlenrauchbier ist das Smoked Porter (siehe Porter). Das Erlenrauchmalz verleiht diesem dunkelbraunen Rauch-Porter einen gewissen Kupferton. Auch sorgt es für leicht süßliche und geröstete Noten von Karamell, Rosinen und Pflaumen.

**Smoked Beer** Der generische englische Begriff für ein Rauchbier. Siehe unter anderem Grätzer Bier; Rauchbier; Smoked Ale, amerikanisch und Zerbster Bitterbier.

**Southern English Brown Ale** Eine Version des englische Brown Ale (siehe Brown Ale, südenglisch). Es ist etwas süßlicher und leichter als das Brown Ale aus den nördlichen Regionen des Landes (siehe Brown Ale, nordenglisch).

**Sorghumbier** Die Getreidesorte Sorghum gehört zu den Hirsen, einem Mitglied der Grasfamilie. Wenn gemälzt, dient Sorghum in vielen Regionen der Erde – besonders in Afrika, dem Mittleren Osten und Asien – als Bierrohstoff, oft in Verbindung mit anderen stärkehaltigen Pflanzen wie Mais und gelegentlich auch Bananen. Da Sorghum glutenfrei ist, werden Biere ausschließlich aus dieser Getreideart oft von Menschen bevorzugt, die unter Zöliakie leiden. Siehe Hirsebier.

**Special Bitter** Siehe Bitter.

**Spezialbier** Eine alte deutsche Biersteuerkategorie, die heute unter der Kategorie Vollbier (siehe dort) subsummiert ist. Noch im Biergesetz von 1993 galten Spezialbiere als sogenannte Lückenbiere, die weder in die Vollbier- noch in die Starkbierkategorie passten. Solche Biere hatten einen Stammwürzewert (der Gesamtanteil in der Bierwürze gelöster Stoffe wie Malzzucker, Eiweiß, Aromen und Spurenelemente) zwischen 14 % und 16 %. Sie durften nur mit einer behördlichen Ausnahmegenehmigung zu besonderen Anlässen, wie zum Beispiel dem Münchener Oktoberfest gebraut werden. Heute entfallen diese vormaligen gesetzlichen Begrenzungen im Rahmen der Gesetzgebung der Europäischen Union.

***Spiced Beer*** Der englische Begriff für ober- und untergärige Biere, deren Geschmack zum Teil von Gewürzen und Kräutern stammt. Solche Biere können sowohl gehopft als auch ungehopft sein. Siehe auch Gruitbier.

***Spruce Beer*** Englisch für Kiefernbier, wie auch oft fälschlicherwiese für Fichtenbier. Siehe Fichtenbier, Kiefernbier und Sprossenbier. Vergleiche auch Annedda.

***Sprossenbier*** Ein mit Fichtenknospen gewürztes, norddeutsches Bier (siehe auch Fichtenbier). Dieses Bier wird bereits 1854 von Jacob und Wilhelm Grimm in deren *Deutschen Wörterbuch* als ein mit „Fichtensprossen bereitetes Bier" erwähnt.

***Stale Ale*** Siehe Old Ale.

***Starkbier*** Ein Starkbier ist keine Biersorte, sondern eine deutsche Biersteuerkategorie. Der Begriff bezieht sich auf Biere mit einer Stammwürze von 16 % oder mehr, wobei Stammwürze als die Menge des in der Würze vor der Gärung gelösten Extrakts, vornehmlich aus Hopfen und Malz gemessen wird. Neben dem Starkbier gibt es drei weitere steuerrechtliche Untergliederungen, die sich ebenfalls am Stammwürzegehalt orientieren, nämlich das Einfachbier (bis zu 6,9 %), das Schankbier (7,0 % bis 10,9 %) und das Vollbier (11 % bis 15,9 %).

***Steambeer*®** Siehe California Common.

***Steinbier*** Biere mit dieser Bezeichnung werden in einem historischen Brauverfahren hergestellt, in dem Granitsteine über einem offenem Feuer stark erhitzt werden und dann mit Hilfe eines Eisenkäfigs an einer Kette in die Würze gesenkt werden, damit diese zum Kochen gebracht wird. Mit dieser Methode ist es möglich, eine Bierwürze auch in hölzernen Bottichen, statt in direkt befeuerten Sudpfannen aus Metall zu kochen. Die heißen Steine haben auch einen geschmacklichen Nebeneffekt: Da es unvermeidbar ist, dass der in der Würze gelöste Zucker mit den heißen Steinen in Berührung kommt und dabei karamellisiert, formt der Zucker auf der Oberfläche der Steine eine Schicht unvergärbarer Zuckerkristalle. Werden diese Steine nach dem Würzekochen abgekühlt und in den Gärbehälter gelegt, so löst sich der Karamellzucker langsam auf und gibt dem Bier eine angenehm malzaromatische Restsüße.

**Stock Ale** Siehe Old Ale.

**Sticke Alt** Sticke ist ein Alt-Starkbier. Damit ist Sticke zum Altbier, was ein Bockbier zum Hellen ist, bzw. ein Imperial Stout zum Stout. Im Düsseldorfer Dialekt ist das Wort sticke eine Verballhornung von stikum, was soviel wie geheim bedeutet. Diese Biersorte wurde wahrscheinlich mehr oder weniger zufällig entwickelt. Genaues weiß man nicht, aber es gibt eine hübsche Legende, die, selbst wenn sie nicht stimmt, erzählenswert ist. Offenbar verdankt das erste Sticke seine Entstehung der Tatsache, dass in den guten alten Zeiten Bierzutaten oft in nur recht unbestimmten Maßeinheiten wie zwei Eimer voll, vier Scheffel voll, oder eine Hand voll gemessen wurden. Mit so vagen Mengenbestimmungen konnte es passieren, dass ein Braumeister gelegentlich mal einen Fehler machte und vielleicht mit viel zuviel Malz einmaischte oder viel zuviel Hopfen in den Sudkessel warf. Und genau das ist in einer der Düsseldorfer Altbiergasthausbrauereien offenbar geschehen. Aber man wollte den Sud natürlich nicht in den Abfluss gießen. Daher hielt man den Fehler geheim und drückte die Daumen. Man wollte ja nicht zugeben, dass ein Sud misslungen war. Stattdessen ließ man das Bier fertig gären und servierte es den Stammkunden, die, statt es abzuweisen, es sich mit ungewöhnlichem Gusto hinter die Binsen kippten.

So entstand die Sitte, nach der Legende, den Fehler des Braumeisters absichtlich zu wiederholen und das so kreierte neue Bier als geheimes Sonderrezept, welches natürlich nie zweimal gleich gebraut wurde, zu vermarkten. Besser noch, wenn man den Zapftag des neuen Bieres auch noch hinter vorgehaltener Hand, also stikum, den Stammgästen als Geheimtipp zuflüsterte, führte das natürlich dazu, dass sich der Zapftermin wie ein Lauffeuer herumsprach. Zum erlauchten Kreis der Kenner dieser sticke Informationen zu gehören, galt schon als etwas Besonderes! Die Knappheit des Sticke-Alts stellte sich schnell als brilliantes Marketing heraus, denn kein Bier verschwand schneller in den durstigen Kehlen der Düsseldorfer als solch ein „Fehler".

Nach einer anderen Legende entstand die Alt-Starkbier-Kategorie nicht aufgrund eines Braufehlers, sondern war eine bewusst geplante Kreation aus einer Zeit, als Mönche noch in Düsseldorf im Braugeschäft waren und nur dünne Biere an die Öffentlichkeit verkauften. Auch hieß dieses Kosterstarkbier nicht Sticke, sondern Latzenbier, wobei Latze im Düsseldofer Dialekt eine Verballhornung des Wortes Latte ist. Das Starkbier kam nach dieser

Legende zu seinem Namen, da die Mönche es, abgefüllt auf einem versteckten Regal aus Latten, an einem Fleck aufbewahrten, wo das einfache Volk es nicht sehen konnte. Dieses Latzenbier hielten die Mönche nur für den Eigenbedarf in Reserve und teilten es nur gelegentlich mit einer ausgewählten Klientel. Heute wird Sticke oder Latzenbier in den alteingesessenen Gasthausbrauereien Düsseldorfs nur zweimal im Jahr gebraut, wobei die Zapftermine nun nicht mehr geheim gehalten, sondern freizügig vorher online verkündet werden.

Ein modernes Sticke hat etwa 6,5 % Alkohol, einen leicht nussigen Karamellgeschmack und Noten von Toffee und Kirschen. Die Hopfennoten haben einen leichten Anflug von Heu. Dieses Bier ist trotz seiner malzbetonten Stärke überraschend süffig. Neben dem Sticke gibt es heute auch ein Doppelsticke, welches die gleichen Charakteristiken wie das reguläre Sticke hat ... nur gesteigert! Man könnte ein Doppelsticke als das Altbieräquivalent eines englischen Barley Wines (siehe dort) bezeichnen. Es bringt stattliche 8,5 Volumenprozente Alkohol auf die Waage. Die Karamellsüße erinnert an braunen Zucker und Brotkruste und der hohe Alkoholgehalt wird beim Schlucken wärmend offensichtlich.

**Stout** Stout und Porter (siehe dort) sind zwei sehr eng verwandte dunkle britische Ale-Sorten und die Frage des Unterschieds und der chronologischen Entwicklung dieser beiden Biere löst immer wieder heftige Diskussionen aus. Ist das Stout aus dem Porter hervorgegangen oder umgekehrt? Wo liegen die Grenzen zwischen ihnen in Brauverfahren, Farbe, alkoholischer Stärke und Zusammensetzung? Sind die heutigen Stouts und Porters noch mit den ursprünglichen Versionen verwandt?

Viele Quellen betonen, dass der Begriff „stout" spätestens im Jahre 1677 auf Bier angewandt wurde. Dieser erste nachweisliche Gebrauch geschah in der sogenannten Egerton Collection, einer Serie von 67 Manuskripten eines exzentrischen Adeligen, Francis Henry Egerton, dem 8. Earl von Bridgewater. Seine Manuskripte befinden sich heute im Britischen Museum. Darin behauptet Egerton, dass „stout beer" ein starkes Bier sei, denn rein etymologisch hat das Adjektiv stout in der englischen Sprache folgende wörtliche und übertragene Bedeutungen: dick, korpulent, beleibt, untersetzt, derb, fest, füllig, tapfer, unerschrocken, beherzt und mannhaft. Also war ein stout Bier damals einfach ein heftiges und kräftiges, aber nicht notwendigerweise dunkles Bier. Vergleiche zum Beispiel Old Ale.

Das bestätigt auch das *Hand-Book of Industrial Organic Chemistry* von Samuel Sadtler aus dem Jahre 1900. Dort steht: „Porter has now come to mean a dark malt liquor, made partly from brown or black malt, the caramel in which gives it the sweetness and syrupy appearance, and containing four or five per cent of alcohol.

Stout is a stronger porter, with a larger amount of dissolved solids, and containing six or seven per cent of alcohol." Übersetzung: Die Bedeutung von Porter ist heute die eines dunklen Malzgetränks, welches zum Teil aus braunem oder schwarzem Malz hergestellt wird, dessen darin enthaltener Karamell ihm die Süße und das sirupartige Erscheinen gibt; und 4 % bis 5 % Alkohol enthaltend. Stout ist ein stärkeres Porter, mit mehr gelösten Feststoffen und 6 % oder 7 % Alkohol.

Es ist ebenfalls von Quellen belegt, dass sich der Name Porter für ein dunkelbraunes Bier zum ersten Mal in London im Jahre 1721 einbürgerte, als es scheinbar über Nacht besonders unter den Porters beliebt wurde. Porters waren zu der Zeit schwerarbeitende Tagelöhner, die Lasten von den Hafendocks zu Warenhäusern und Märkten trugen und abends in den rauen Londoner Eckkneipen mit einem stout Bier ihre Kräfte regenerierten. Porters wurden damals aus sehr inhomogenen Malzen gebraut, welche in direkt mit Kohle befeuerten Darren getrocknet wurden. Sie waren ungleichmäßig, da die Hitzeeinwirkung auf das in der Darrenhorde ausgebreitete Getreide und damit der Zustand der Malze kaum zuverlässig kontrolliert werden konnte. Daher blieben Teile der Malze oft fast untergedarrt und damit hell, während andere Teile fast geröstet und damit sehr dunkel wurden. Damit war die Durchschnittsfarbe dieser Einheitsmalze fast immer eine Schattierung von braun. Echt helle Malze wurden damals entweder vorsichtig über einem teuren Koksfeuer oder im Freien in der Sonne getrocknet.

All das änderte sich erst nach 1817, dem Jahr also, in dem der englische Ingenieur Daniel Wheeler eine Malzrösttrommel patentierte. Mit dieser einem Kaffeeröster nachempfundenen Erfindung war es Mälzern zu ersten Mal möglich, Röstmalz von einheitlichem Geschmack und dunkler Farbe herzustellen. Dazu kam dann im Jahre 1842 eine vom schottischen Mälzer Patrick Steade patentierte Darre, in der Malz mit geblasener Heißluft getrocknet wurde. Erst nach diesen Erfindungen konnten Brauer ihre Bierfarben gesteuert manipulieren, da sie nun Röstmalz in unterschiedlichen Anteilen mit hellen Malzen unterschiedlicher Farbe in der Maische vermischen konnten. Gelegentlich fügten Brauer ihren dunklen Maischen auch kleine Portionen von ungemälzter, gerösteter Gerste als Farb- und Geschmacksverstärker hinzu.

Die ursprünglichen Porter-Biere wurden in Verlauf des 18. und in der ersten Hälfte des 19. Jahrhunderts in unterschiedlichen Stärken gebraut, wobei das stärkste unter ihnen schließlich, im Sinne von Egertons Manuskripten, zunächst als Stout Porter und schließlich nur noch als Stout bezeichnet wurde. Damit ist folgendes klar: Obwohl ein stout Bier chronologisch vor dem Porter-Bier existierte, entwickelte sich das heutige Stout als Biersorte wohl erst, *nachdem* sich das Porter etabliert hatte. Das heißt, die etymologische und "bierologische" Chronologie von Stout und Porter ist entgegengesetzt.

Stout – wie auch Porter – wurde etwa ab der Mitte des 19. Jahrhunderts in vielen lokalen Varianten für viele unterschiedliche Zwecke, vom Nährbier bis zum Handelsbier – im ganzen Vereinigten Königreich wie auch in Nordamerika aufgegriffen. Als eine der wesentlichsten geografischen Unterscheidungen weisen Interpretationen von irischen Stouts relativ wenig Alkohol auf und haben oft einen sehr trockenen Abgang, während Interpretationen von englischen Stouts vollmundiger sind und in vielen Fällen einen eher süßlichen Abgang haben. Im Gegensatz zu beiden, reichen heutige, amerikanische, meist von Craft-Brauern erzeugte Stouts in ihrem Alkohogehalt und ihrer Hopfenbittere oft ins Extreme. Diese Typenaufteilung spiegelt sich auch in den Bierstildefinitionen internationaler Bierwettbewerbe wider. Dort gelten heute durchweg folgende sehr grobe (!) Verallgemeinerungen: Stout ist sehr dunkel, wird mit mehr Röstmalz als Porter gebraut, hat einen süßen bis trockenen Abgang und bringt etwa 4 % bis 8 % Volumenalkohol auf die Waage, während Porter schwarz bis dunkelbraun ist, einen komplexen Geschmack von dunklen Malzen hat und etwa 4 % bis 6,5 % Volumenalkohol aufweist. Jedoch halten sich nicht alle Brauereien an diese vereinfachte Unterteilung. Unter den ungewöhnlichen, nicht-traditionellen, amerikanischen Stout-Kreationen findet man unter anderem Double Stout, Double Extra Stout, Special Export Stout und sogar Light Stout.

Hier sind die geläufigsten klassischen und modernen Variationen über das Thema Stout in alphabetischer Reihenfolge:

**Black Belgian Stout** Dieses schwarze, belgische Stout ist trotz seines Namens eine amerikanische Craft-Bier-Erfindung, die jedoch inzwischen auch in Belgien Freunde gefunden hat. Das amerikanische Modell dieses belgischen Stouts hat etwa 8,5 % Alkohol und besteht in der Maische aus verschiedenen dunklen und gerösteten Malzen sowie einer Portion torrefiziertem, das heißt thermisch behandeltem, rohem, geflocktem Weizen. Die Gärführung geht über eine klassische belgische Hefe, die dem Bier milde Phenolnoten gibt. Das Hopfenprofil ist sehr zurückhaltend. Die Akzeptanz des Stouts in Belgien sei mit folgender Schlagzeile aus einer belgischen Bier-Website belegt: „De wedergeboorte van Stout in België" (die Wiedergeburt des Stouts in Belgien).

**Caribbean Stout** Dieses Stout aus den vormaligen britischen Kolonien in den Karibischen Inseln ist relativ leicht und ein wenig süßer als ein Foreign Extra Stout (siehe dort). Da Zuckerrohr in der Karibik ein traditionelles landwirtschaftliches Produkt ist, bekommt dieses Stout gelegentlich eine Portion hellen oder dunklen Zucker in die Sudpfanne. Je dunkler der Zucker, umso mehr bekommt das Bier einen leichten Rumgeschmack im Abgang.

**Chocolate Stout** Diese Stout-Sorte hat nur eine vage Definition. Oft geben Brauer einem Stout diesen Namen, wenn das verwendete dunkle Malz weniger kaffeeartigen Röstcharakter, aber mehr aromatische Geschmackskomponenten von dunklen, mit Schokolade überzogenen Früchten mit einem Anflug von Rotwein hat. Dieses Stout ähnelt einem Robust Porter (siehe unter Porter). Manche Brauer fügen diesem Bier sogar ein wenig Kakaopulver in die Sudpfanne bei.

**Cream Stout** Siehe Milk Stout.

**Dry Stout** Siehe Irish Stout.

**English Stout** Siehe Milk Stout.

**Export Stout** Siehe Milk Stout.

**Foreign Extra Stout (FES)** Ursprünglich wurde diese Stout-Sorte in der Saint James's Gate Brewery (Guinness) in Dublin nur für den Export hergestellt. Es kam zum ersten Mal 1801 unter dem Namen West India Porter auf den Markt. Damals hatte dieses Stout fast doppelt so viel Alkohol wie das heutige reguläre irische Stout, so dass es auf dem langen Seeweg zum Indischen Subkontinent oder zu anderen Zielhäfen der Welt auch haltbar blieb. Die Mikroflora, die dieses Bier ursprünglich vergor, bestand aufgrund unserer Einsicht in den Stand der damaligen Hygiene wahrscheinlich nicht nur aus obergäriger Hefe, sondern auch aus verschiedenen wilden Hefen sowie aus Säurebakterien. Diese Mikrobenmischung hatte während der langen Zeit zwischen der Brauereiabfüllung in Holzfässer und dem Verzehr in einem fernen Markt ausreichend Zeit, die im Bier verhandene Restsüße zu verarbeiten und dem Bier zusätzliche, komplexe Geschmackskomponenten zuzufügen. Auch sind Foreign Extra Stouts generell stärker gehopft. Sie haben einen Alkoholgehalt von etwa 5,5 % bis 8 %. Die Hopfenbittere und der hohe Alkoholgehalt tragen beide zur Haltbarkeit des Biers bei. Das Bier ist fast vollkommen schwarz und schmeckt leicht nach Lakritz, dunklem Brot, reifen Pflaumen, Vanille und braunem Zucker.

**Imperial Stout** Siehe Russian Imperial Stout.

**Irish Stout** Das Stout der Grünen Insel entsprang, genau wie anderswo, dem Porter. Schon 1750 war in Irland ein Stout Butt Beer (ein starkes Fassbier) bekannt. Heutzutage ist es natürlich untrennbar mit der Saint James's Gate Brewery in Dublin verbunden, die Arthur Guinness 1759 gegründet hat. Damals hieß sein Bier jedoch Stout Porter, woraus sich dann die einfachere Bezeichnung Stout durchsetzte. Seitdem brauen auch andere irische Brauereien wie Murphy's und Beamish ein Stout, wie auch in jüngster Zeit einige Craft-Brauereien und Gasthausbrauereien weltweit. Etwa 70 Jahre nach der Gründung der Saint James's Brewery brachte diese ein Superior Porter auf den Markt, welches schließlich als Extra Stout bekannt wurde. Die heutigen irischen Interpretationen von Stout werden aus einer Mischung von hellen, bernsteinfarbenen und braunen Malzen hergestellt. Sie sind durchweg sehr trocken im Abgang, haben etwa 4 % Alkohol (es gibt auch Ausnahmen mit mehr Alkohol) und werden vor dem Abfüllen oft mit einem Mischgas aus Stickstoff und Kohlensäure – meistens in einem Verhältnis von 60 % zu 40 % – statt nur mit Kohlensäure angereichert.

**London Stout** Diese Stout-Version orientiert sich oft an der originalen Version aus der Mitte des 18. Jahrhunderts, welche, wenn sie authentisch gebraut wird, sehr malzig ist. Sie hat Noten von Kaffee im Bouquet und einen dunkel-rubinroten Farbschimmer, eine bräunliche Schaumkrone, einen mittleren Körper, vielleicht 4,5 % Alkohol, und einen leicht süßlichen Abgang mit Aspekten von Röst- und Karamellmalz.

**Milk Stout** Dieses Milch-Stout wird auch als Sweet Stout (Süßes Stout), Cream Stout (Sahne-Stout), English Stout oder Export Stout bezeichnet. Jedoch hat es trotz seines Namens nichts mit Milch zu tun. Der Name kommt stattdessen von der Zugabe von farbloser Laktose in die Sudpfanne, also einem Milchzucker, den die Bierhefe (Saccharomyces cerevisiae) nicht vergären kann. Damit trägt die Laktose zum Körper wie auch zum Nährwert des Bieres bei. In Großbritannien wurde dieses süße, dunkle Obergärige, besonders nach dem Ersten Weltkrieg, als nahrhaftes Bier für stillende Mütter beliebt. Die Mackeson's Brewery in Hythe im Regierungsbezirk Kent brachte als erste kommerzielles Milk Stout 1907 in Umlauf.

Die Entwicklung des Milk Stouts geht aus Experimenten einiger Ernährungswissenschaftler hervor, die gegen Ende des 19. Jahrhunderts versuchten, eine genießbare Mischung aus Milch und Bier zu entwickeln und zu patentieren. Dabei stieß einer der Wissenschaftler, Henry Johnson, 1875 auf die Idee einer Zugabe von Milchzucker statt Milch; und dieses Verfahren für ein auf diese Weise gesüßtes Bier ließ er sich patentieren. Die Verwendung von Laktose geht auf einen alten britischen Brauch zurück, einem Bier Zucker zuzugeben, um die herbe, säuerliche Note vieler fassgereifter Biere geschmacklich abzurunden (siehe zum Beispiel Old Ale). Ein altes Rezept für ein komplexes Biermischgetränk mit Zucker, einen „Freemasons Cup" (eine Freimaurertasse), finden wir zum Beispiel in der 1869 herausgegebenen zweiten Auflage eines Buches von George Edwin Roberts mit dem Titel *Cups and their Customs*. „A pint of Scotch ale, a pint of mild beer, half a pint of brandy, a pint of sherry, half a pound of loaf sugar, and plenty of grated nutmeg. This cup may be drank either hot or cold." Übersetzung: Ein halber Liter Scotch Ale (siehe dort), ein halber Liter Mild Ale (siehe dort), ein viertel Liter Cognac, ein Liter Sherry, ein halbes Pfund (brauner) Zucker, und viel geriebenes Muskat. Diese Tasse kann heiß oder kalt getrunken werden.

**Oatmeal Stout** Dieses Hafer-Stout aus England und Schottland hat oft einen Alkoholgehalt von nur 4,5 % bis 5 %. Jedoch hat es einen vollmundigen, cremigen Körper, der eigentlich ein viel stärkeres Bier erwarten lässt. Der Haferbestandteil der Maische ist heutzutage normalerweise nur 5 % bis 10 % und kann aus rohem, gemälztem oder flockiertem Hafer bestehen. Früher war es jedoch nicht ungewöhnlich, dass eine Biermaische bis zu 30 % oder mehr Hafer enthielt. Solche Biere hatten jedoch einen unangenehm bitteren Beigeschmack. Für mehr Details über Hafer in Bier, siehe das Stichwort Haferbier. Hafer bzw. Haferflocken geben dem Stout eine leichte Süße, die ein sanftes Gegengewicht zur manchmal leicht kratzigen Bittere des Röstmalzes oder der gerösteten Rohgerste darstellt. Oatmeal Stouts schmecken überhaupt nicht nach Hafer. Die oft als ölig beschriebene Sanftheit dieser Biere stammt vom relativ hohen Eiweiß- und Fettgehalt des Hafers (je etwa 16 % bis 17 % des Trockengewichts) sowie dem beachtlichen Gummistoffgehalt (zwischen 2 % und 8 % des Trockengewichts).

**Oyster Stout** Dieses Austern-Stout ist normalerweise eine interessante Variante eines Milk Stout (siehe dort). Im alten British Empire, wie auch in den Vereinigten Staaten – besonders in New York City – hat der Brauch, rohe Austern mit einem süßen Stout herunterspülen, eine lange Tradition. So berichtete zum Beispiel der schottische Dichter und Reisejournalist Charles MacKay 1859 in seinem Buch *Life and Liberty in America* enthusiastisch über die endlose Anzahl von Oyster Saloons, Oyster and Coffee Saloons und Oyster and Lager Beer Saloons am Broadway in New York. Die kulinarische Paarung von Austern und Bier stand wohl Pate für die verrückte Idee der Young & Son Portsmouth Brewery in Neuseeland, Austern nicht nur mit, sondern auch im Bier zu vereinen. Im Jahre 1929 gab sie nämlich zum ersten Mal Austern beim Würzekochen in die Pfanne und taufte diese Kreation Victory Oyster Stout.

Die Hammerton Brewery in London war 1938 die erste englische Brauerei, die diesen neuseeländischen Trick aufgriff. Seitdem braut auch so manche amerikanische Craft-Brauerei, besonders in den Neuengland-Staaten, eine Abwandlung des Oyster Stouts. Einige benutzen dazu jedoch nicht ganze Austern, sondern nur deren Schalen in der Sudpfanne. Diese Praxis ergibt eine interessante Produktbeschreibung, aber der brautechnische Zweck dieses Verfahrens ist schwer nachvollziehbar. Letztlich sind besonders einige Gasthausbrauereien auf den Gag verfallen, ihre Stouts auf einer Hand voll rohen Austern in Holzfässern reifen zu lassen. Über Geschmack ist eben nicht zu streiten!

**Russian Imperial Stout** Dieses „russische, kaiserliche" Stout aus England wurde ursprünglich im 18. Jahrhundert für den Handel mit den der Ostsee angrenzenden Ländern einschließlich des damaligen Zarenreichs entwickelt. Dieses Stout ist über Monate, manchmal sogar Jahre haltbar. Es ist tief dunkel, sehr vollmundig und ungemein geschmacksreich. Es hat ein wenig Restsüße sowie Noten von Trockenfrüchten und leicht brenzligem Kakao. Für den Russlandhandel musste es damals auch hochalkoholisch gewesen sein, um nicht im Winter einzufrieren. Sein Alkoholgehalt war damals, wie auch heute, bis zu 11 %. Auch musste das Bier stark gehopft sein, um seine Qualität auf der Reise zu bewahren. Das Bier bekam seinen Namen nach seinem berühmtesten Kunden, dem Winterpalast in Sankt Petersburg, wo es einen beständigen Beitrag zu den Gelagen der zaristischen Hofgesellschaft leistete.

Es ist nicht ganz klar, welcher Zar sich zum ersten Mal an einem dunklen, englischen Stark-Ale gelabt hat, aber wir haben Gründe zu vermuten, dass es die berühmtberüchtigte Katharina die Große war und dass sie von ihrem Chamberlain, Graf Ivanovich Shuvalov, das Stout-Trinken gelernt hat. Dieser Dandy war nämlich einer ihrer intimen Berater und Vertrauten; und es kann kein Zufall gewesen sein, dass sich dieser Kavalier in der Mitte des 18. Jahrhunderts eine Zeit lang auf einer diplomatischen Mission in London aufgehalten hat. Das war kurz nach dem Jahr 1745, als die damals 16-jährige, intelligente und lebensfrohe Prinzessin Sophie Auguste Friederike von Anhalt-Zerbst-Dornburg (1729–1796) den russischen Thronfolger Großfürst Peter Fjodorowitsch, den späteren Zar Peter III., heiratete und sie den Namen Jekaterina Alexejewna annahm. Katharina hatte mit ihrer Ehe leider wenig Glück, denn ihr Gatte verhielt sich ihr gegenüber schon in der Hochzeitsnacht sehr „zurückhaltend". Schnell musste sich die amouröse Katharina daher nach „Ersatz" umsehen, was natürlich, wie auch heute noch wohl bekannt, den Hofklatsch mit vielen deliziösen Gerüchten versorgte.

Man kann daher ohne Übertreibung konstatieren, dass die frustrierte zukünftige „Kaiserin und Herrscherin aller Russen" schon in frühen Jahren viele Gründe hatte, sich mit einem starken Bier zu trösten. Damit rückt unser Graf Shuvalov ins Bild, denn er kehrte während seiner Londoner Zeit regelmäßig in einem intellektuellen Pub im Südosten Londons, The Anchor Inn, ein, welches nicht weit von der London Bridge und dem Londoner Hopfenmarkt, in Southwark Parish, am Südufer der Themse gelegen ist. Die Kneipe existiert heute immer noch. Damals gehörte sie zur Anchor Brewery, die für ihr starkes, dunkles Porter unter der Bezeichnung Thrale's Intire Porter berühmt war. Henry Thrale war der Brauereiinhaber und Braumeister. Sein Bier war nicht nur in London populär, sondern hatte auf der ganzen Welt seine Liebhaber, „from the frozen regions of Russia to the burning sands of Bengal and Sumatra", wie der Portaitmaler und Thrales Freund, Sir Joshua Reynolds, damals niederschrieb.

In diesem Pub schloss Shuvalov enge Freundschaften, so unter anderem mit Samuel Johnson, der dort gerade unter dem Einfluss von vielen Anchor Ales das erste *Dictionary of the English Language* zusammenstellte, welches er 1775 veröffentlte. Es ist kaum zu glauben, dass Shuvalov nach seiner Rückkehr nach Russland seiner Wohltäterin Jekaterina nicht von Braumeister Thrales wunderbarem Intire Porter erzählte und ihr wohl auch einige Kostproben mitbrachte, denn Jekaterina bestellte bald eine Schiffsladung nach der anderen dieses Londoner Starkbieres an den Winterpalast in Sankt Petersburg. Der Begriff Russian Imperial Stout für dieses Porter wurde im Jahre 1781 von John Perkins und David Barklay geprägt. Diese beiden Herren hatten die Anchor Brewery nach Henry Thrales Tod in diesem Jahr übernommen.

**Sweet Stout** Siehe Milk Stout.

........................................................

***Strong Ale, englisch*** Der generische englische Begriff für ein obergäriges Starkbier. Es ist meist bernsteinfarben bis dunkelbraun und hat 7 % bis 11 % Volumenalkohol. Siehe unter anderem Barley Wine und Old Ale.

........................................................

***Sumerisches Bier*** Wann und wo wurde das erste Bier in der Menschengeschichte gebraut? Die Antwort führt uns in den Fruchtbaren Halbmond im Vorderen Orient, zum Volk der Sumerer. Sie gelten allgemein nicht nur als die ersten Brauer der Welt, sondern auch als jene Menschengruppe, die zum ersten Mal vor vielleicht 12000 Jahren das Wanderleben als Jäger, Sammler und Fischer – die normale Lebensweise unserer Gattung für Millionen von Jahren vorher – aufgab und über einen Zeitraum von etwa 5000 Jahren sesshaft wurde, um Ackerbau, Viehzucht und Vorratshaltung zu betreiben. Wir nennen diesen epochalen Wandel heute die Neolithische Revolution und den Beginn der Jungsteinzeit. Diese Transformation von einer Zufalls- zu einer Erzeugerwirtschaft geschah im sogenannten Zweistromland zwischen den Flüssen Euphrat und Tigris, einem Gebiet, dem die Griechen kurz vor Beginn unserer Zeitrechnung den Namen Mesopotamien (zwischen den Flüssen) gaben. Dieses Gebiet ist heute Teil des Iraks.

Einhergehend mit diesem Übergang der Kulturform vom Herumstöbern nach Nahrung zur Landwirtschaft, führte die Domestizierung von Pflanzen und Tieren und das daraus resultierende enge, permanente Zusammensein der Menschen als Bauern und Hirten zu vielen folgenreichen Erfindungen. So entwickelten die Sumerer eine Keilschrift, Keramik, Verfahren der Metallverarbeitung und Geld als kollektiv anerkanntes, indirektes Tauschmittel. Sie organisierten Gemeinschaftsprojekte wie den Bau von Bewässerungsanlagen, Straßen und öffentlichen Gebäuden. Die gleiche Dynamik führte auch zu soziologischen und politischen Veränderungen wie die berufliche Spezialisierung und Arbeitsteilung, die Entstehung sozialer Schichten, die Entwicklung eines Konzepts von Eigentum, den Beginn öffentlicher Verwaltung, die Evolution von Konfliktlösungsmechanismen sowie die Etablierung von Brauchtum, religiösen Vorstellungen und Ritualen. In dieser sumerischen, auf die Produktion und Bevorratung pflanzlicher und tierischer Nahrung aufgebauten Gesellschaft spielten natürlich die Techniken der Haltbarmachung von Nahrungsmitteln eine Schlüsselrolle ... und eine der von den Sumerern entdeckten Formen der Konservierung von Getreide war das Bierbrauen.

Wir wissen nicht im Einzelnen, wie die sumerische Braukunst entstand, jedoch gibt es im Fruchtbaren Halbmond viele archäologische Fundstellen, in denen wir Malzkörner identifizieren konnten. Einige dieser Ausgrabungen sind mindestens 9000 Jahre alt. Spätestens im 4. Jahrtausend v. Chr. war Bier definitiv ein fester und wichtiger Bestandteil des sumerischen gesellschaftlichen Lebens. Offenbar kannten die Sumerer neun verschiedene Biersorten. Brauen war Frauensache und Brauerinnen besaßen Kneipen, in denen sie ihre Biere einem zahlenden Publikum servierten. Die älteste uns bekannte Darstellung von Biertrinkern ist eine Dekoration auf einer Amphore. Sie zeigt zwei Herren, die um etwa 3100 v. Chr. mit langen Saugrohren aus einem gemeinsamen Krug Bier trinken.

Die wichtigste Göttin in der sumerischen Kutur war Ninkasi. Sie war die Erfinderin des Bieres, wie wir aus der Hymne an Ninkasi wissen, deren Hauptbestandteil ein sumerisches Bierrezept ist, welches offenbar über Jahrhunderte mündlich überliefert wurde. Die uns erhaltene Keilschrift-Version befindet sich auf einer Tontafel von etwa 1800 v. Chr. Demnach wurde das Getreide zunächst in Bappir (Sumerisch für eine Art Zwieback-Brot) umgewandelt, welches dann zerbrochen mit gekeimten Getreidekörnern und Wasser gemischt wurde. Die auf den Keimlingen haftenden aktiven Enzyme waren entscheidend, um die im geweichten Brot enthaltene Stärke in vergärbaren Zucker umzuwandeln. Zusätzlich gaben die Sumerer ihren Bieren vor der Gärung ein paar Trauben, vielleicht ein paar Datteln und ein wenig Honig hinzu. Auf den Trauben saßen die für die Gärung notwendigen Hefen (Saccharomyces cerevisiae) und der Honig und die Datteln lieferten extra Zucker für extra Alkohol. Bei den Sumerern geschahen also Maischen und Gären im gleichen Gefäß, welches auf einem Gestell stand. Das fertige Bier wurde dann nach der Gärung aus einem Loch mit einem Stopfer am unteren Ende des Behälters in ein Auffangbecken abgezogen. Wir dürfen davon ausgehen, dass die Sumerer sich der komplexen biochemischen und mikrobiologischen Prozesse, die sie beim Brauen in Gang setzten, nicht bewusst waren. Dennoch ist es eine enorme Errungenschaft, dass es ihnen gelang, diese Prozesse über Versuch und Irrtum auszutüfteln.

Wer sich näher mit dem Thema des Ursprungs von Bier in der Antike befassen möchte, dem seien einige besonders aufschlussreiche Referenzwerke empfohlen. Patrick McGovern, *Uncorking the Past* (University of California Press 2009); Max Nelson, *The Barbarian's Beverage* (Routledge, London, New York 2005); Ian Hornsey, *A History of Beer and Brewing* (The Royal Society of Chemistry, Cambridge, UK, 2003); Christian Rätsch, *Bier jenseits von Hopfen und Malz* (Orbis Verlag, München 2002); H. Schulze-Besse, *Bier und Bierbereitung bei den Völkern der Urzeit* (Band 1; Gesellschaft für die Geschichte und Bibliographie des Brauwesens; Institut für Gärungsgewerbe, Berlin, 1926 – darin besonders der Aufsatz von E. Huber, Bier und Bierbereitung bei den Ägyptern).

## *Summer Ale, englisch*

Dieser Sommerdurstlöscher ist hell bis bersteinfarben. Er ähnelt dem englischen Pale Ale (siehe dort) und wird auch gelegentlich als English-Style Golden Ale bezeichnet. Das Bier ist sehr süffig und hat oft ein wenig Restsüße. Es wird manchmal mit bis zu einem Viertel Weizenflocken oder Weizenmalz in der Maische gebraut. Der Hopfengehalt ist gering und der Alkoholgehalt liegt bei etwa 3 % bis 4 %.

## *Südamerikanisches Bier, traditionell*

Indigene Biere wurden in unzähligen Variationen in Südamerika, lange vor dem Kontakt der einheimischen Stämme am Ende des 15. und Anfang des 16. Jahrhunderts mit Spaniern und Portugiesen, im Zeitalter der Entdeckungen gebraut. Diese Biere waren im Wesentlichen auf Mais und stärkehaltigen Wurzeln aufgebaut. Da diese Rohstoffe keine Enzyme zur Umwandlung von Stärke in Zucker besitzen, welchen dann die Hefe in Alkohol und Kohlensäure vergären kann, wurden diese Rohstoffe meist von einer Gruppe von Frauen gekaut und in einen kollektiven Behälter ausgespuckt. Der menschliche Speichel enthält nämlich Ptyalin, ein Amylase-Enzym, welches Stärkemoleküle aufspalten und der Hefe zugänglich machen kann. Der auf diese Weise gewonnene Brei wurde dann mit Wasser vermischt und abgeläutert. Schließlich wurde die so abgezogene Flüssigkeit vergoren. Im modernen globalisierten Brauwesen, welches von Gersten- und Weizenbieren geprägt wird, haben jedoch diese indigenen südamerikanischen Biere kaum Eingang gefunden. Sie werden nur ganz selten als Kuriosität von einigen experimentellen Brauern nachgebildet. Siehe auch Cauim und Chicha.

## *Süßbier*

Ein anderer Name für Malzbier (siehe dort).

## *Svagdricka*

Dieses Gebräu ist eine Bauern- oder Landbiersorte aus Schweden (svag ist Schwedisch für schwach). Svagdreicke ist neben dem schwedischen Gotlandsdricka, dem norwegischen Gårdøl und dem finnischen Sahti (siehe alle dort) eines der wenigen altertümlichen Biere Skandinaviens. Svagdricka wird primär mit rauchigem, sogenanntem Gotländsk Rökmalt gebraut. Dieses Gerstenmalz wird über rauchigem und harzigem Birkenholz gedarrt. Gelegentlich kommt auch eine kleine Portion von Roggen- und Hafermalz in die Maische. Svagdricka ist ein ausgesprochenes Leichtbier mit selten mehr als 2 % bis 3 % Volumenalkohol. Es wird immer sehr frisch getrunken.

**Swankey** Siehe Pennsylvania Swankey.

**Sweet Stout** Siehe Milk Stout unter dem Stichwort Stout.

**Texas Bock** Siehe Bock.

**Trappistenbier** Siehe Abteibier.

**Tripel bzw. Triple** Siehe Abteibier.

**Triple Bock** Siehe Bock.

**Triticale Bier** Die Maische dieses Bieres besteht zum Teil aus Triticale, welches eine Kreuzung aus Weizen und Roggen ist. Viele Triticalesorten haben einen hohen Stärkegehalt und außergewöhnlich aktive Enzyme, weshalb diese Getreidezüchtung, wenn sie gemälzt ist, hervorragend zur Bierherstellung geeignet ist. Jedoch hat Triticale, ähnlich wie Weizen, einen recht hohen und daher unerwünschten Eiweißgehalt von bis zu 13 %. Deshalb macht sie selten mehr als 50 % einer Biermaische aus. Heutige Triticalesorten gehen auf Experimente des schottischen Botanikers A. Stephen Wilson zurück, der im Jahre 1875 versuchte, Weizen mit Roggenpollen zu bestäuben. Das Ergebnis war eine neue, aber sterile Getreideform. Die erste fruchtbare Hybridisierung von Weizen mit Roggen gelang dem deutschen Pflanzenzüchter Wilhelm Rimpau im Jahre 1888. Alle heutigen Triticalesorten leiten sich aus diesen, von Rimpau entwickelten, keimfähigen Samenkörnern ab.

**Turbo** Ein Weißbier-Cola-Biermischgetränk.

**Twopenny Ale** Ein starkes britisches Ale, welches im 17. und 18. Jahrhundert etwa zwei Pence pro Pint kostete. Siehe auch Old Ale.

**Ungespundetes Bier** Besonders in Oberfranken bezeichnet man als Ungespundetes solche Biere, die ohne viel Druck gereift werden. Stattdessen werden die Lagerbehälter, die in früheren Zeiten immer aus Holz bestanden, während der gesamten Gärung, solange die Hefe Zucker in Alkohol und viel Kohlensäure umwandelt, offen gelassen, damit die Kohlensäure entweichen kann. Erst nach der Gärung wird der Behälter dicht verschlossen, was man in der Brauerfachsprache Spunden nennt. Ein Ungespundetes ist damit definitionsgemäß kaum mit Kohlensäure angereichert und bildet daher beim Einschenken auch nur wenig Schaum. Ungespundete Biere sind bei vielen Biertrinkern wegen ihres mild-süffigen Charakters beliebt.

.....................................................

**Untergäriges Bier** Dieser Begriff umfasst alle Biersorten, die mit untergärigen Hefestämmen vergoren werden. In älteren brautechnischen Texten werden diese Hefen als Saccharomyces uvarum bzw. Saccharomyces carlsbergensis bezeichnet, während der heutige gängigere Begriff Saccharomyces pastorianus ist. Die englische Bezeichnung für diese Hefe ist lager yeast bzw. bottom-fementing yeast. Für eine ausführliche Erklärung des genetischen Zusammenhangs zwischen unter- und obergärigen Hefen siehe den Beitrag unter dem Stichwort Lagerbier. Untergärige Hefen erhalten ihren Namen aus der Tatsache, dass sie sich nach der Gärung fast vollkommen auf dem Boden des Gärgefäßes absetzen, wohingegen obergärige Hefen (siehe Obergäriges Bier) während der Gärung eine dicke, schaumige Schicht auf der Oberfläche des Jungbieres bilden und sich danach nur zögernd absetzen. Untergärige Hefen arbeiten am besten bei einer Temperatur der Bierwürze von etwa 4 °C bis 9 °C, wohingegen obergärige

Hefen am besten bei etwa 15 °C bis 22 °C arbeiten. Typische untergärige Biere sind zum Beispiel (siehe dort) Bockbier, Dunkel, Helles, Pils/Pilsner und Schwarzbier.

.....................................................

**Urbock bzw. Ur-Bock** Siehe Bock.

.....................................................

**Utopias** Sowohl eine Starkbiermarke als auch eine Starkbiersorte der Boston Beer Company. Siehe auch Extreme Ale und Bock.

.....................................................

**Uytzet des Flandres** Ein Bier dieses Namens (auch Uitzet des Flandres geschrieben) gab es in der zweiten Hälfte des 19. Jahrhunderts in Belgien. Es wurde sogar als eines der „produits industriels et des œuvres d'art", im belgischen Pavillon auf der Weltausstellung in Philadelphia im Jahre 1876 vorgeführt. Es war offenbar dunkel, stark und sauer, vielleicht ähnlich wie ein Oud Bruin (siehe dort). Auf Flämisch bedeutet Uitzet soviel wie Braut-Aussteuer, aber es ist ein Rätsel, wie dieses Bier zu diesem merkwürdigen Namen kam. Vielleicht wurde es vorwiegend als Hochzeitsbier gebraut?

.....................................................

**Vlaanderen Blonde** Siehe Bière blonde, belgisch.

# T, U, V.

***Vollbier*** Ein Vollbier ist keine Biersorte, sondern eine deutsche Biersteuerkategorie. Der Begriff bezieht sich auf Biere mit einer Stammwürze von 11 % bis 15,9 %, wobei Stammwürze als die Menge des in der Würze vor der Gärung gelösten Extrakts, der vornehmlich aus Hopfen und Malz stammt, gemessen wird. Neben dem Vollbier gibt es drei weitere steuerrechtliche Untergliederungen, die sich ebenfalls am Stammwürzegehalt orientieren. Diese sind das Einfachbier (bis zu 6,9 % Stammwürze), das Schankbier (7,0 % bis 10,9 %) und das Starkbier (16 % und mehr). Die meisten auf der Welt gebrauten Biere fallen in die deutsche Kategorie der Vollbiere.

**Wedding Beer** Englisch für Hochzeitsbier.

..........

**Wee Heavy** Ein anderer Name für ein starkes Schottisches Ale. Siehe Scotch Ale.

..........

**Weihnachtsbier** Zur Festzeit am Jahresende stellen viele Brauer ein spezielles, oft dunkles, meistens sehr starkes und immer Herz und Seele wärmendes Bier her, welches in seiner Zusammensetzung weit variieren kann. Viele Weihnachtsbiere nehmen ihre Inspiration vom britischen oder amerikanischen Barley Wine (siehe dort). Sie können ober- oder untergärig vergoren werden. Die Maische kann aus vielen verschiedenen Spezialmalzen bestehen wie das süße Karamellmalz, das an Brotkruste erinnernde Melanoidinmalz oder das brenzlige Röstmalz. Viele Craft-Brauer würzen ihre Weihnachtsbiere in der Sudpfanne auch mit festlichen Kräutern und Gewürzen wie Zimt, Ingwer, Gewürznelken, Muskat, Salbei oder Zitronenschale. Honig, Ahornsirup, Kakao oder Vanillebohnen finden ebenfalls gelegentlich ihren Weg in ein Weihnachtsbier. Einige dieser Biere werden monatelang in gebrauchten Whiskey-, Wein- oder Cognacfässern gereift. In Bayern sind Weihnachtsbiere normalerweise relativ dunkle, festliche Bock- oder Doppelbockbiere, die immer viel Alkohol und oft eine stark malzig-karamellige Restsüße aufweisen.

..........

**Weihnachtsbock** Siehe Bock und Weihnachtsbier.

..........

**Weipi** Eine Abkürzung für Weißbierpils oder Weizenpils. Dieses Bier ist eine Mischung aus fertig vergorenem Weißbier und Pils, wobei das Weißbier etwas mehr und das Pils etwas weniger als die Hälfte des Verschnitts ausmachen. Im Aroma vereint dieses Getränk die feinherben, hopfigen Noten des kristallklaren, hefelosen Pils mit den fruchtig-würzigen Noten des hefetrüben Weißbieres. Dieses Biergemisch wurde um die Mitte des ersten Jahrzehnts des neuen Millenniums von mehreren Brauereien in Bayern auf den Markt gebracht. Da die Weißbierhefe bei dieser Mischung mit dem Restzucker im Pils in Kontakt kommt, entfachte das Weipi eine Diskussion, ob es denn mit dem Deutschen Reinheitsgebot vereinbar sei, denn die deutsche Gesetzgebung besagt, dass ein Pils nicht obergärig und ein Weißbier nicht untergärig vergoren werden darf. Wer will, kann diesen Verschnitt leicht selbst aus zwei Flaschen am Tisch nachmachen.

**_Weißbier bzw. Weizenbier bzw. Hefeweizen_** Weizen (Triticum) ist mit Sicherheit nach Gerste (Hordeum) das wichtigste Braugetreide der Welt. Es ist nicht nur weit verbreitet sondern auch uralt. Seine genetischen Vorläufer – Einkorn (Triticum monococcum), Emmer (Triticum dicoccon) und Dinkel (Triticum spelta) – lassen sich bis in die Antike zurückverfolgen. Wir wissen, dass bereits die Sumerer vor mindestens siebentausend Jahren im Zweistromland zwischen den Flüssen Euphrat und Tigris, wie auch die alten Ägypter unter den Pharaonen Biere teilweise oder sogar ganz aus Weizenarten hergestellt haben. Der älteste Beleg von Weizenbierbrauen in Europa ist der Fund einer Bieramphore in einem keltischen Hügelgrab im Jahre 1934 in der Nähe von Kasendorf, etwa 10 Kilometer südwestlich von Kulmbach im bayerischen Oberfranken. Die Amphore stammt aus der Zeit um 800 v. Chr. aus der Hallstattkultur. Eine Untersuchung der Rückstände ergab, dass der Inhalt der Amphore aus einer mit Eichenblättern gewürzten dunklen Maische aus dem Urweizen Emmer bestand. Die Amphore ist heute im Kulmbacher Biermuseum.

Die meisten heutigen Weizensorten sind im Gegensatz zur Gerste unbegrannt. Die bedeutendsten Weizenuntergruppen sind der Winterweichweizen und der Sommerhartweizen. Für Brauzwecke eignet sich besonders der Weichweizen, welcher auch zur Herstellung von Brot und anderen Backwaren dient. Dagegen wird der Hartweizen kaum im Sudhaus verwendet, da er in geschroteter Form für eine Maische viel zu kleberreich ist. Hartweizen eignet sich deshalb am besten zur Herstellung von Teigwaren wie Pasta.

Der Ursprung des modernen Weißbiers geht wahrscheinlich auf die indigene Braukultur in den Grenzgebieten von Böhmen und dem Bayerischen Wald im 12. oder 13. Jahrhundert zurück. Damals galt Weizen als viel kostbarer als Gerste, da seine Kultivierung hohe Ansprüche an den Boden und das Klima stellt. Deshalb wurde die Verwendung von Weizen im Bier oft von den Feudalherren reglementiert. Eines der bekanntesten Verbote von Weizen im Bier ist das ursprüngliche Reinheitsgebot von 1516, in dem der bayerische Herzog Wilhelm IV. aus dem Hause Wittelsbach berühmterweise verkündete, dass seine Untertanen künftig „zu kainem Pier merer stückh dann allain Gersten Hopfen unn wasser" – also keinen Weizen – nehmen sollten.

Im Jahre 1529 gewährte Wilhelm IV. einem seiner treuen Vasallen, dem Fürsten Hans VI. von Degenberg aus Schwarzach im Bayerischen Wald, das exklusive Privileg, in aller Ewigkeit „weisses Bier" herzustellen und zu verkaufen. Formal-legal verstieß dieses Privileg natürlich gegen das nur 13 Jahre vorher verkündete Reinheitsgebot. Die Wittelsbacher hielten das Privileg wohl für relativ wertlos. Jedoch stellte sich heraus, dass das vom Herzog so freizügig vergebene Weißbiermonopol die Degenberger in kurzer Zeit sehr reich machte; und das machte die Wittelsbacher in kürzester Zeit recht neidisch. Im Jahre 1567 erklärte Wilhelms Nachfolger, Herzog Abrecht V. Weißbier als „ein unnützes Getränk, das weder führe noch nähre, noch Kraft und Macht gäbe, sondern nur zum Trinken reize", woraufhin er ein totales Weißbierverbot für ganz Bayern aussprach. Aber ein feudales Privileg war in jenen Zeiten sakrosankt und konnte natürlich nicht rückgängig gemacht werden. Doch dann geschah ein kleines Wunder.

Im Jahre 1602 endete das gesamte Degenbergergeschlecht, denn der damalige Fürst Sigismund von Degenberg verstarb, ohne einen Erben gezeugt zu haben. Damit gingen alle erblichen Privilegien, einschließlich des Weißbiermonopols, automatisch an den bayerischen Herrscher – damals Maximilian I. – zurück. Für fast zweieinhalb Jahrhunderte danach bieb das nun zurückgewonnene Weißbiermonopol eine der wichtigen Einnahmequellen der Wittelsbacher Dynastie. Erst im Jahre 1856, als das obergärige, weiße Weizenbier allmählich seinen Markt an das untergärige, dunkle Gerstenbier verlor, verkauften die Wittelsbacher ihr Weißbierbraurecht an einen Brauer namens Georg Schneider I., dessen Nachkommen auch heute noch Weißbierbrauer sind.

In Deutschland muss eine heutige Weißbiermaische mindestens zur Hälfte aus Weizenmalz bestehen. Da Weizen im Vergleich zur Gerste relativ hohe Kleber- und Eiweißwerte hat, welche zu einer hohen Viskosität und damit geringeren Extraktausbeute in der Maische führen, ist es in der Praxis selten, dass eine Weißbiermaische aus mehr als 70 % Weizenmalz besteht.

Während die meisten Biere heutzutage, unabhängig von deren alkoholischer Stärke und Zusammensetzung, in geschlossenen Stahlbehältern vergoren werden, geschieht die Hauptgärung von Weißbieren in Traditionsbrauereien immer noch in offenen Gärbehältern. Diese erlauben es, dass die in der Würze vorhandenen flüchtigen Stoffe wie bestimmte Schwefelverbindungen kompletter ausgeschieden werden. Auch erleichtern offene Gärbehälter das Abschöpfen der während der turbulenten Hauptgärung in einer dicken Schicht erzeugten Überschusshefe. Nach Erreichen des Endvergärungsgrades wird das Weißbier mit einer Portion frischer, noch zuckerhaltiger, in der Brauerfachsprache als Speise bezeichneter Würze geimpft, um das fertige Bier unter Druck in einem geschlossenen Gärbehälter oder abgefüllt in Flaschen nachgären zu lassen.

Das dominante Geschmacksprofil eines Weißbieres ist fruchtig und spritzig mit Noten von Gewürznelken, Bananen, Vanille und Äpfeln, welche von den der speziellen Weißbierhefe eigenen Gärnebenprodukten stammen. Neben den würzigen Geschmacksnoten ist ein Weißbier immer sehr malzbetont und die Hopfennoten bleiben im Hintergrund. Die meisten Weißbiere sind naturtrüb aufgrund der in ihnen enthaltenen natürlichen Schwebstoffe. Sie haben eine satte goldbraune Farbe mit einem rötlichen Schimmer, und ihr Alkoholgehalt ist etwa 5 % bis 6 %. Aber es gibt auch dunkle Weißbiere sowie Weizenstarkbiere mit einem Alkoholgehalt von über 8 %. Weißbier wird traditionell in hohen, schlanken und nach oben hin leicht tulpenförmigen Gläsern serviert, deren Gestalt es ermöglicht, dass die Kohlensäureperlen nur langsam durch das Bier nach oben steigen und damit den Eindruck der spritzigen Frische auf dem Gaumen erhöhen. Weißbiere haben immer eine hohe und feste Schaumkrone, weshalb man die Gläser am besten vor dem Einschenken kalt ausschwenkt und beim Eingießen leicht schräg hält. Das verhindert, dass das Bier überschäumt.

Hier sind die vielleicht bekanntesten Weißbier-Untersorten:

**Weißbier, hell** Das Standardweißbier der Bayern. Es wird hefetrüb serviert. Kurz vor Ende des Einschüttens wird der Hefebodensatz mit einem kleinen Rest des Bieres durch Rollen oder Schütteln der Flasche aufgerüttelt und ebenfalls in das Glas gegossen.

**Kristallweizen** ist ein filtriertes helles Weißbier.

**Dunkelweizen** Sprachlich ist „dunkles" Weißbier natürlich ein Widerspruch. Brautechnisch ist der Begriff jedoch sinnvoll, denn dieses Bier wird genauso hergestellt wie ein helles Weißbier. Nur wird in der Maische ein Teil der hellen Gerstenmalze oder der hellen Weizenmalze (oder beider) durch dunklere Malzsorten ersetzt. Manche Dunkelweizen haben eine leicht brenzligrauchige Geschmackskomponente von der Verwendung einer kleinen Portion Röstmalz in der Maische.

**Weizenbock(bier)** Genau wie bei den untergärigen Gerstenbockbieren (siehe Bock) gehören die obergärigen Weizenbockbiere zu den klassischen Starkbieren Bayerns. Das Reinheitsgebot verlangt, dass diese Biere aus mindestens 50 % Weizenmalz bestehen. Die meisten Weizenbockbiere haben etwa 6 % bis 7 % Volumenalkohol.

**Dunkelweizenbock** Dieses Bier ist im Grunde ein Dunkelweizen mit Bockbierstärke (siehe Bock).

**Weizendoppelbock** Analog zum ausschließlich aus Gerstenmalz gebrauten Doppelbock hat dieses Bier ebenfalls 7 % bis 8 % Volumenalkohol. Siehe Bock.

**Dunkelweizendoppelbock** Genau wie aus einem sehr stark eingebrauten Weizenbock ein Weizendoppelbock werden kann, so kann eine Brauerei auch einen sehr starken Dunkelweizenbock brauen und ihn Dunkelweizendoppelbock nennen, wobei dieses dann der wohl längste Biersortenname der Welt sein dürfte.

**Weizeneisbock** Dieses Bier ist das Weißbier-Pendant zum Eisbock aus Gerstenmalz. Durch Einfrieren nach der Gärung verliert dieses Bier etwa 6 % seines Wassergehalts und gewinnt damit entsprechend an Alkoholkonzentration. Für Herstellungseinzelheiten siehe Eisbock unter dem Stichwort Bock(bier). Ein fertiger Weizeneisbock hat oft 11 % Volumenalkohol oder sogar mehr.

**Welsh Ale** Die Biergeschichte in Wales geht nachweislich mindestens bis auf das 6. Jahrhundert n. Chr. zurück. Die ursprünglichen Welsh Ales waren immer stark gebraut (vergleiche auch Old Ale) und bestanden meistens aus einer Mischung von Gersten- und Weizenmalz. Viele Welsh Ales enthielten damals auch eine gute Portion Honig (siehe Braggot). Zusätzlich waren sie oft mit Zimt, Ingwer und Nelken gewürzt. Welsh Ales änderten sich über die Jahrhunderte und spätestens um die Mitte des 19. Jahrhunderts wurden sie – jedenfalls nach einer Rezeptur aus einem 1854 herausgegebenen Buch von Arnold James Cooley, *A Cyclopaedia of Six Thousand Practical Receipts, and Collateral Information* – ähnlich wie britische Pale Ales (siehe dort) ausschließlich aus hellem Gerstenmalz und Hopfen gebraut. Welsh Ale war auch die Basis für Scurvy Grass Ale (siehe dort).

**Werdersches Bier** Ein historisches Braunbier aus dem Havelland, das heute kaum noch gebraut wird (siehe Braunbier, deutsches). Jenseits seiner einstweiligen lokalen Bedeutung ist dieses Bier dafür berühmt, dass der deutsche Dichter Theodor Fontane (1819-1898) ihm in seinem Werk *Wanderungen durch die Mark Brandenburg* unter dem Titel „Die Werdersche" ein Intermezzo gewidmet hat: „All Großes, wie bekannt, wirft seinen Schatten; und ehe dich, o Bayrische, wir hatten, erschien, ankündigend, in braunem Schaum die Werdersche. Ihr Leben war ein Traum."

**West Country White Ale** Siehe Devonshire White Ale.

**Wet Hop Ale bzw. Wet Hop Beer** Ein mit frischem, ungedarrtem, daher „nassem" Hopfen aromatisiertes Bier. Es ist auch als Fresh Hop Beer bekannt. Siehe auch Extreme Ale.

**Wheat Wine, amerikanisch** Diese Biersorte ist ein von Craft-Brauern in den Vereinigten Staaten erfundenes, zum Teil aus Weizenmalz, statt nur aus Gerstenmalz hergestelltes Pendant zum britischen und amerikanischen Barley Wine (siehe dort). Dieser „Weizenwein" ist damit ein superstarkes, obergäriges Weizenbier. Jedoch, anders als bei einem deutschen Weizenbock (siehe Weißbier), darf der Weizenmalzanteil in einer Wheat Wine Maische weniger als 50 % ausmachen. In der Farbe ist ein Wheat Wine normalerweise gold bis leicht braun und oft hefetrüb. Der Alkoholgehalt ist normalerweise höher als 6,5 % und liegt in manchen Interpretationen sogar bei etwa 10 %. Im Geschmack ist das Bier fruchtig, esterartig und komplex-alkoholisch mit malzigen Noten von Honig und Karamell, aber nur wenigen Hopfenaromen.

***Wiener Lager*** Dieses untergärige Gerstenbier aus Österreich hat vieles mit dem bayerischen Märzen-Oktoberfestbier gemein (siehe Märzen). Beide Biere wurden zum ersten Mal im Jahre 1841 gebraut – das Märzen in der Spatenbrauerei in München, das Wiener Lager in der Dreher Brauerei in Neuschwechat in der Nähe von Wien. Beide Biere sind heller als das damals dominante Dunkel, aber nicht ganz so hell wie das böhmische Pilsner, welches ein Jahr später auf den Markt kam (siehe Pilsner). Dabei hat das Märzen einen Glanz von Bernstein und das Wiener Lager einen eher rötlichen Schimmer. Die Farbe des Märzens stammt zum großen Teil von einem damals von der Spatenbrauerei entwickelten Spezialmalz, welches wir heute als Münchner Malz bezeichnen; wohingegen die Farbe des Wiener Lagers im Wesentlichen von einem damals von der Dreher Brauerei entwickelten, heute als Wiener Malz bekannten Spezialmalz stammt. Ein Wiener Lager hat einen mittleren Körper, einen malzbetonten Geschmack und einen angenehmen, leicht süßlichen Abgang. Die Hopfung dieses Bieres ist – genau wie beim Märzen-Oktoberfestbier – zurückhaltend. Der Alkoholgehalt des Wiener Lagers liegt normalerweise um die 5 %, im Gegensatz zum Märzen-Oktoberfestbier, welches oft einen Alkoholgehalt von fast 6 % hat.

Interessanterweise wird das Wiener Lager – anders als das Märzen-Oktoberfestbier – heute in seiner Heimat fast überhaupt nicht mehr gebraut. Stattdessen hat es sich zu einer sehr beliebten Biersorte in Mexiko entwickelt. Der Grund für diesen ungewöhnlichen Tatbestand liegt wahrscheinlich darin, dass österreichische Brauer im 19. Jahrhundert dieses Bier den Mexikanern schmackhaft gemacht haben. Das war zu der Zeit, als von 1864 bis 1867 der Habsburger Erzherzog Maximilian von Österreich auf Drängen des französischen Kaisers Napoleons III. während der Mexikanischen Interventionskriege als Kaiser von Mexiko inthronisiert wurde. Der mexikanische Freiheitskrieg ging jedoch anders aus, als die europäischen Mächte kalkuliert hatten. Präsident Benito Juárez siegte im Jahre 1867, Los Estados Unidos Mexicanos (das heutige Mexiko) wurden eine Bundesrepublik und Maximilian wurde gefangen genommen, zum Tode verurteilt und erschossen. Damit ist das Wiener Lager das vielleicht beständigste Überbleibsel des kurzlebigen Österreichisch-Mexikanischen Kaiserreiches.

**Wiess** Der Name dieses Bieres bedeutet weiß im Kölner (kölsch) Dialekt. Es ist ein hefetrübes Obergäriges, welches bis ins frühe 20. Jahrhundert in der Domstadt am Rhein recht populär war, aber heute praktisch in Vergessenheit geraten ist. Nur einige Gaststättenbrauereien widmen sich noch gelegentlich dieser Biersorte. Wiess ist das evolutionäre Bindeglied zwischen dem spätmittelalterlichen, im Nordwesten Europas weit verbreiteten Keutebier (siehe dort) und dem modernen, sehr süffigen und immer blank filtrierten Kölsch (siehe dort). Ein Wiess unterscheidet sich von einem Kölsch primär dadurch, dass dessen Maische einen guten Anteil von bis zu 20 % Weizenmalz enthält. Der Alkoholgehalt dieses Bieres lag zur Wende des 20. Jahrhunderts oft über 11 %. Da dieses Bier vor der Abfüllung oft bis zu drei Monate gereift wurde, wurde es damals in der Fachliteratur oft als obergäriges, hopfenbitteres Lagerbier bezeichnet, was ein Widerspruch in sich selbst ist, denn wir erachten Lagerbiere heute ausschließlich als untergärige Biere (siehe Lagerbier).

**Wild Ale bzw. Beer** Diese „wilden", von amerikanischen Craft-Brauern erfundenen, obergärigen Biere werden nicht nur mit regulären Brauhefen, sondern auch mit anderen Mikroben vergoren. Diese Gärung ist oft spontan – wie bei belgischen Lambics (siehe dort) und Rotbieren bzw. bières rouges flamandes (siehe Oud Bruin). Sie haben immer einen leicht bis dominanten säuerlichen Geschmack. Die wilden Bakterien gelangen oft in diese Ales, wenn die Würze nach dem Kochen – aber vor dem Schlauchen in einen Gärbehälter – in einem flachen, sogenannten Kühlschiff im Freien abgekühlt wird. Wilde Ales werden oft auch in gebrauchten Spirituosen- oder Weinfässern gereift und dann unter Zusatz von frischem Zucker in Flaschen nachvergoren. Siehe auch Extreme Ale.

**Winterbock** Siehe Bock.

**Winter Warmer** Ein anderer Name für ein um die Weihnachtszeit gebrautes englisches Starkbier. Siehe Old Ale.

**Witbier bzw. Bière blanche** Dieses obergärige belgische „Weißbier", welches auf Flämisch Witbier und auf Französisch bière blanche heißt, unterscheidet sich in wesentlichen Punkten vom deutschen Weißbier (siehe dort). Das belgische Bier enthält nämlich bis zu 50 % rohen Weizen, was nach dem Reinheitsgebot in Deutschland strikt verboten ist. Aufgrund seines hohen Eiweißgehalts gibt der Weizen dem Wit eine dichte, schneeweiße Schaumkrone und eine betonte

**213**

Naturtrübung. Manche Witbierbrauer verwenden zusätzlich bis zu 5 % Hafer in der Maische, was dem Bier eine sanfte Vollmundigkeit gibt und ebenfalls gegen das Reinheitsgebot verstößt. Letztlich wird dieses Bier mit einer typisch belgischen Hefe, statt mit einer deutschen Weißbierhefe gebraut. Während die deutsche Hefe einem Weißbier fruchtige Geschmackskomponenten von Gewürznelken und Bananen vermittelt, gibt die belgische Hefe ihm leicht phenolische Noten.

Zusätzlich enthält das Witbier würzige Noten, die nicht von der Hefe, sondern von der Beigabe von zerkleinerten Korianderkörnern und getrockneten, bitteren Curaçao-Orangenschalen herrühren, die während des Würzekochens in die Sudpfanne gehen. Curaçao-Schalen sind übrigens auch die wichtigsten Geschmackskomponenten in einigen Likören wie dem Cointreau. Die Praxis, Biere speziell mit diesen exotischen Aromen geschmacklich abzurunden, entwickelte sich allmählich im frühen 19. Jahrhundert im benachbarten Holland. Damals gehörte ganz Brabant – die Region östlich von Brüssel bis nach Lüttig und nördlich bis nach Tilburg – noch zu Holland. Die Holländer waren zu jener Zeit aufgrund ihrer vielen Kolonialbesitztümer (wie die Antillen und Indonesien) die bedeutendsten Gewürzehändler Europas. Der heutige belgische Teil von Brabant wurde vom holländischen Teil erst 1830 abgetrennt, als die damaligen europäischen Großmächte auf der Londoner Konferenz einen neuen souveränen Staat, Belgien, aus Teilen Frankreichs und Hollands zusammenschmiedeten. Trotz seiner einstmaligen Popuarität schien das Witbier in den 50er Jahren des letzten Jahrhunderts fast ganz auszusterben. In der Stadt Hoegaarden östlich von Brüssel machte damals die letzte belgische Witbier-Brauerei dicht. Die Sorte erfuhr jedoch eine unerwartete Renaissance im Jahre 1966, als ein Milchmann und Brauereibesitzer namens Pièrre Celis in seiner De Kluis Brauerei eine traditionelle Witbierrezeptur nachbraute und dieses Bier unter dem Namen Hoegaarden wieder auf den Markt brachte. Heute gehört Hoegaarden Wit zum Großkonzern Anheuser-Busch InBev. Die vielfältigsten Witbiere kommen jedoch gegenwärtig nicht mehr aus Belgien, sondern aus den USA, wo besonders die Craft-Brauer von dieser alten Biersorte begeistert sind. Das hefetrüb und gut gereifte Witbier wird am besten bei etwa 8 °C bis 10 °C serviert. Es ist spritzig wie ein Pils und sehr erfrischend und daher der ideale Durstlöscher für heiße Sommertage.

***Wormwood Ale*** Siehe Purl.

# X, Y, Z

**X Ale, XX Ale, XXX Ale** Verschiedene Stärkebezeichnungen für britische Ales. Diese Bezeichnungen kamen in der Neuzeit aus der Mode.

**Xantohumol-angereichertes Bier** Xanthohumol ist ein Hopfenpolyphenol, welches, je nach Hopfensorte, bis zu 1 % des Hopfengewichts ausmachen kann. Es hat jedoch keinen Einfluss auf den Biergeschmack. Dieses Polyphenol hat in jüngsten Jahren auf sich aufmerksam gemacht, da Wissenschaftler in ihm stark entzündungshemmende, antioxidative und breitbandig-antikarzinogene Eigenschaften entdeckt haben. Es hemmt die metabolische Aktivierung von Prokarzinogenen, fördert die Entwicklung von Enzymen mit entgiftender Wirkung auf Karzinogene und hemmt das Wachstum von Tumoren im Frühstadium. Insbesondere hat sich erwiesen, dass Xantohumol chemopräventiv gegen Brust-und Prostatakrebs wirkt. Kommerzielle Hopfenpräparate mit hohem Xantohumolgehalt sind nun für Brauzwecke erhältlich. Sie können in allen Biersorten vom blonden Pils bis zum dunklen Stout verwendet werden.

**Xingu** Ein Schwarzbiertyp von der brasilianischen Brauerei Cervejaria Independente in Toledo, in der Provinz Paraná. Dieses einmalige schwarze Bier ist sowohl eine Marke als auch eine Sorte, weshalb es hier separat, statt unter der Rubrik Schwarzbier (siehe dort), aufgeführt wird. Es wurde 1986 entwickelt und nach dem Xingu, einem Nebenfluss des Amazonas, benannt. Es unterscheidet sich von den deutschen Schwarzbieren, indem es kaum Röstnoten, aber stattdessen eine melasseartige, an Anis, Rosinen und Rum erinnernde, fruchtige Restsüße im Abgang hat. Xingu wird heute als Spezialbier in viele Länder der Welt, einschließlich nach USA, exportiert.

**X-Mas Beer** Eine andere amerikanische Bezeichnung für Christmas Beer (siehe Weihnachtsbier). X-Mas ist eine geläufige amerikanische Abkürzung für Christmas.

**Yorkshire Oat Ale** Dieses „Hafer-Ale" aus Schottland scheint nach vielen Quellen ausschließlich (oder fast ausschließlich) auf Hafermalzbasis hergestellt zu sein. So schreibt jedenfalls der Brauer und Mälzer W. Brande im Jahre 1830 in seinem Buch *The Town and Country Brewery Book: Or, Every Man His Own Brewer, and Cellarman, Malster and Hop-merchant: Conducted on Principles of Health, Profit, & Economy.* „These [Edinburgh Oat Ales] are made from the best heavy best sweet oats, malted the same as barley, which Scotland is famous for, their lands being light, is of a fine soft, healing quality, in great repute, and very rare in England … [Es ist] rich, soft, and delicious, and in from four to six months it will be fit for use, either in bottles or casks; and it will be brewed and hopped in the same manner as the Welsh Ales [aus Gerstenmalz] are; … many families prefer it mixed with barley malt." Die Herstellung des schottischen Hafer-Ales war offenbar anders als die des Yorkshire Oat Ales (siehe dort), welches nach den besten Quellen zum Teil aus ungemälztem Hafer gebraut wurde, welcher vor dem Maischen für etwa einen Tag lang in kaltem Wasser geweicht wurde. Siehe auch Edinburgh Oat Ale.

**Zerbster Bitterbier** Zerbster Bitterbier ist das klassische, höchstwahrscheinlich obergärig vergorene Bier der Region um die kleine Stadt Zerbst in Sachsen-Anhalt, nicht weit von Magdeburg. Es ist ein sehr traditionsreiches Bier, welches zum ersten Mal 1369 vom Erzbischof von Magdeburg urkundlich erwähnt wurde. Nach den meisten historischen Quellen wurde das Zerbster Bitterbier ausschließlich aus Gerstenmalz hergestellt. Jedoch gibt es auch Hinweise, dass manchmal auch ein wenig Weizen mit im Spiel war. Auch war das Bier offenbar – wie sein Name vermuten lässt – gut gehopft und damit relativ lange haltbar. Ein Teil der Bittere in diesem Bier kam auch von einem Spezialrauchmalz, welches in einer mit Erlenholz direkt befeuerten Darre getrocknet wurde. Die Erle gedeiht besonders in der feuchten Umgebung von Zerbst. Unterschiedliche Räucherhölzer geben dem mit ihnen getrocknetem Malz unterschiedliche farbliche und geschmackliche Aspekte. Zum Beispiel vermittelt Buchenräucherholz, welches für den Rauchgeschmack im Bamberger Rauchbier (siehe dort) verantwortlich ist, dem Malz eine goldgelbe Farbe und eben den Speckgeschmack, den man vom Bamberger Rauchbier so gut kennt. Erlenräucherholz hingegen gibt dem Malz eine rotbraune Farbe und einen wesentlich stärkeren, phenolischeren Rauchgeschmack.

Es gab damals zwei verschiedene Versionen des Zerbster Bieres. Besonders stark gehopfte Sommerbiere wurden im März gebraut und erst im September getrunken, wohingegen weniger stark gehopfte Winterbiere im Herbst gebraut und erst um Ostern getrunken wurden. Offenbar wurde dieses Bier auch in verschiedenen alkoholischen Stärken gebraut, indem die Maische dreimal hintereinander abgeläutert wurde. Der erste Guss enthielt den meisten Malzzucker, den die Hefe dann in viel Alkohol umwandelte. Der erste Nachguss aus der Maische führte zu einem viel weniger alkoholischen Bier; und der letzte Guss ergab schließlich ein fast alkoholfreies Bier. Die Zerbster verschnitten dann diese drei Güsse in verschiedenen Proportionen, um ein starkes sogenanntes Kaufbier sowie ein Dünnbier herzustellen.

Während der Zeit der Hanse war das starke Kaufbier aus Zerbst eine der für diesen merkantilen Städtebund wichtigsten Handelswaren. Praktisch die gesamte Bevölkerung der Stadt verdiente damals ihren Lebensunterhalt im Exportbraugewerbe. So gab es im 15. Jahrhundert etwa 550 Brauer in Zerbst, während es in München zu jener Zeit gerade 30 Brauer gab! Zerbster Bitterbier wurde über Land primär zum Hamburger Hafen verfrachtet, von wo es dann in Handelskoggen in alle Welt ging. Der Export lief so gut, dass er schließlich den Zerbstern zum Verhängnis wurde, denn im Jahre 1480 lehnten sich die Hamburger Brauer, von denen es in dieser berühmten Hafenstadt genauso viele gab wie im kleinen Zerbst, gegen die Rivalen aus Zerbst auf und erzwangen von der Hanse ein Exportverbot für Zerbster Bier. Einheimisch hielt sich das Zerbster Bitterbier jedoch im kleinen Rahmen bis kurz nach dem Zweiten Weltkrieg. Allerdings wurde die Produktion zur Zeit der DDR ganz eingestellt.

***Zoeg van Tirlemont*** Ein heute nicht mehr gebrautes, historisches belgisches Obergäriges mit wenig Alkohol und einem sehr süßen Abgang.

***Zoiglbier*** Man kann den Begriff Zoiglbier heute auf vielen Flaschenetiketten finden, jedoch gibt es eine heftige Diskussion unter Bierliebhabern darüber, ob Zoiglbier wirklich eine definierbare Biersorte ist. Stattdessen behaupten einige engagierte Partisanen, dass Zoigl kein Bier, sondern eine Bierkultur sei, die spätestens im 13. Jahrhundert in der Oberpfalz nahe der Grenze zu Böhmen entstand. Damals erhielten einige Bürger und Bauern von der Obrigkeit das Braurecht, welches sie dazu nutzten, Biere verschiedener Art und Zusammensetzung kommunal zu brauen. Die Würze wurde nach bestimmten Regeln im Zyklus von den privilegierten Bürgern und Bauern oder von deren kommunal angeheuerten professionellen Brauern in einem Gemeinschaftssudhaus gebraut und dann zum Heimvergären verteilt. Da jedes Mitglied der Kommune seine eigenen Rohstoffe besorgen oder selbst herstellen musste, ist es sehr wahrscheinlich, dass das Endergebnis dieser Praxis, also die Zoiglbiere, von Fall zu Fall recht unterschiedlich ausfielen, was eine brautechnische Definition von Zoiglbier heutzutage in der Tat schwierig macht. Der Begriff Zoigl steht für das Wort Zeichen im lokalen oberpfälzischen Dialekt jener Zeit. Ein

Zoigl war das Schankzeichen der Bierbrauer. Es bestand aus zwei Dreiecken aus Holzlatten, die verschoben überlagert und ineinander verwoben zusammengefügt waren. Es war weiß und blau, sechszackig und sternenförmig. Dieses Hexagramm sah ähnlich wie der heutige Davidstern aus und versinnbildlichte damals die vollkommene Verbindung der Grundelemente des Bierbrauens, wobei ein Dreieck die drei Brauelemente Feuer, Wasser und Luft symbolisierte und das andere die drei Bierzutaten Malz, Hopfen und Wasser. Dass die Hefe für die Gärung verantwortlich war, war der Menschheit im Mittelalter noch nicht bekannt. In der Mitte des Sterns befand sich oft eine hölzerne Silhouette eines Bierkrugs oder eines Fichtenzweiges. Hatte eine Familie Zoiglbier zum Trinken bereit, so wurde der Zoigl-Brauerstern am Haus an einem Auslegearm gut sichtbar als Einladung ausgehängt. Damit wurde jedes brauberechtigte Haus in einem Ort im Wechselrhythmus zur Kneipe, sodass jeder Heimbrauer den Kommunaltrunk mit seinen Nachbarn teilen konnte.

**Zuckertangbier** Siehe Kelpie Ale.

**Zwaartbier** Das flämische Wort für Schwarzbier.

**Zwickelbier** Der Name Zwickelbier stammt von dem kleinen Zapfhahn am Gärbehälter, der in der Brauerfachsprache Zwickel heißt und den der Braumeister benutzt, um Proben zur Prüfung des Gärungsfortschritts zu entnehmen. Ein Zwickelbier ähnelt einem Kellerbier (siehe dort), ist aber wesentlich frischer, da nur kurz gereift, und viel rezenter, da es hochgespundet – das heißt mit viel unter Druck im Bier gebundene Kohlensäure – abgefüllt bzw. gezapft wird. Deshalb hat Zwickelbier auch eine schöne, stabile Schaumkrone. Zwickelbier ist weniger hopfenbetont als Kellerbier und ist ein wenig dunkler aufgrund der in der Malzschüttung verwendeten, stärker gedarrten Spezialmalze. Der Alkoholgehalt eines Zwickelbieres liegt normalerweise unter 5 %.

**Zythos** Die alten Griechen gaben dem altägyptischen Bier diesen Namen, als sie unter Alexander dem Großen im Jahre 332 v. Chr. Ägypten eroberten und dort eine reiche, blühende Bierkultur fanden. Die griechische Oberherrschaft über Ägypten, die sogenannte Griechisch-Ptolemäische Zeit, dauerte bis zum Jahre 31 v. Chr., als Octavian, der spätere Kaiser Augustus, mit Hilfe von Marcus Agrippa in der Seeschlacht bei Actium vor der Westküste Griechenlands die Flotte der letzten ägyptischen Königin, der sagenhaft schönen Kleopatra VII. und ihres Gehilfen, des römischen Generals Marcus Antonius, besiegte.

# DIE CHRONOLOGIE DES BIERES

*Biergeschichte kurz gefasst*

| | |
|---|---|
| Etwa 10000 v. Chr. | Einige Jäger und Sammler im Zweistromland zwischen Euphrat und Tigris – in einem Gebiet, dem die Griechen später den Namen Mesopotamien (zwischen den Wassern) gaben – werden zum ersten Mal in der Menschheitsgeschichte sesshaft. In diesem Teil des sogenannten Fruchtbaren Halbmonds bildeten sie eine Gesellschaft, die auf Ackerbau, Viehzucht und Arbeitsteilung aufgebaut war. Wir bezeichnen diese Kultur heute als die der Sumerer; und wir nennen diesen monumentalen Schritt aus dem Nebel der Vorgeschichte in das Licht der Geschichte die Neolithische Revolution. Sie wird als Anfang der menschlichen Zivilisation angesehen. Eines der größten Errungenschaften der Sumerer – neben Metallverarbeitung, Töpferei und Keilschrift, sowie die Einführung von Geld und der öffentlichen Verwaltung – war das Bierbrauen. Die Sumerer waren nach unseren besten archäologischen Kenntnissen die ersten Brauer der Menschheit! |
| Etwa 7000 v. Chr. | Älteste archäologische Belege sumerischen Bierbrauens mit Gerste, Emmer, Einkorn und Dinkel in Mesopotamien. |
| Etwa 7000 v. Chr. | Älteste archäologische Hinweise auf Reisbierbrauen in China. |
| Etwa 3100 v. Chr. | Die älteste bildliche Darstellung von Biertrinkern ist eine Zeichnung auf einer Amphore. Sie zeigt zwei Sumerer, die mit Trinkröhren Bier aus einem gemeinschaftlichen Gefäß saugen. |
| Etwa. 3030 v. Chr. bis 2710 v. Chr. | Aus dem Frühdynastischen Zeitalter in Ägypten existieren die ältesten Belege von Bierbrauen entlang des Nils. |
| Etwa kurz nach 3000 v. Chr. | In Japan entwickelt sich die Technik des Saké-Brauens. Saké ist ein alkoholisches Getränk auf Reisbasis. |

| | |
|---|---|
| Etwa 2100 bis 1600 v. Chr. | Niederschrift auf zwölf Steintafeln des sogenannten Sumerischen Gilgamesch-Epos. Dieses älteste uns bekannte Literaturstück überhaupt schildert, wie eine tierähnliche, mythische Kreatur namens Enkidu durch Brotessen und Biertrinken Mensch wurde. Die Kenntnis vom Bier war für die Sumerer eines der wichtigsten Kriterien, welches Menschen von allen anderen Lebewesen unterscheidet. |
| Etwa 1800 v. Chr. | Die sumerische Hymne an Ninkasi gilt neben dem Gilgamesch Epos als eines der ältesten literarischen Werke der Menschheit. Die Hymne ist ein Loblied an die Göttin Ninkasi, die sumerische Schutzpatronin des Bieres. Das Lied enthält ein ausführliches Zutatenrezept mit Brauanleitungen für sumerisches Bier. Damit gilt diese Hymne als das älteste, niedergeschriebene Bierrezept der Welt. |
| Etwa 800 v. Chr. | Ein keltischer Häuptling aus der Hallstattkultur wird in einem Hügelgrab im heutigen Pfarrholz bei Kasendorf, nur wenige Kilometer westlich von Kulmbach, beigesetzt. Eine der Grabbeigaben ist eine Tonamphore mit Dunkelweizen, welches mit Eichenlaub gewürzt ist. Die Amphore wurde 1935 bei Ausgrabungen vom damaligen Stadtschulrat Max Hundt entdeckt. Heute kann man sie im Bayerischen Brauereimuseum in Kulmbach besichtigen. Sie gilt als ältester Beleg von Bierbrauen in Zentraleuropa. |
| Etwa um etwa 740 | Forscher des University of Pennsylvania Museum of Archaeology and Anthropology in Philadelphia entdeckten 1939 in Gordion, dem heutigen Yassihöyük, nicht weit von Ankara, einen Tumulus aus dem Reich der Phrygier. Es enthielt den Leichnam eines etwa 60 Jahre alten Mannes, der dort um etwa 740 v. Chr. begraben wurde. Auch befanden sich in diesem Grab 157 Bronzegefäße mit Rückständen, die inzwischen als die eines kuriosen, alkoholischen Mischgetränks aus Wein, Met und Bier identifiziert wurden. |
| Jahre 332 v. Chr. | Alexander der Große erobert Ägypten und etabliert die Griechisch-Ptolemäische Herrschaft über Ägypten. Diese sollte drei Jahrhunderte lang währen und war der Anfang vom Ende der altägyptischen Braukultur, denn die Griechen zogen Wein dem Bier vor. |

| | |
|---|---|
| Etwa 200 v. Chr. bis 200 n. Chr. | Während der Han Dynastie in China gab es dort bereits drei Biersorten: Chu aus Hirse, Li aus Reis, welches oft mit Honig verstärkt wurde, und Chiu aus Weizen. |
| 31 v. Chr. | Octavian, der spätere Kaiser Augustus, besiegt in der Seeschlacht bei Actium die ägyptische Flotte, welche von der letzten ptolemäisch-ägyptischen Königin, Kleopatra VII., und ihrem Gehilfen und Geliebten, dem römischen General Marcus Antonius, geführt wurde. Danach wird Ägypten eine römische Provinz; und ägyptisches Getreide fließt nun nach Rom zum Brotbacken, statt in die Sudhäuser entlang des Nils zum Bierbrauen. |

*Beginn der neuen Zeitrechnung (n. Chr.)*

| | |
|---|---|
| Etwa 1. Jahrhundert n. Chr. | Entstehung des finnischen Nationalepos Kalevala. Diese Sammlung finnischer Folklore und Mythologie wurde erst 1835 zum ersten Mal von einem finnischen Arzt, Elias Lönnrot, niedergeschrieben. Das Kalevala befasst sich mit der Entstehung der Erde, der Menschheit und des Bieres. Es widmet etwa 400 Strophen der Bierherstellung. Das sind etwa zweimal so viele Strophen wie über die Entstehung der Welt! Das im Kalevala beschriebene Bier ist das selbst heute noch gebraute finnische Bauernbier, das Sahti. |
| 98 | Das wahrscheinliche Veröffentlichungsjahr von *De origine et situ Germanorum* (Über den Ursprung und die Gegend der Germanen), einem Buch, in dem sich der Autor Publius Gaius Cornelius Tacitus ausgiebig über die Brau- und Trinkgewohnheiten der Germanischen Stämme entlang des Rheines lustig macht. Die Germanen, so behauptet dieser römische Schriftsteller und Historiker, tranken ein alkoholisches Getränk aus Getreide, das an „verfaulten Wein" erinnerte. |

| | |
|---|---|
| 179 | Die Römer unter Marc Aurel beenden den Bau von Castra Regina im heutigen Regensburg. Dort brachte der Kaiser seine Dritte Italienische Legion von etwa 5500 bis 6400 Elitetruppen unter. Wein war knapp in Castra Regina. Daher bauten die Römer das älteste uns heute bekannte, nach modernen Prinzipien erstellte Malz- und Sudhaus mit Keimkasten, Darre und Feuerstelle zum Würzekochen. Die Ausgrabungen befinden sich am Kornweg, 300 Meter vom rechten Donauufer, im Regensburger Stadtteil Großprüfening. Ja, die weintrinkenden Römer der Antike und nicht die mittelalterlichen Mönche scheinen unsere modernen Bierverarbeitungsmethoden erfunden zu haben! |
| 529 | Sankt Benedikt gründet in Monte Cassino, 130 km südlich von Rom, das erste Kloster Europas. In seinen „Regeln" schreibt er vor, dass Bier zur Grundnahrung der Mönche gehört und daher von ihnen gebraut werden soll. Das war der Anfang des Brauens von Klosterbieren. |
| 642 | Die ägyptische Bierkultur fand ihr endgültiges Ende nach der sogenannten Arabischen Eroberung Ägyptens im Jahre 642 n. Chr., denn der Koran verbietet jedweden Genuss von Alkohol. |
| Etwa 771 bis 800 | Kaiser Karl der Große erlässt seine Verordnung *Capitulare de villis* (Die Verwaltung der Höfe), in der er vorschreibt, dass in jedem seiner Besitztümer eine Brauerei stehen muss. Auch befahl er, dass Brauer besondere Hygienevorschriften beachten müssen. Diese Verordnung gilt als der Anfang des professionellen Braugewerbes in Deutschland. |
| 822 | Adalhard, ein Abt des Benediktinerklosters von Corbie in der Picardie in Frankreich, macht in seiner Schrift, *Consuetudines Corbeienses* (Die Bräuche von Corbie), die älteste, uns überlieferte Eintragung über Hopfen. Das 9. Jahrhundert markiert damit den Anfang des Übergangs von mit Kräutern gewürzten Gruitbieren zu Hopfenbieren. |

| | |
|---|---|
| 988 | Erste urkundliche Erwähnung eines russischen Bieres namens Kwass, welches aus einer sehr variablen Mischung von altem Roggenbrot, verschiedenen Malzen (einschließlich Hafer, Gerste und Roggen), Zucker oder Honig und Wasser hergestellt wird. Es wurde auch manchmal mit Kräutern oder Früchten verfeinert. |
| 1086 | Einer der ältesten Hinweise auf Stark-Ales auf den Britischen Inseln befindet sich im *Domesday Book*. Das ist die Niederschrift einer Land- und Volkserhebung in England und Wales, die König Wilhelm I. der Eroberer im Jahre 1086 anordnete. |
| 1098 – 1179 | Hildegard von Bingen, eine Benediktineräbtissin, Ärztin und Ratgeberin Kaiser Friedrich Barbarossas, schreibt über die Eigenschaften von Hopfen im Bier. Sie gibt dieser Pflanze den Namen Hoppo, von dem das heutige Wort Hopfen abgeleitet ist. |
| 1122 | In Soligny-la-Trappe, etwa 135 km von nordwestlich von Paris, im Departement Orne, entsteht eine kleine Kapelle. Nur wenige Jahre später wird daraus ein Kloster für die Mönche der Abtei Le Breuil-Benoît bei Dreux, einem kleinen Ort im Departement Eure-et-Loir. Im 17. Jahrhundert sollte das Kloster La Trappe der Ausgangspunkt der Trappistenbewegung – und der Trappistenbiere – werden. |
| 1140 | Das Kloster La Trappe wurde zu einer offiziellen Zisterzienserabtei erhoben. |
| 1174 | Augustinermönche in Kulmbach, dem heutigen bayerischen Schwarzbierzentrum, erhalten vom Bischof von Bamberg das Braurecht. |
| 1241 | Lübeck und Hamburg stellen ihre schon seit elf Jahren bestehende enge Handelsverbindung auf eine vertragliche Basis. Daher wird 1241 generell als das Gründungsjahr der Hanse akzeptiert. Die Hanse als merkantile Handelsgesellschaft der bedeutendsten Städte Deutschlands verfrachtete in ihren Koggen Biere, besonders aus Hamburg, Bremen, Braunschweig, Danzig, Hannover, und Zerbst in die damals bekannte Welt. |

| | |
|---|---|
| Etwa um 1250 | Die Erfindungen des steifen Kummetgeschirrs und der genagelten Hufeisen ermöglichten es Zugtieren, schwere Lasten wie Bierfässer selbst über längere Strecken zu transportieren, wie zum Beispiel das Einbecker Starkbier nach München oder die Braunschweiger Mumme zur Hansestadt Hamburg. |
| 1254 | Gründung der Kölner Brauergilde, welche 1396 offiziell als die St. Peter- von- Mailand-Bruderschaft eingetragen wurde. Diese urkundlich belegte Handwerkergemeinschaft der Kölner Brauer – auch als Cölner Brauer-Corporation bezeichnet – gehört zu den ältesten noch existierenden Handwerkerverbänden Deutschlands. |
| 1288 | Die Schlacht bei Worringen zwischen dem Grafen von Berg und dem Kölner Bischof, aus der der weltliche Graf als Sieger hervorging, führt zur Gründung der Stadt Düsseldorf. Dieser Schritt legte den Grundstein für die allmähliche Entwicklung einer rheinischen Biersorte, die wir heute Düsseldorfer Alt nennen. |
| 1283 | Am 22. August 1293 überreicht der deutsche Kaiser Adolf von Nassau den Bürgern der Stadt Dortmund das Braurecht. Etwa sechshundert Jahre später, zum Anfang des 20. Jahrhunderts, ist Dortmund, gemessen am Gesamtausstoßvolumen ihrer Brauereien, die bedeutendste Bierstadt Europas. Im Laufe der Zeit hat Dortmund zwei bedeutende indigene Biersorten hervorgebracht: das Adambier und das Dortmunder Export. |
| 1328 | Augustinermönche nehmen in München das Bierbrauen auf. Daher gilt 1328 noch heute als das Gründerjahr der Augustinerbräu, welche sich damit als die älteste Brauerei der Stadt ausgeben kann. |
| 1337 bis 1453 | Der Hundertjährige Krieg zwischen England und Frankreich wütet in Flandern im heutigen Belgien und treibt viele Hopfenbauer zur Auswanderung nach Kent in England. In ihrer neuen Heimat fangen sie ebenfalls an, Hopfen anzubauen. Daher gilt das frühe 15. Jahrhundert als das Einführungsdatum für Hopfen auf den Britischen Inseln. Davor waren alle britischen Ales entweder ungewürzt oder mit Kräutern verfeinert. |

| | |
|---|---|
| 1369 | Das Zerbster Bitterbier wurde in diesem Jahr vom Erzbischof von Magdeburg zum ersten Mal urkundlich erwähnt. Es war ein Erlen-geräuchertes Weizenbier, welches bis zum Ende des 15. Jahrhunderts eine der wichtigsten Handelsbiersorten der Hanse war. Es ist aber heute vollkommen ausgestorben. |
| 1394 | In Arras, der Hauptstadt des Departements Pas-de-Calais, befindet sich das älteste uns bekannte Dokument über Bière de mars, einer Biersorte, die wahrscheinlich ein Vorläufer der heutigen nordfranzösischen Sorte Bière de garde, der elsässischen Sorte Bière de mars und möglicherweise auch der belgischen Sorte Bière de saison ist. |
| 1499 | Eine Prager Gasthausbrauerei, die wir heute als U Fleků auf der Křemencova Straße in der Prager Altstadt kennen, öffnet zu ersten Mal ihre Türen. Sie ist damit eine der ältesten – wenn nicht die älteste – ununterbrochen betriebene Gasthausbrauerei der Welt. Ihr Standardbier ist das klassische Flekovský tmavý ležák, ein untergäriges, böhmisches Dunkel. |
| 1516 | Die Verkündung einer bayerischen Bierpreisbindung und Bierzutatenverordnung durch Herzog Wilhelm IV., welche heute als Grundstein des Deutschen Reinheitsgebotes gilt, geschieht am 23. April dieses Jahres in Ingolstadt. |
| 1526 | Am 31. Mai 1526 maischt Braumeister Cord Broyhan offenbar zum ersten Mal in Hannover ein neues, heute fast vergessenes, obergäriges Bier ein, welches bald den Namen Broyhan Bier bekommen sollte. Dieses Bier aus Hannover war zu seiner Blütezeit im 16. Jahrhundert eines der bekanntesten und meist getrunkenen Biere der Welt, denn es war eines der Handelsbiere, die die Hanse damals in alle Welt verfrachtete. |
| 1526 | Ein Zensus in der Hansestadt Hamburg erfasst in jenem Jahr 531 Brauereien, die alle ein dunkelbraunes Weizenbier überwiegend für die Kaufleute der Hanse herstellten. Offenbar war die Hälfte der Hamburger Einwohner damals direkt oder indirekt mit dem Bierbrauen beschäftigt. München zählte zu jener Zeit nur etwa 30 Brauereien. |

| | |
|---|---|
| 1529 | In diesem Jahr belohnte der bayerische Herzog Wilhelm IV. aus der Wittelsbach-Dynastie die Dienste eines getreuen Untertanen, des Grafen Hans VI. von Degenberg aus Schwarzach, in der Nähe des Bayerischen Waldes, mit einem Monopolbraurecht für die Herstellung von Weizenbier ... und dass, obwohl der gleiche Herzog nur 13 Jahre vorher in seinem berühmten Reinheitsgebot die Verwendung von Weizen beim Bierbrauen in Bayern grundsätzlich verboten hatte! Das Degenberger Weißbier war jedoch so erfolgreich, dass es zu einer Fehde zwischen den Häusern Wittelsbach und Degenberg kam, die erst 1602 mit dem Tod des letzten Degenberg-Erben geschlichtet wurde. |
| 1535 – 1536 | Der französische Entdecker und Seefahrer Jacques Cartier überwintert mit seiner Mannschaft in seinem Schiff La Grande Hermine in der Nähe der heutigen Stadt Québec am kanadischen Sankt-Lorenz-Strom. Als die Mannschaft von der Vitaminmangelkrankheit Skorbut heimgesucht wurde, überreichten die örtlichen Iroquois Indianer Cartier eine Art Vitamin-C-haltiges und nur leicht vergorenes Fichten- oder Zedernbier, welches sie Annedda nannten. Mit diesem Gebräu überlebten Cartier und seine Mannschaft den Winter und konnten, als der Sankt Lorenz Strom wieder eisfrei war, nach Frankreich zurücksegeln. |
| 1543 | Schwarzbierbrauen geht in Bad Köstritz mindestens auf das Jahr 1543 zurück, als die Köstritzer Brauerei Erbschenke zum ersten Mal dokumentarisch erwähnt wurde. |
| 1553 | Der bayerische Herzog Albrecht V. verbietet jedwedes Brauen zwischen dem 23. April und 29. September. Im Sommer gebraute Biere waren damals oft mikrobiologisch infiziert. Dieses Sommerbrauverbot wurde erst 1850 aufgehoben. Da in den tiefen Wintertemperaturen in Bayern nur untergärige Hefen arbeiten können, entwickelte sich das Bierbrauen in Bayern quasi per Zufall zu einer Lagerbierkultur, die bis heute – mit Ausnahme des Weißbiers – in Bayern dominant ist. |

| | |
|---|---|
| 1566 | Der bayerische Herzog Albrecht V. verbietet das Brauen von Weizenbieren, was die Wittelsbacher Herzöge in Konflikt mit dem Grafengeschlecht von Degenberg brachte, welches seinen Sitz in Schwarzach im Landkreis Straubing-Bogen hatte und damals ein offizielles Weißbiermonopol für ganz Bayern besaß. |
| 1575 | Dr. Heinrich Knaust veröffentlicht in Erfurt das erste Bierlexikon der Welt, unter dem Titel *Fünff Bücher. Von der Göttlichen vnd Edlen Gabe / der Philosophischen / hochthewren vnd wunderbaren Kunst / Bier zu brawen*. Das hier vorliegende Buch knüpft an diese Knaust'sche Tradition an! |
| 1589 bis 1590 | Herzog Wilhelm V. von Bayern, der Sohn Albrechts V. und Enkel des Reinheitsgebot-Herzogs Wilhelm IV., baut sich in München eine private Brauerei, sein Hofbräuhaus, auf dem gleichen Grundstück, wo heute noch das Münchner Hofbräuhaus steht. Wilhelms Brauerei stellte ausschließlich braunes Gerstenbier, einen Vorläufer praktisch aller heutigen, bayerischen, untergärigen Biere, her. |
| 1597 | Die medizinische Fakultät der Philipps-Universität Marburg belegte zum ersten Mal eine Verbindung zwischen Mutterkornschimmelpilz (Claviceps purpurea), welches eine auf Bier übertragbare Getreidekrankheit ist, und Antoniusfeuer (auch Ergotismus genannt), welches eine manchmal sogar tödliche Nervenkrankheit ist. |
| 1597 | Der thüringische Arzt und Alchemist Andreas Libau, auch als Libavius bekannt, behandelt in seinem Buch *Alchemia Andreae Libavii* zum ersten Mal den Unterschied zwischen Gärung und Verfaulung und öffnet damit den Weg zur wissenschaftlichen Studie der Gärung. *Alchemia Andreae Libavii* gilt als das erste Textbuch der Chemiewissenschaft. |

| | |
|---|---|
| 1602 | Am 10. Juni 1602 starb mit dem kinderlosen Hans Sigmund von Degenberg das letzte Mitglied des Geschlechts der Degenberger. Wichtig für die Biergeschichte ist, dass die Degenberger auf ewig das Weißbiermonopol in Bayern besaßen. Mit Hans Sigmunds Tod gingen alle Degenbergischen Rechte und Besitztümer nach damaligem Feudalrecht an den bayerischen Herzog Maximilian I. Der schlug sehr guten Nutzen aus seinem neu gewonnenen Monopol und zwang alle Kneipen Bayerns, von nun an Weißbier aus herzoglichen Brauereien auszuschenken. |
| 1603 | In Köln wird der Verkauf untergäriger Biere verboten, um den Markt des lokalen Obergärigen gegen den Import von weiter südlich gebrauten Untergärigen zu verteidigen. |
| 1609 | In diesem Jahr landeten zwei Brauer aus London in der 1607 gegründeten englischen Siedlung Jamestown, in Virginia, in den heutigen Vereinigten Staaten, und fingen dort an, Bier zu brauen. Diese Sude waren wohl die ersten in Nordamerika gebrauten Biere. |
| 1614 | Im herzoglichen Hofbräuhaus in München wird das erste Bockbier als Kopie des Einbecker Starkbiers gebraut. Während das Einbecker Original aus dem Norden Deutschlands ein Obergäriges war, so war das Münchner Bockbier ein Untergäriges. |
| 1620 | Englische Pilger landen in Plymouth, Massachusetts, statt am Ufer des weiter südlich liegenden Hudson River, da das Bier (wohl ein Brown Ale) an Bord der Mayflower knapp wurde. Dieser Biermangel hatte signifikante Konsequenzen, denn ohne ihn wäre die Geschichte der Kolonisierung des amerikanischen Kontinents bestimmt ganz anders verlaufen. Die Neuengland Staaten wären dann wohl im heutigen New Jersey und Pennsylvania gelegen. |

| | |
|---|---|
| 1627 | Fürst Maximilian I. beordert die Paulaner Mönche von Italien nach München, wo das Kloster Neudeck ob der Au ihr neues Zuhause wird und wo sie sofort anfangen zu brauen. Die Paulaner verehrten den italienischen Heiligen Franz von Paula als ihren Schutzpatron – daher der Name ihres Ordens. Den Paulanern verdanken wir die Entwicklung des bayerischen Doppelbocks um 1780. Die heutige Münchner Paulaner Brauerei ist der weltliche Nachfolger jener Klosterbrauerei. |
| 1644 | Einführung einer Malzsteuer durch das britische Parlament. Danach ging die Bierproduktion auf den Britischen Inseln drastisch herunter. Die Steuer wurde erst 1880 wesentlich reduziert. |
| 1662 | Jean le Bouthillier de Rancé, ein Pate Cardinal Richelieus, wird zum Abt der Zisterzienser-Abtei La Trappe in Soligny-la-Trappe im Nordwesten Frankreichs erhoben. Er reformiert den Zisterzienserorden und die neue Bewegung nimmt den Namen Trappisten an. Die Zisterzienser gehören zu den striktesten Befolgern der Benediktinischen Ordensregeln, jedoch verlangen diese Regeln auch, dass die Mönche ihr tägliches Bier selber brauen. Darin liegt der Ursprung der heutigen Trappisten- und Abteibiere. |
| 1669 | In diesem Jahr hielten die letzten in der Hanse verbliebenen Städte – Lübeck, Hamburg, Bremen, Danzig, Rostock, Braunschweig, Hildesheim, Osnabrück und Köln – den letzten Hansetag in Lübeck ab. Dieses Jahr gilt daher als Auflösungsjahr der Hanse. Während ihres mehr als vierhundertjährigen Bestehens hat die Hanse norddeutsche Biere in alle Ecken der Welt als Handelsgut befördert und daher wesentlich zum Auftrieb des deutschen Brauwesens beigetragen. |
| 1674 | Der holländische Naturwissenschaftler Antonie van Leeuwenhoek entwickelt das erste funktionsfähige Mikroskop, unter dem er dann als erster Mensch Hefezellen sehen konnte. |
| 1677 | Die erste urkundliche Erwähnung von „stout beer" in den Aufzeichnungen eines Francis Henry Egerton, dem 8. Earl von Bridgewater. |

| | |
|---|---|
| 1706 | Die Verkündung durch Kurfürst Johann Wilhelm II. des Düsseldorfer Reinheitsgebots, um die Integrität des Rheinischen Obergärigen zu schützen. Johann Wilhelm war Mitglied des Geschlechts der Wittelsbacher, dessen Herzog Wilhelm IV. von Bayern 190 Jahre zuvor das Bayerische Reinheitsgebot verkündet hatte. |
| 1713 | Der Engländer Abraham Darby entwickelt ein Verfahren zur Herstellung von Koks für die sich gerade entfaltende Stahlindustrie. Rein zufällig war Koks auch ein sauberes Brennmaterial für Malzdarren, denn die mit Koks gedarrten Malze sowie die damit hergestellten Biere waren weniger rauchig im Geschmack als Biere, die aus über Kohle, Holz, Stroh oder Torf gedarrten Malzen hergestellt wurden. |
| 1721 | Das wahrscheinliche Einführungsjahr des Londoner Porters als eine neue Biersorte. Im 19. Jahrhundert war Porter die bei weitem populärste Biersorte auf den Britischen Inseln. |
| 1745 | In Hannover bildeten 105 Brauberechtigte eine Sozietät und errichteten ein neues Gemeinschaftsbrauhaus. Dort wurde bis 1919 Broyhan Bier gebraut. Die Sozietät ist die Vorläuferin der heutigen Gilde Brauerei in Hannover. |
| 1757 | Der zukünftige erste amerikanische Präsident George Washington entwirft ein uns in seiner Handschrift erhaltenes Rezept für ein „small ale" aus Melasse. Das Rezept wird heute in der Public Library von New York aufbewahrt. |
| 1759 | Der irische Braumeister Arthur Guinness gründet seine Saint James's Gate Brewery in Dublin, die heute primär mit dem Guinness Stout, einem trockenen irischen Stout, verbunden ist. |
| 1771 | Ein „Receipt for Pompion Ale", welches anonym im Februar 1771 in Philadelphia, Pennsylvania, in der Zeitschrift der American Philosophical Society veröffentlicht wurde, ist das älteste, uns bekannte Rezept für Kürbisbier (Pumpkin Ale). Der Redakteur dieses Journals war der Staatsmann, Philosoph, Wissenschaftler und Erfinder Benjamin Franklin. |

| | |
|---|---|
| 1775 | Samuel Johnson, der Verfasser des ersten Lexikons der englischen Sprache, dem *Dictionary oft he English Language*, beschreibt darin fälschlicherweise ein Ale als ein Bier ohne Hopfen und ein Beer als ein Bier mit Hopfen. Zu jener Zeit waren ungehopfte Biere selbst auf den Britischen Inseln so gut wie ausgestorben. |
| 1780 | Kurfürst Herzog Karl-Theodor von Bayern gibt den Paulaner Mönchen in München die Erlaubnis, ihr starkes, wärmendes, ursprünglich nur für den Eigenbedarf gebrautes „flüssiges Brot" an die Öffentlichkeit zu verkaufen. Die Mönche gaben diesem ersten kommerziellen Doppelbock den Namen Salvator – lateinisch für Retter. |
| 1781 | Die Brauereibesitzer John Perkins und David Barklay prägen den Begriff Russian Imperial Stout für ihr dunkles Starkbier, welches sie an den Winterpalast in Sankt Petersburg liefern. Das Russian Imperial Stout ist noch heute bei vielen Craft-Brauern beliebt. |
| 1789 | Der französische Adelige und Wissenschaftler Antoine-Laurent de Lavoisier stellt zum ersten Mal fest, dass $CO_2$ und Ethanol Produkte der alkoholischen Gärung sind. |
| 1790 | Am 13. Februar verabschiedet das revolutionäre französische Parlament einen Beschluss zur Säkularisierung von Kircheneigentümern, einschließlich aller Klöster. Über die nächsten Jahrzehnte wurden daher viele Klöster aufgelöst oder sie verlegten ihren Sitz ins Ausland. Die Trappistenklöster bevorzugten die Gebiete des heutigen Belgiens als ihre neue Heimat. Dorthin brachten die Trappistenmönche auch ihre Braukunst, weshalb heute noch Trappistenbiere primär mit der belgischen Braukultur in Verbindung gebracht werden, obwohl Trappistenmönche heutzutage ihre Biere auch in den Niederlanden, Frankreich, Österreich und den Vereinigten Staaten brauen. |

| | |
|---|---|
| 1791 | Frankreich verbietet alle Zünfte und Gilden als Kartellorganisationen. Als die Grande Armée unter Napoleon in den Jahren 1805 bis 1809 über ganz Europa rollte und dort die französische Gesetzgebung einführte, bedeutete das auch das Ende der Brauervereinigungen in Deutschland. Ebenso führte das zur Säkularisierung vieler deutscher Klöster und deren Klosterbrauereien. |
| 1806 | In den Wirren der Napoleonischen Kriege erlosch am 6. August 1806 mit der Niederlegung der Reichskrone durch Kaiser Franz II. das Heilige Römische Reich Deutscher Nation. Die ständische Sozialordnung, in der die Brauer seit mehr als acht Jahrhunderte fest integriert waren, bricht damit zusammen. In Bayern werden Bierverkaufsmonopole abgeschafft. |
| 1806 | Napoleon Bonaparte hält sich nach den Schlachten von Jena und Auerstedt, die seine Grande Armée gewann, in Berlin auf, trinkt dort eine Berliner Weiße und nennt das Bier aufgrund der feinen, Champagner-ähnlichen Rezenz Champagne du Nord. |
| 1810 | Das erste Münchener Oktoberfest findet am 12. Oktober 1810, auf der Wies'n statt. Die Feierlichkeit ist zu Ehren der Heirat des bayerischen Thronfolgers Prinz Ludwig I. mit Prinzessin Therese von Sachsen-Hildburghausen. Bei diesem ersten Oktoberfest gab es jedoch noch kein Bier. Die ersten Bierzelte sind beim Oktoberfest erst vier Jahre später belegt. |
| 1817 | Am 28. März erhält der britische Ingenieur Daniel Wheeler sein Patent Nummer 4112 für „A New or Improved Method of Drying and Preparation of Malt." Wheelers Erfindung war eine einem Kaffeeröster ähnliche Rösttrommel für gekeimtes Getreide. Das nach der patentierten Wheeler-Methode geröstete Malz nannte man damals „black patent malt". Seitdem konnten selbst dunkle Biere wie Stout und Porter mit hellem Malz, unter Zugabe von kleinen Portionen von Röstmalz gebraut werden. Die Rösttrommel bedeutete das effektive Ende des bis dahin auf den Britischen Inseln universell benutzten „brown malt". |

| | |
|---|---|
| Etwa 1825 bis etwa 1850 | Entwicklung des modernen Altbieres durch die Düsseldorfer Hausbrauereien Ferdinand Schumacher, Zum Uerige, Zum Schlüssel und Zum Füchschen. |
| 1830 | Als Teil der Neuorganisation Europas nach den Napoleonischen Kriegen einigten sich die damaligen Großmächte auf der Londoner Konferenz von 1830, einen neuen, unabhängigen Staat, nämlich das heutige Belgien, aus Teilen Frankreichs und den Niederlanden zu kreieren. Daraufhin verlegten viele französische Trappistenklöster ihren Sitz in dieses neu geschaffene Land. Um den Neuanfang ihrer Klöster in der neuen Heimat zu finanzieren, verfielen die Trappistenmönche schließlich auf die kommerzielle Herstellung von Käse und Bier als ihre wichtigsten Einnahmequellen. |
| Um 1830 | Englische Brauer fangen an, ihre bitteren und lange haltbaren Überseebiere wie das India Pale Ale (IPA) auch daheim anzubieten, aber mit leicht reduzierter Bittere. Daraus gingen die Biersorten Bitter und Pale Ale in ihrer heutigen Ausprägung hervor. |
| 1833 | Der damalige preußische Kronprinz und spätere König Friedrich Wilhelm IV. trinkt einen großen Humpen Dortmunder Adambier in einem Zug und bleibt 24 Stunden lang bewusstlos! |
| 1836 | Die belgische Abbaye de Westmalle braut in diesem Jahr das erste Patersvaatje, ein Tafelbier zum Eigengebrauch der Trappistenmönche. |
| 1837 | Der deutsche Mediziner und Biologe Theodor Schwann entdeckt, dass Hefezellen Lebewesen sind, die Zucker anaerobisch in Alkohol und $CO_2$ umwandeln. Schwann gibt den Hefezellen den Namen Saccharomyces cerevisiae (Zuckerpilze des Bieres). |
| 1841 | Braumeister Anton Dreher, Inhaber der Dreher Brauerei in Neuschwechat bei Wien, bringt eine neue Biersorte, das Wiener Lager auf den Markt. Es ist tief bernsteinfarben, ähnlich wie ein Märzenbier, und ist damit heller als die damals gängigen dunklen Biere. |

| | |
|---|---|
| 1841 | Braumeister Gabriel Sedlmayr, Inhaber der Spatenbrauerei in München, bringt eine neue Biersorte, das Märzenbier, auf den Markt. Ähnlich wie ein Wiener Lager ist es tief bernsteinfarben und ist damit heller als die damals gängigen dunklen Biere. Im Jahre 1871 stellt die Spatenbrauerei dieses Bier auf dem Oktoberfest vor, weshalb dieses Bier heute auch Oktoberfestbier heißt. |
| 1842 | Der englische Mälzer Patrick Stead erhält ein Patent für seine Erfindung eines pneumatischen Malzbereitungsverfahrens, bei dem gekeimtes Getreide mit Luft gekühlt wird und dann in der Darre, nicht wie früher über Verbrennungsgase, sondern über geblasene Heißluft getrocknet wird. Das pneumatische Mälzen ermöglicht die Herstellung homogener Malze in allen Farbschattierungen und ohne Rauchgeschmack. |
| 1842 | Am 5. Oktober maischte Josef Groll, ein Braumeister aus Vilshofen in Bayern, an seinem Arbeitsplatz, der Měšťanský Pivovar (Bürgerbrauerei) in Plzeň (Pilsen), ein ganz neues, helles untergäriges Bier ein, welches er 44 Tage später, am 11. November, zum ersten Mal unter dem Namen Plzeňský Prazdroj (Pilsner Urquell) servierte. Dieses erste Pilsner war das Vorbild für die heute am weitesten verbreitete Biersorte der Welt. |
| 1843 | Der tschechische Chemiker Carl Josef Napoleon Balling entwickelt das Hydrometer, ein Messgerät, mit dem Brauer über den abnehmenden Prozentgehalt an Zucker in der Würze den Fortschritt der Gärung ermitteln können. |
| 1846 | Der irische Braumeister George Henry Lett übernimmt eine Klosterbrauerei in Enniscorthy, im irischen Regierungsbezirk Wexford und gibt ihr den neuen Namen G.K. Lett Brewery. Dort braut er sein Enniscorthy Ruby Ale, eine neue Biersorte, die wir heute als Irish Red Ale bezeichnen. Der Großenkel des Gründers, George Killian Lett, schließt die Brauerei für immer im Jahre 1956. |

| | |
|---|---|
| 1848 | Die Entdeckung von Gold in den Bächen und Flüssen um San Francisco, California, zieht Tausende von abenteuerlustigen Goldgräbern sowie Dutzende von deutschen Lagerbierbrauern nach dem damals noch kleinen Kaff San Francisco. Als die untergärigen Hefen dieser Brauer mutierten, um sich an das warme Klima San Franciscos anzupassen, entstand eine neue Biersorte, das California Common. |
| Etwa um 1850 | Die ersten dampfbeheizten Maischebottische und Sudpfannen werden in deutschen Sudhäusern eingebaut – erst in Bayern, dann in ganz Deutschland. |
| 1852 | Auf Wunsch von Königin Victoria segelt Sir Edward Belcher in die Arktis, um dort nach der 1845 verschollenen John Franklin Expedition zu suchen. Die britische Brauerei Samuel Allsopp & Sons in Burton-upon-Trent braut dafür ein besonders nahrhaftes Starkbier, das Arctic Ale, mit mehr als 11 % Volumenalkohol und einem sehr hohen Residualzuckergehalt. |
| 1852 | Das belgische Priorat von Achel braut ein Patersvaatje Tafelbier zum Eigenbedarf der dortigen Mönche. Aus diesem Priorat wurde 1872 eine komplette Abtei mit dem Namen Sint-Benedictusabdij de Achelse, welche auch heute noch Trappistenbiere braut. |
| 1860 | Der deutsche Einwanderer Eberhard Anheuser startet in St. Louis, Missouri, eine kleine Brauerei. Kurz danach steigt sein Schwiegersohn Adolphus Busch, ebenfalls ein Einwanderer aus Deutschland, mit ins Geschäft ein. Heute ist das daraus entwachsene Unternehmen Anheuser-Busch Inbev die bei weitem größte Brauerei der Welt. |
| 1868 | Louis Pasteur veröffentlicht sein Buch *Études sur la bière*, in dem er die Fortpflanzung und den Metabolismus der Hefe erklärt. Er stellt auch dar, wie Bakterien Bier verderben können, sofern diese nicht durch Hitzeeinwirkung denaturiert werden. Die Entwicklung der Pasteurisation verdanken wir also dem Bier, nicht der Milch! |
| 1871 | Die Spatenbrauerei stellt ihr Märzenbier auf dem Oktoberfest vor, wonach das Bier seinen zweiten Namen, Oktoberfestbier, erhielt. |

| | |
|---|---|
| 1871 | Die Dortmunder Kronen Brauerei bringt unter ihrem Besitzer Heinrich Wenker eine neue, untergärige Biersorte, das Dortmunder Export, auf den Markt. |
| 1872 | Das bayerische Königshaus der Wittelsbacher verkauft ihr Weißbierbraurecht an einen Brauer aus Kelheim, Georg Schneider. Die Schneider Weißbierbrauerei existiert noch heute. |
| 1872 | Die Vorläuferin der heutigen Radeberger Gruppe, die Aktienbrauerei Zum Bierkeller in Radeberg in der Nähe von Dresden, braut das erste deutsche Pilsner. Es ist eine hellere und bittere Kopie des originalen, böhmischen Pilsners und damit der Vorläufer des heutigen deutschen Pils. |
| 1873 | Carl von Linde patentiert seine Erfindung einer Ammoniak-Kühlmaschine. Die erste Anwendung dieser Erfindung erfolgt in den Gärbehältern der Spatenbrauerei in München. Mit dieser Kühlmaschine kann eine Brauerei nun untergärige Biere, dessen Hefen eine Arbeitstemperatur von etwa 10 °C verlangen, selbst in den heißesten Sommermonaten herstellen. |
| 1873 | Der französische Ingenieur Nicolas Gallant erfindet einen mit eisgekühlter Luft betriebenen, pneumatischen Keimkasten. |
| 1873 | Die Anzahl der Brauereien in den USA erreicht mit 4131 Betrieben ihren Höhepunkt. Nach dem damaligen Zensus der USA (Erhebung von 1870) belief sich die amerikanische Bevölkerung auf etwa 39 Millionen Menschen. Eine einzige Brauerei versorgte damit im Durchschnitt fast 10000 Menschen mit Bier. Erst im Jahre 2015 wurde die damalige Anzahl der Brauereien im Zuge der ungeheuren Expansion im Craft-Bier-Bereich übertroffen. Beim Erscheinen dieses Buches (2017) übersteigt die Anzahl der Brauereien in den USA die 6000er-Grenze – in einer Bevölkerung von etwa 319 Million (geschätzt). Eine einzige amerikanische Brauerei versorgt damit im Durchschnitt etwa 53000 Menschen mit Bier. Zum Vergleich: In Deutschland versorgt eine Brauerei im Durchschnitt etwa 60000 Menschen mit Bier. |

| | |
|---|---|
| 1878 | Der bayerische Unternehmer Lorenz Adalbert Enzinger erfindet in Worms am Rhein den Bierfilter, mit dem Trübungen im Bier geklärt werden können. Danach wird Bier vorzugsweise in durchsichtigen Gläsern, statt in undurchsichtigen Steingutkrügen serviert. |
| 1880 | Das britische Parlament reduziert die Malzsteuer drastisch und der Bierkonsum steigt auf den Britischen Inseln rasant an. |
| 1881 bis 1883 | Christian Emil Hansen, der Leiter des Labors der Carlsberg Brauerei in Kopenhagen, isoliert zum ersten Mal einen reinen Hefestamm. Von nun an können Biere im Gärkeller mit homogenen Zuchthefestämmen kontrolliert angestellt werden. |
| 1883 | Der französische Ingenieur Alphonse Saladin erfindet eine Weiterentwicklung des Gallant-Keimkastens von 1873, in dem das feuchte Getreide mit vertikalen Spiralschrauben gewendet wird. |
| 1883 | Der französische Ingenieur Nicolas Gallant installiert die erste praktische, pneumatische Malzrösttrommel in der Schultheiss Brauerei in Pankow bei Berlin. Gallanttrommeln werden noch heute für die Herstellung vieler feiner Spezialmalze verwendet. |
| 1887 | Am 22. Oktober 1887 stirbt Josef Groll, der Erfinder des Pilsner Bieres, in seiner bayerischen Heimatstadt Vilshofen im Alter von 74 Jahren. |
| 1889 | Der schwedische Geschäftsmann Anders Ohlsson gründet die Cape Breweries in Südafrika und legt damit den Grundstein der zukünftigen South African Breweries (SAB). |
| 1890 | Der irische Chemiker Cornelius O'Sullivan tüftelt aus, wie Getreideenzyme unvergärbare Stärke in vergärbaren Zucker umwandeln. Die Arbeitsweise und Schlüsselrolle von Enzymen in der Bierherstellung war Brauwissenschaftlern vor der Arbeit O'Sullivans nur unzureichend bekannt. |

| | |
|---|---|
| 1890 | Nach einer Legende wurde im Winter dieses Jahres der erste Eisbock per Zufall in Kulmbach hergestellt, als ein Brauerbursche am Abend vor einer klirrend-kalten Nacht vergaß, Fässer mit Bockbier aus dem Brauereihof ins Sudhaus zu rollen. |
| 1894 | Am 21. März gibt die Spatenbrauerei in München das erste Helle der Welt frei – aber die Fracht geht nicht in die lokalen Bierkeller, sondern in die Seemannskneipen der Hansestadt Hamburg zum Test-Marketing. Das neue helle Bier war an der Waterkant so erfolgreich, dass auch die Münchner Bürger es ein Jahr später, am 20. Juni 1895, zum ersten Mal probieren durften. |
| 1896 | Das erste Doppelbockbier der Welt, der Paulaner Salvator, wurde nach seiner Einführung im Jahre 1870 so schnell berühmt, dass viele Brauereien in Bayern anfingen, ihren eigenen Salvator zu brauen. Jedoch gelang es den Paulanern, den Namen Salvator 1896 beim Reichspatentamt in Berlin als Markenbezeichnung eintragen zu lassen. Danach gaben viele Brauereien ihren Doppelbocks Namen, die auf „ator" endeten, wie Triumphator, Maximator oder Celebrator. |
| 1903 | Die britische Bass Brauerei in Burton-upon-Trent bringt zum ersten Mal einen Barley Wine auf den Markt. Sie nennt dieses Starkbier „Bass No. 1 Barley Wine". |
| 1903 | Die Owens Bottle Machine Company in Toledo, USA, produziert die ersten automatisch hergestellten Glasbierflaschen der Welt. |
| 1906 | Das Reinheitsgebot wird auf ganz Deutschland ausgeweitet. Vorher galt es nur für Bayern und Baden-Württemberg. |
| 1907 | Die Mackeson's Brewery in Hythe im Regierungsbezirk Kent in England bringt das erste kommerzielle Milk Stout in Umlauf. |

| | |
|---|---|
| 1913 | Der aus Tschechien nach USA ausgewanderte Braumeister Kosmos Spoetzl bringt in der kleinen Stadt Shiner im zentralen Texas eine neue Biersorte heraus, die er Shiner Bock nennt. Dieses amerikanische Bier ist eine Adaption des bayerischen Bockbieres, wird jedoch mit einer guten Portion Mais als Malzersatz gebraut. |
| 1918 | Der Begriff Reinheitsgebot wurde am 4. März 1918 während einer Biersteuerdebatte im bayerischen Landtag zum ersten Mal vom Abgeordneten Hans Rauch geprägt. Zuvor hieß dieses Gesetz Surrogatsverbot oder Substitutionsverbot. Das Konzept eines deutschen Reinheitsgebotes von 1516 ist daher ein verbaler Anachronismus. Man konnte es damals weder deutsch noch Reinheitsgebot nennen. |
| 1918 | Das lokale Obergärige Bier aus Köln wird zum ersten Mal unter dem Namen Kölsch auf dem Etikett angeboten. |
| 1919 | Am 16. Januar 1919 trat die 18. Verfassungsergänzung in den Vereinigten Staaten in Kraft. Dieses Datum ist daher der Anfang der Prohibition, nach der die Herstellung, der Import, der Vertrieb und der Konsum alkoholischer Getränke bundesgesetzlich total verboten waren. Statt ihre Ziele zu erreichen, trieb die Prohibition jedoch alles, was mit Alkohol zu tun hatte, in den Gangster-Untergrund. |
| 1922 | Am Samstag, dem 3. Juni 1922 erfand Franz Xaver Kugler, der Wirt der Kneipe Kugleralm, das Radlermaß als eine halbe-halbe Mischung aus Limonade und Hellem. |
| 1928 | Nach dem Erfolg des von der Spatenbrauerei etwa ein Vierteljahrhundert vorher eingeführten Hellen fängt die Paulaner Brauerei ebenfalls an, Helles herzustellen. Damit wurde die Markposition des Hellen als das Münchner Biergartenbier schlechthin im Markt gefestigt. |
| 1929 | Die Neuseeländische Young & Son Portsmouth Brewery bringt das erste Oyster Stout auf den Markt. Für ihr Victory Oyster Stout gab diese Brauerei Austern in die in der Sudpfanne kochende Würze. |

| | |
|---|---|
| 1933 | Am 15. Dezember 1933 wird in den Vereinigten Staaten die 21. Verfassungsergänzung ratifiziert. Sie ist knapp und lapidar formuliert und macht die 18. Verfassungsergänzung, die die Prohibition erzwang, rückgängig. Seitdem dürfen alkoholische Getränke in den Vereinigten Staaten wieder legal – natürlich gegen Abgabe von Steuern – produziert, importiert, vertrieben und getrunken werden. |
| 1935 | Der amerikanische Kongress verabschiedet den Federal Alcohol Administration Act. Demnach ist das Thema Produktion, Import, Vertrieb und Verbrauch alkoholischer Getränke Sache der einzelnen Bundesstaaten. Seitdem gibt es in den USA ein vollkommen unübersichtliches Mosaik von 50 verschiedenen Vorschriften und Ausführungsbestimmungen, mit denen der Handel mit Alkohol reguliert wird. Jedoch bleiben viele parallele, bundesweite Lizenzvorschriften ebenfalls in Kraft. |
| 1955 | Gründung von South African Breweries als Zusammenschluss zweier dort rivalisierender Brauereien, Ohlsson's und Chandlers. Damals hätte kaum jemand geahnt, dass diese neue Brauerei noch vor Ende des 20. Jahrhunderts zu einem Welt-Player aufsteigen würde. |
| 1965 | Ein Mitglied der Waschmaschinenfirma Maytag, Fritz Maytag, kauft die bankrotte Anchor Brewing Company in San Francisco, California. Anchor war die letzte Brauerei, die damals noch das klassische kalifornische Steam® Beer (auch als California Common bekannt) herstellte. Die wiedererwachte, von Maytag sanierte Anchor-Brauerei wurde zu einem Pionier-Vorläufer der Craft-Brauereien, die weniger als zwei Jahrzehnte später zu einer bedeutenden Bewegung im amerikanischen, wie auch im globalen Brauwesen aufsteigen sollte. |
| 1966 | Ein belgischer Milchmann und Brauereibesitzer namens Pièrre Celis stellt in seiner De Kluis Brauerei ein traditionelles, aber in Vergessenheit geratenes Bier erneut her und haucht damit der Biersorte Witbier bzw. Bière blanche neues Leben ein. |

| | |
|---|---|
| 1968 | Heineken übernimmt Amstel und gewinnt damit ein Monopol im einheimischen Markt, was die finanziellen Voraussetzungen für die spätere Globalisierung der Heineken-Geschäftsstrategie schafft. |
| 1969 | Die kanadische Brauerei Labatt Brewing Company entwickelt in ihrem Labatt Technical Center in London, Ontario, eine Sudhausmethode, die wir heute als High-Gravity-Brewing (etwa: Brauen mit hoher Stammwürze) bezeichnen. Sie kann für ober-und untergärige Biere angewandt werden. Dabei wird eine sehr zuckerhaltige Würze produziert, die nach der Gärung auf den gewünschten Alkoholgehalt verdünnt wird. Der Zweck der Übung ist, beim Würzkochen und bei der kühlen Gärführung Energie pro Hektoliter zu sparen, da das Koch- und Gärvolumen bei dieser Methode geringer ist als das Endproduktvolumen. |
| 1970 | Die belgische Brouwerij Duvel Moortgat in Breendonk-Puurs, in der Nähe von Antwerpen, ersetzt dunkles mit hellem Malz in ihrem Rezept für Duvel und kreiert damit praktisch eine neue, hochalkoholische, goldene Biersorte, die seitdem als Belgisch Speziaalbier (auf Flämisch), Bière de spécialité belge (auf Französisch) und Belgian Golden oder Strong Ale (auf Englisch) bekannt ist. |
| 1970 | Carlsberg übernimmt Tuborg in Dänemark. |
| 1976 | Im Oktober dieses Jahres gründet der 31-jährige Jack McAuliffe die New Albion Brewing Company in Sonoma, California. Sie hielt sich sechs Jahre lang, bevor sie aus finanziellen Gründen dichtmachen musste. Jedoch gilt New Albion heute als die erste Craft-Brauerei Nordamerikas und damit auch als Anfang der gesamten weltweiten Craft-Bier-Bewegung. |
| 1977 | Der englische Bierschriftsteller Michael Jackson veröffentlicht sein Buch *The World Guide to Beer*, in dem er zum ersten Mal den Begriff „Beer Style" prägt. Dieser heute universell anerkannte Begriff subsumiert seit Jackson den Geschmack, die Kultur und die Geschichte einer Biersorte als eine konzeptionelle Einheit, mit der wir sowohl moderne als auch traditionelle Biere verstehen können. |

| | |
|---|---|
| 1978 | Der amerikanische Präsident Jimmy Carter unterschreibt eine Gesetzesvorlage zur Legalisierung des Heim- und Hobbybrauens. Damit wurde eines der letzten Überbleibsel der bundesweiten, amerikanischen Prohibitionsgesetzgebungen aus den zwanziger Jahren des letzten Jahrhunderts aufgehoben. |
| 1982 | Im Frühling dieses Jahres eröffnet John Mitchell sein Troller Pub in Horseshoe Bay, British Columbia, Kanada. Das war das erste moderne Brewpub (Gasthausbrauerei) in ganz Nordamerika. Heute gibt es Tausende solcher Unternehmen. |
| 1985 | Im Juni dieses Jahres wird die Kölner Konvention vom deutschen Kartellamt genehmigt. Sie besagt, dass nur Mitglieder der Konvention die Markenbezeichnung Kölsch benutzen dürfen. Diese Brauereien müssen in und um Köln sesshaft sein und ihre Biere ausschließlich dort brauen. |
| 1986 | Aus dem Zusammenschluss der belgischen Brauereien Artois und Piedboeuf entsteht Interbrew, eines der frühen Schlüsselevents im Vormarsch der globalen Bierindustrie zum Quasi-Weltmonopol einer einzigen Braugruppe, der aus Interbrew hervorgegangenen, heutigen Anheuser-Busch InBev. |
| 1987 | Der Europäische Gerichtshof entscheidet, dass das Deutsche Reinheitsgebot ein Hindernis im freien Wettbewerb darstellt. Seitdem dürfen nichtdeutsche Bieranbieter auch Biere, die nicht nach dem Deutschen Reinheitsgebot gebraut sind, unter der Bezeichnung „Bier" verkaufen. Deutsche Biere, die für den deutschen Markt gebraut werden, unterliegen jedoch auch weiterhin dem Deutschen Reinheitsgebot. |
| 1990 | Aus den Brauereien Brahma und Antarctica wird AmBev in Brasilien. |

| | |
|---|---|
| 1991 | Die kanadische Brauerei Labatt Brewing Company entwickelt in ihrem Labatt Technical Center in London, Ontario, eine Gärmethode, deren Ergebnis die Brauerei als Ice Beer vermarktet. Dabei wird ein fertiges Bier zum Teil eingefroren und die verbleibende Flüssigkeit samt Alkohol wird von den im Gärbehälter zurückbleibenden Eiskristallen abgezogen. Dieses nun hochkarätige Bier wird dann wieder mit Wasser auf den gewünschten Alkoholgehalt verdünnt. Der Zweck der Übung ist, die bittersten, harzigen Hopfenkomponenten auf den Eiskristallen und dem Boden des Gärbehälters auszuschlagen. Damit ist das Ice Beer weniger bitter als das ursprüngliche fertig vergorene Bier. Ice Beer wird besonders als mildes Sommerbier vermarktet. |
| 1994 | Die Boston Beer Company (Samuel Adams) bringt in den USA ein sogenanntes Triple Bock auf den Markt und kreiert damit einen neuen Begriff für superstarke Bockbiere. Das erste Triple Bock dieser Brauerei hatte 17,5 % Volumenalkohol. |
| 1995 | Die belgische Braugruppe Interbrew übernimmt die kanadische Braugruppe Labatt. Experten sehen das als den Startschuss einer Mergers-and-Acquisition-Welle in einem globalen Wettrennen um ein Weltmonopol im Industriebierbereich an – ein Wettrennen, welches beim Erscheinen dieses Buches (2017) wohl zu Gunsten von Anheuser-Busch InBev (ABI) gelaufen ist. |
| 1997 | Die Europäische Union erkennt Kölsch als eine Geografisch Geschützte Angabe an. |
| 1998 | South African Breweries (SAB) übernimmt die tschechischen Brauereien Pilsner Urquell und Radegast. |
| 2002 | Heineken kauft Bravo, die damals größte Braugruppe in Russland. |
| 2002 | South African Breweries übernimmt die amerikanische Brauerei Miller und formt eine neue Firma mit dem Namen SABMiller. |

**243**

| | |
|---|---|
| 2002 | Boston Beer Company bringt Samuel Adams Utopias auf den Markt. Es wird über eine extrem lange Reifezeit mit verschiedenen Hefen vergoren und dabei in mehreren Etappen mit zuckerhaltigem Ahornsirup geimpft. Der Alkoholgehalt von Utopias schwankt von einem Freigabejahr zum anderen, ist aber immer um die 25 % – ohne Zugabe von Alkohol oder Einfrieren des Wassergehalts. Es gilt als das stärkste, natürlich vergorene Bier der Welt. |
| 2004 | Durch den Zusammenschluss der brasilianische Braugruppe AmBev mit der belgischen Braugruppe Interbrew entsteht die neue Firma InBev. Dieser Zusammenschluss bereitet den Endspurt im globalen Mergers-and-Acquisition-Wettrennen der größten Brauereien der Welt um ein Weltmonopol vor. |
| 2008 | Die belgisch-brasilianische Braugruppe InBev übernimmt die amerikanische Braugruppe Anheuser-Busch für USD 52 Milliarden. Die neue Firma heißt Anheuser-Busch InBev (abgekürzt AB InBev oder ABI). |
| 2009 | Die Europäische Union erkennt den Begriff Bayerisches Bier als eine Geografisch Geschützte Angabe an. |
| 2016 | Die belgisch-brasilianische Braugruppe Anheuser-Busch InBev übernimmt die südafrikanisch-britisch-amerikanische Braugruppe SABMiller für USD 107 Milliarden. Danach devestiert die neue Firma sich von der amerikanischen Tocher MillerCoors. Die geht an den kanadischen Braukonzern Molson. Verschiedene europäische Biermarken, einschließlich Pilsner Urquell, werden an die japanische Brauerei Asahi verkauft. Der neue Koloss A-B InBev produziert nun fast jedes zweite Bier der Welt. Weit abgeschlagen produziert Heineken etwa jedes zehnte Bier; und Carlsberg jedes fünfte Bier. |
| 2017 | Zum Zeitpunkt des Erscheinens dieses Buches (2017) beläuft sich die Anzahl der Brauereien in den USA auf über 6000 Betriebe, mit steigender Tendenz. Damit haben die USA nun mehr Brauereien als jemals zuvor in ihrer Geschichte. |

# ÜBER DEN AUTOR

**Horst Dornbusch** ist ein gebürtiger Düsseldorfer, der 1969 im Alter von 22 Jahren in die Neue Welt auswanderte. Heute ist er ein deutsch-amerikanischer Doppelstaatsbürger, der in der kleinen Stadt West Newbury im Bundesstaat Massachusetts, kaum 60 km nördlich vom weltweit verlinkten Boston Logan International Airport, nur ein paar Kilometer von der rauen Nordatlantikküste und nur ein paar Autominuten vom landschaftlich zauberhaften Bundesstaat New Hampshire wohnt.

In der Welt des Bieres betrachtet sich Horst als klassischer Quereinsteiger. Bereits in den frühen 70er Jahren braute er in seiner neuen Heimat, damals noch als Student, seinen ersten, allerdings undefinierbaren, obergärigen Sud. Das war zu jener Zeit aufgrund der vielen unaufgeräumten Rechtsrückstände der amerikanischen Prohibition von 1919 bis 1933 noch strikt verboten. Erst Präsident Jimmy Carter legalisierte Hobbybrauen im Herbst 1978. Horsts erstes Bier schmeckte nach seinen heutigen Maßstäben recht miserabel, aber es hatte im Vergleich zu den damals vorherrschenden Einheitsindustriebieren wenigstens etwas Geschmack!

Nach Beendigung seines Studium der Soziologie und Politologie am Read College in Oregon und an der Brandeis University in Massachusetts verschrieb er sich für mehr als zwei Jahrzehnte einer Karriere als Journalist und Redakteur. Er erhielt Anstellungen als Nachrichtenredakteur bei der Canadian Broadcasting Corporation in der franko-kanadischen Provinz Quebec, als Redakteur beim kanadischen Reader's Digest und als Technischer Verlagsleiter bei Siemens Medical Systems in Massachusetts. Während dieser Zeit vertiefte er auch ganz nebenbei und autodidaktisch seine theoretischen Braukenntnisse. Wenn auf Besuch in Deutschland, kaufte er viele brauwissenschaftliche Textbücher, wie den *Abriß der Bierbrauerei, Die Technologie der Würzebereitung* und *Die Technologie der Malzbereitung,* alle von Ludwig Narziß, sowie das *Handbuch der Brauerei-Praxis* von Karl-Ullrich Heyse.

Diese Bücher wurden seine täglichen Bettlektüren, mit denen er sich systematisch zum Brauer ausbildete. Zum Verständnis der Materie war es auch nützlich, dass er sein Abitur beim mathematisch-naturwissenschaftlichen Max-Planck-Gymnasium in Düsseldorf absolviert hatte. Die Riesenmengen an Physik, Chemie und Biologie, die er damals pauken musste, erwiesen sich plötzlich als unerwartet brauchbar. Zuhause war immer ein Raum für seine Liliput-Brauerei reserviert, in der er fast alle Biersorten der Welt braute. Anfang der 90er Jahre verdingte er sich zusätzlich an Wochenenden als Brauer bei einer Craft-Brauerei, wo er viel Erfahrung im Umgang mit größeren Gerätschaften gewann. Schließlich hängte er seine Großkonzernkarriere an den Nagel und startete seine eigene, kleine, kommerzielle Brauerei, mit der er sogar eine Bronzemedaille für ein Altbier beim Great American Beer Festival gewann.

Als „Ausgleichssport" fing Horst an, brautechnische Artikel und Bücher zu verfassen, bis er sich, kurz nach der Jahrtausendwende, vollkommen der Bierschriftstellerei sowie einer neuen Rolle als Unternehmensberater widmete. Heute betreut er Mandanten in vielen Ländern der Welt und kann auf die Veröffentlichung von Hunderten von Artikeln in europäischen und amerikanischen Bierfachzeitschriften zurückblicken. Sein Artikel *Sahti: A Mighty Finish Beer* wurde von der American Guild of Beer Writers 2002 als der beste Artikel über Bier prämiert.

Sein erstes Buch über Bier war PROST! *The Story of German Beer* (1997). Dann kam *Altbier* (1999), *Bavarian Helles* (2000), *The Ultimate Almanac of World Beer Recipes* (2010), *Biersorten der BRAUWELT®* (2014) und *Beer Styles from Around the World* (2015). Im Jahre 2011 war er der Associate Editor und einer der Hauptautoren des monumentalen, 900 Seiten starken Nachschlagewerks *The Oxford Companion to Beer* der Oxford University Press. Das hier vorliegende Buch, *Das Große BRAUWELT® Lexikon der Biersorten*, ist Horsts achtes Buch und sein zweites Buch auf Deutsch mit dem Fachverlag Hans Carl. Im Jahre 2016 prämierte die internationale Jury der renommierten Gourmand World Cookbook Awards, welche als die Oskars für Veröffentlichungen im kulinarischen Bereich gelten, Horsts *Beer Styles from Around the World* als das beste amerikanische Buch über Bier sowie unter Wettbewerbsbeiträgen von 205 Ländern als eines der acht besten Bücher der Welt über Bier.

Heute ist Horst im achten Lebensjahrzehnt und führt immer noch ein geschäftiges Leben. Neben seiner Beratungstätigkeit und schriftstellerischen Aktivitäten ist er ein gern gesehener Gast bei Funk und Fernsehen von Neuseeland bis Österreich, von Deutschland bis in die USA, von Brasilien bis Großbritannien. Er entwirft Brauerei- und Braumaschinenkonzepte, ist ein gesuchter Event-Speaker und fungiert als Jurymitglied bei vielen internationalen Bierwettbewerben.

# BILDNACHWEIS

S. 53, Deutscher Brauer-Bund e. V., Berlin
S. 88, Oberstdorfer Dampfbierbrauerei GmbH, Oberstdorf
S. 95, Bayerischer Brauerbund e. V., München
S. 118, Brauerei Hofstetten Krammer GmbH & Co.KG, St. Martin im Mühlkreis
S. 177, Brauhaus Binkert GmbH & Co.KG, Breitengüßbach
S. 182, „Heller-Bräu" Trum GmbH, Bamberg
S. 203, Camba Bavaria GmbH, Seeon
S. 206, Mahrs Bräu Bamberg GmbH